Forschung und Lehre im Informationszeitalter –
zwischen Zugangsfreiheit und Privatisierungsanreiz

Schriften zum europäischen Urheberrecht

EurUR 4

Schriften zum europäischen Urheberrecht

Herausgegeben von

Prof. Dr. Karl-Nikolaus Peifer, Köln
Prof. Dr. Karl Riesenhuber, M. C. J., Bochum

EurUR
Band 4

RECHT

De Gruyter Recht · Berlin

Forschung und Lehre im Informationszeitalter – zwischen Zugangsfreiheit und Privatisierungsanreiz

Herausgegeben von

Karl-Nikolaus Peifer und Gudrun Gersmann

RECHT

De Gruyter Recht · Berlin

Vorträge, Texte und Berichte zu der gleichnamigen Tagung des Instituts für Medienrecht und Kommunikationsrecht und des Lehrstuhls für Neuere Geschichte der Universität zu Köln am 21. April 2006 in Köln

♾ Gedruckt auf säurefreiem Papier,
das die US-ANSI-Norm über Haltbarkeit erfüllt.

ISBN: 978-3-89949-393-1

Bibliografische Information der Deutschen Nationalbibliothek

Die Deutsche Nationalbibliothek verzeichnet diese Publikation in der Deutschen Nationalbibliografie; detaillierte bibliografische Daten sind im Internet über http://dnb.d-nb.de abrufbar.

Umschlaggestaltung: Christopher Schneider, Berlin
Datenkonvertierung/Satz: jürgen ullrich typosatz, Nördlingen
Druck und Bindung: Hubert & Co., Göttingen

Printed in Germany

Geleitwort

Das Internet verändert gegenwärtig auch in Forschung und Lehre viele etablierte Strukturen. So können Wissenschaftler nicht nur auf gedruckte Ressourcen zugreifen, die in der eigenen Bibliothek verfügbar sind, sondern auch in weltweit zugänglichen Datenbanken recherchieren und – im Idealfall – auf tagesaktuelle Volltexte und Daten zugreifen. Die eigenen Forschungsergebnisse können in Online-Journalen kostenfrei zur Verfügung gestellt werden und ermöglichen so ebenfalls eine weitere Verbreitung, als es für teure Medien möglich wäre. Auch die Lehre profitiert von diesen Entwicklungen mit virtuellen Hochschulen, Online-Seminaren und E-Learning-Angeboten.

Diese positiven Perspektiven können aber nicht darüber hinwegtäuschen, dass gegenwärtig eine Vielzahl ungelöster Probleme im Raume steht. Hierzu gehören zunächst praktische Probleme wie die Qualitätssicherung bei schneller Publikation und hoher Aktualität oder die Archivierung von Inhalten über die Lebensdauer eines Online-Journals hinaus. Es stellt sich aber auch die Frage nach der Finanzierung der Informationsangebote, da kostenlos abrufbare Inhalte sich meist nicht kostenfrei produzieren lassen, sondern technische und personelle Ressourcen erfordern. Am meisten diskutiert werden aber gegenwärtig die juristischen Aspekte dieser neuen Entwicklung, insbesondere die Lösung der urheberrechtlichen Fragen, die alle Formen des Open Access betreffen. Trotz dieser Probleme ist der Drang der Wissenschaft zur freien Verfügbarkeit wissenschaftlicher Publikationen unübersehbar. So wurde die Berliner Erklärung der Open-Access-Bewegung vom Oktober 2003 von allen wichtigen deutschen Forschungsinstitutionen unterschrieben. Von den Wissenschaftlern wird an den Gesetzgeber zunehmend auch die berechtigte Forderung gestellt, dass wissenschaftliche Inhalte (vor allem wenn sie mit öffentlichen Mitteln an Universitäten und Forschungseinrichtungen produziert wurden) sechs Monate nach ihrer Publikation in Fachzeitschriften auch von den jeweiligen Autoren selbst frei im Internet veröffentlicht werden dürfen.

Der in dem vorliegenden Buch dokumentierten Kölner Tagung ist es gelungen, zahlreiche Wissenschaftler sowie Praktiker aus Bibliotheken, Wissenschaftsverwaltung und Verlagen zusammenzubringen. Die Ergebnisse der Tagung zeigen, wie vielschichtig die aktuellen Entwicklungen von Forschung und Lehre im Informationszeitalter sind. Dem vorliegenden Band wünsche ich deswegen, dass er die notwendige Verbreitung und Beachtung finden wird und damit die Diskussion um Zugangsfreiheit und Privatisierungsanreize durch seine vielfältigen Beiträge bereichern kann.

Freiburg, im November 2006

Prof. Dr. Dr. h.c. Ulrich Sieber
Direktor am Max-Planck-Institut für ausländisches und internationales Strafrecht

Inhaltsverzeichnis

3. Themenkomplex: Wissensmanagementsysteme in Forschung und Lehre

Anhang

Forschung und Lehre im Informationszeitalter – zwischen Zugangsfreiheit und Privatisierungsanreiz

Prof. Dr. Karl-Nikolaus Peifer

Die Zukunft der Wissensgesellschaft ist in aller Munde. Eine Fülle von europäischen und nationalen Programmen wird aufgelegt, um die europäischen Universitäten wettbewerbs- und zukunftsfähig zu machen. Die Lissabon-Strategie der Europäischen Gemeinschaften hat den Bildungsbereich einbezogen. Die Exzellenzinitiative der Bundesregierung hat die Universitäten in besonderer Weise dazu aufgefordert, über die Fach- und Standortgrenzen hinaus Zusammenarbeitsmöglichkeiten zu finden.

Die Zukunft im globalen Kampf um Märkte und Chancen wird darin gesehen, Bildung und Wissen auf allen gesellschaftlichen Ebenen zu fördern, auszubauen und Anwendungen daraus zu gewinnen.[1] Entscheidend ist dabei die Frage, unter welchen Bedingungen Wissen erzeugt, verbreitet und anwendbar gemacht wird. Derzeit wetteifern zwei Ansätze miteinander. Der erste Ansatz betont, wissenschaftliche Erkenntnisse könnten nur in einer Atmosphäre von Freiheit gewonnen werden, Inhalte und Forschungsergebnisse müssten frei benutzt werden dürfen und großzügig jedermann zur Verfügung gestellt werden.[2] Dieser Ansatz hat

---

1 Auf Bundesebene zu nennen ist das „Strategische Positionspapier des Bundesministeriums für Forschung und Wissenschaft zur Zukunft der wissenschaftlichen Information in Deutschland", das 2002 unter dem Titel „Information vernetzen – Wissen aktivieren" publiziert wurde und abrufbar ist unter http://www.bmbf.de/pub/zukunft_der_wti_in_deutschland.pdf; für NRW vgl. etwa die Sammlung von Fallstudien im Rahmen des Forschungsprojektes „Einführung von Wissensmanagement in Wirtschaft und Wissenschaft" von 2001, abrufbar unter http://www.sfs-dortmund.de/docs/fallstudien.pdf. Auf europäischer Ebene wird überschwänglich für das elektronische Wissenschaftsportal „Géant2" im Rahmen des DANTE-Projekts geworben, vgl. http://www.geant2.net („World beating infrastructure for European Research") (Abrufe jeweils am 4. 8. 2006).

2 Stellvertretend für diesen Ansatz *Pflüger, Thomas/Ertmann, Dietmar*, E-Publishing und Open Access-Konsequenzen für das Urheberrecht im Hochschulbereich, Zeitschrift für Urheber- und Medienrecht (ZUM) 2004, S. 436–443, 436; auf internationaler Ebene vor allem *Lessig, Lawrence*, The Future of Ideas, New York 2001, S. 52; *ders.*, Free Culture, New York 2004.

seine Wurzeln in der Philosophie der Aufklärung.[3] Mit dem Erfolg des Internet als Kommunikationsmedium ist er wieder besonders populär geworden. Schlagwortartig firmiert der Ruf nach Zugang zu wissenschaftlichen Erkenntnissen unter dem Titel „Offener Zugang" oder „open access". Mit der Berliner Erklärung der großen deutschen Wissenschaftsorganisationen[4] hat die vornehmlich in den USA geborene Bewegung Deutschland erreicht und in vielerlei Hinsicht in eine Aufbruchstimmung versetzt. Unter dem einprägsamen Topos „Creative Commons" soll nicht nur die Kostensteigerung in Instituts- und Universitätsbibliotheken bekämpft, sondern auch eine Atmosphäre des freien geistigen Austauschs erzeugt werden. Von dieser Atmosphäre erhofft man sich die Vermeidung von Doppel- oder Mehrfachforschungen, vor allem aber die schnelle und ungehinderte Verbreitung wissenschaftlicher Forschungsergebnisse. Die Überzeugung, dass Wissen in einer Atmosphäre der Zugangsoffenheit schneller generiert, besser verbreitet und nutzerfreundlicher verteilt wird, wurde zuvor bereits im Bereich der Softwareerstellung erprobt.[5] Dort wetteifern sog. proprietäre Lösungen, für die plakativ das Unternehmen „Microsoft" genannt wird, mit „open-source"-Modellen, für die stellvertretend das Betriebssystem LINUX steht.

Der entgegengesetzte Ansatz betont, dass die Bereitschaft, Informationen zu anwendbarem und nutzbarem Wissen zur Verfügung zu stellen, nur geweckt und am Leben gehalten wird, wenn der Wissensproduzent Aussicht auf Kontrolle und materielle Anreize erhält.[6] Dieser Ansatz hat

---

3 *Geiger, Christophe,* Droit d'auteur et droit du public à l'information, Paris 2004, Nr. 58; zur Funktionalisierung der Urheber- für Verwerterinteressen während der Aufklärung vgl. *Peifer, Karl-Nikolaus,* Individualität im Zivilrecht, Tübingen 2001, S. 65 und 68.

4 http://www.zim.mpg.de/openaccess-berlin/berlin_declaration.pdf (Abruf am 3. 4. 2006).

5 Weiterführend *Jaeger, Till/Metzger, Axel,* Open Source Software. Rechtliche Rahmenbedingungen der Freien Software, 2. Aufl. München, 2006; *Spindler, Gerald* (Hg.), Rechtsfragen bei Open Source, Köln 2004.

6 So insbesondere die Vertreter der ökonomischen Analyse rechtlicher Institutionen, vgl. *Landes, William M./Posner, Richard A.* An Economic Analysis of Copyright Law, Journal of Legal Studies XVIII (1989) 325–363; *dies.*, The Economic Structure of Intellectual Property Law, 2003; in deutscher Sprache *Koboldt, Christian*: Property Rights und Urheberschutz, in: Ott, Claus (Hg.), Ökonomische Analyse der rechtlichen Organisation von Innovationen, 1994, S. 69–114; *Lehmann, Mi-*

ökonomietheoretische Wurzeln. Er findet sich oft in den Erwägungsgründen von EG-Richtlinien, die sich mit Fragen der Informationsgesellschaft befassen.[7] Er ist bis in die jüngste Zeit das maßgebliche Legitimationsmodell für die Existenz eines in den letzten Jahren stets bedeutsamer gewordenen Regelungsbereichs, den man als Recht des geistigen Eigentums bezeichnet.[8]

Im Ergebnis konkurrieren zwei Konzepte, nämlich Freiheit und Eigentum. Beide behaupten, in der Lage zu sein, den idealen Nährboden für die Wissensgesellschaft bereit zu stellen. Die Antwort darauf, welcher Ansatz richtig liegt, ist in diesen Tagen von besonderer Relevanz. Am 3. Januar 2006 hat das Bundesministerium der Justiz den Entwurf für ein Zweites Gesetz zur Regelung des Urheberrechts in der Informationsgesellschaft veröffentlicht.[9] Es handelt sich um den bereits berühmt gewordenen „2. Korb", d.h. die Regelung einer Fülle von Problemen, die anlässlich der Umsetzung der zwingenden Vorgaben der Europäischen Richtlinie zur Informationsgesellschaft offen geblieben waren und daher nicht bereits im 2003 umgesetzten „1. Korb" landeten. Am 22. März 2006 hat das Bundeskabinett den Referentenentwurf beschlossen. In der aus diesem Anlass veröffentlichten Pressemitteilung ist zu lesen, dass der „Zweite Korb" das Urheberrecht den Anforderungen der Informationsgesellschaft anpasst. Daraus müsste man schließen, dass das Urheberrecht in der jetzigen Form die Wissenskultur stärkt. Dagegen steht jedoch eine

---

chael, Eigentum, geistiges Eigentum, gewerbliche Schutzrechte, Gewerblicher Rechtsschutz und Urheberrecht – Internationaler Teil (GRUR Int.) 1983, S. 356–362, 356; bezogen auf die ausschließliche Kontrolle der Werkvervielfältigung entsprechend *Besen, Stanley M./Kirby, Sheila Nataraj*, Private Copying, Appropriability and Optimal Copying Royalties, 32 J. Law & Econ. 255 (1989); *Johnson, William R.*, The Economics of Copying, 93 J. Pol. Econ. 158 (1985); *Liebowitz, Stanley*, Copying and Indirect Appropriability: Photocopying Journals 93 J. Pol. Econ. 945 (1985).

7 So die Datenbankrichtlinie im Hinblick auf die Rechtfertigung eine sonderrechtlichen Schutzes von Investitionen, vgl. Erwägungsgründe Nrn. 7 bis 10 der Richtlinie 96/9/EG über den rechtlichen Schutz von Datenbanken vom 11. 3. 1996, ABl. EG L Nr. 77 v. 27. 3. 1996 S. 20ff.

8 Grundlegend und vor dem Hintergrund des Patentrechts *Machlup, Fritz*, Die wirtschaftliche Funktion des Patentrechts, Gewerblicher Rechtsschutz und Urheberrecht – Internationaler Teil (GRUR Int.) 1961, S. 524–537, 536.

9 http://www.kopien-brauchen-originale.de/media/archive/139.pdf (Abruf am 6. 4. 2006).

andere Presseerklärung, nämlich die des Aktionsbündnisses „Urheberrecht für Bildung und Wissenschaft", die am 24. 2. 2006 meldet, man sei „alarmiert über die geplanten Neuregelungen im Urheberrecht", die „nicht verträglich mit dem Ziel einer freien, zukunfts- und entwicklungsorientierten Informationsgesellschaft" seien.[10] Da das Urheberrecht traditionell auf Verfügungs-, d.h. Eigentumsrechte als Anreizinstrumente setzt, stellt sich vor diesem Hintergrund wieder die eingangs gestellte Gretchenfrage nach Freiheit oder Eigentum.

Damit ist der Zusammenhang umrissen, in dem der vorliegende Tagungsband steht. In mancherlei Hinsicht haben sich die Entwicklungen bereits – ohne allzu große Rücksicht auf die juristischen Implikationen – verselbständigt. Mit großem Aufwand sind an vielen Universitäten Portale und Serviceeinrichtungen zur Archivierung und Bereithaltung von Inhalten technisch ermöglicht worden. Nicht nur in den naturwissenschaftlichen, sondern auch in den geisteswissenschaftlichen Fakultäten gibt es eine Fülle von Projekten, mit denen der Zugang zu Bild- und Textmaterial, aber auch die Verbreitung von wissenschaftlichen Erkenntnissen über digitale Verbreitungsmedien gefördert und erleichtert werden sollten. An der Universität zu Köln existiert eine ganze Reihe von Online-Zeitschriften, etwa im Historischen Seminar „zeitenblicke" und „sehepunkte", ferner mehrere Bilddatenbanken, darunter das Bilddatenarchiv „prometheus". Beide Projekte werden in diesem Band näher vorgestellt werden. Die Redaktionen dieser Projekte sind mit einer Reihe von Fragen konfrontiert, die zum einen den Umgang mit urheberrechtlich geschütztem Material, insbesondere Archivbildern, zum anderen die zum Betrieb erforderlichen oder erwünschten Lizenzvereinbarungen betreffen. Sehr schnell wird klar, dass urheberrechtliche Regelungen ein innovatives Publikationskonzept in mehrfacher Hinsicht behindern. So gehören die urheberrechtlichen Rahmenregeln schon aufgrund ihrer Komplexität nicht zum präsenten Wissen jeden Wissenschaftlers. Im Publikationsalltag ist der Zugang zu manchen Inhalten durch die urheberrechtlichen Verwertungsrechte und Zitatschranken erschwert. In Forschung und Lehre stellt sich oft die Frage, unter welchen Voraussetzungen Bildmaterial, etwa Archivfotos, online zur Verfügung gestellt werden dürfen.

---

10 http://www.urheberrechtsbuendnis.de/pressemitteilung0606.html (Abruf am 6. 4. 2006).

Eine Reihe dieser Projekte wurden und werden durch öffentliche Mittel gefördert. Aus dem offensichtlichen juristischen Klärungsbedarf heraus entstand zufällig und nicht ganz ohne Willkür der Plan, anhand einiger Kölner Projekte dasjenige vorzustellen, was im Bereich der elektronischen Wissensverbreitung heute schon Realität ist. Diesbezüglich soll erörtert werden, welche rechtlichen Regeln diese Realität behindern oder aber auch fördern können. So waren Juristen und Geisteswissenschaftler beteiligt und ihre Beiträge bilden auch den Schwerpunkt der heutigen Tagung.

Bei der Verbreitung von Wissen spielen Kostengesichtspunkte nicht nur bei der Produktion und Verbreitung, sondern auch bei der redaktionellen Aufbereitung und Qualitätskontrolle eine nicht unerhebliche Rolle. Die ersten Projekte, deren Anschubfinanzierung ausgelaufen ist oder ausläuft, werden möglicherweise bereits vor der Frage stehen, ob und inwieweit Zufinanzierungen durch Autoren, durch Lehrstuhletats oder durch private Geldgeber erforderlich und realistisch sind. Es lag daher nahe, auch Geschäftsmodelle der elektronischen Verbreitung zu diskutieren und hierzu betriebswirtschaftliche Expertise einzuholen. Insbesondere die Hauptfrage, ob die Zugangsfreiheit, so sie denn rechtlich möglich ist, finanzierbar ist, stellt sich in diesem Zusammenhang.

Damit ist das Konzept dieses Tagungsbandes umrissen. Er besteht aus drei Teilen. Zunächst wird eine Fallstudie aus dem Bereich der Elektronischen Publikation anhand zweier online-Journale vorgestellt. Die Projekte werden derzeit im open-access-Modus betrieben und sind nicht verlagsgebunden. In einem Bericht über den Vortrag von *Loebbecke* werden einige betriebswirtschaftliche Grundlagen zur Zukunftsfähigkeit der Geschäftsmodelle solcher Projekte beleuchtet. In rechtlicher Hinsicht interessiert vor allem, inwieweit Zugangsoffenheit durch das geltende Urheberrecht ermöglicht und gesichert wird. Dabei ist der Wunsch nach auf einfache Weise erhältlichen Lizenzregelungen nachvollziehbar. Einige Musterlizenzen sind im Open-Access-Bereich bereits üblich geworden. Nicht alle Modelle sind allerdings uneingeschränkt empfehlenswert, was vor allem daran liegt, dass viele Vorschläge entweder durch softwaretypische Fragestellungen vorgeprägt oder aber vor dem Hintergrund einer ausländischen Rechtsordnung konzipiert wurden.

Der zweite Block wechselt von der verbalen zur verbal-bildlichen Darstellung. Zunächst stellt *Simon* (Universität zu Köln) eine der an der Universität zu Köln entstandenen und betriebenen Bilddatenbanken, das Bildarchiv „prometheus“ vor. „prometheus“ arbeitet nicht vollständig im open-access-Betrieb, was damit zusammenhängt, dass hier zum Teil auf Bildmaterial zurückgegriffen wird, an dem Rechte Dritter bestehen. Der Bereich des freien und leichten Zugangs zu Bilddaten ist ein gewichtiges urheberrechtliches Problem. Bilddaten finden bereits heute in weitem Umfang Eingang in die universitäre Lehre. Sie sind auch in der Forschung vielfach unverzichtbar, um komplizierte wissenschaftliche Gedanken verständlich zu machen, sie zu analysieren und zu visualisieren, aber auch um Zusammenhänge zu illustrieren und damit eingängig zu vermitteln. Zumindest das Problem des faktisch erleichterten Zugangs kann partiell durch die vermittelnde Tätigkeit von Verwertungsgesellschaften gelöst werden. Wie diese Vermittlung in der Praxis funktioniert, wird *Schierholz* (Justiziarin der VG Bild/Kunst) erörtern.

Der dritte Teil der Veranstaltung beginnt mit einem Vortrag von *Riesenhuber* (Europa-Universität Viadrina) zur Frage, inwieweit das System der kollektiven Rechteverwaltung eine mittlere Linie zwischen Ausschließlichkeitsrechten und Zugangsinteressen einnehmen kann. Gerade im Bereich der Wahrnehmung von Rechten durch Verwertungsgesellschaften zeigen sich neuerdings zunehmend wettbewerbsorientierte ökonomische Ansätze europäischer Herkunft. Den Schlusspunkt vor der abschließenden Diskussion setzt als Vertreter der freiheitsorientierten Sichtweise *Kuhlen* (Universität Konstanz).

Die Veranstaltung soll nicht nur Problembereiche aufzeigen, sondern auch versuchen, Klarheit darüber zu vermitteln, ob und inwieweit die Wissensgesellschaft in einem proprietären Modell oder in einem die Zugangsoffenheit und Nutzerfreiheit betonenden Rahmen besser gedeihen kann. Vielleicht liegt aber auch die Wahrheit in der Mitte so dass als entscheidende Erkenntnis verbleibt, dass künftig reine Informationsvermittler die entscheidende Rolle spielen werden.

Zu der Veranstaltung wurden Geisteswissenschaftler, Ökonomen und Rechtswissenschafter neben Praktikern aus dem Bereich der Hochschulbibliotheken, der Wissenschaftsverwaltung und der Wissenschaftsverlage eingeladen, um den Kreis der Einzuladenden bewusst offen zu halten. Mit diesem Ansatz verbindet sich die Hoffnung, dass der Austausch unter verschiedenen Fachrichtungen zu neuem Wissen führt.

1. Themenkomplex: Elektronisches Publizieren

(Moderation: Prof. Dr. Gudrun Gersmann)

„sehepunkte"/„zeitenblicke" – Aufbau und Betrieb geschichtswissenschaftlicher E-Journals

Dr. Michael Kaiser

I. Einleitung

Es ist eine Mär, dass Historiker vor der Beschäftigung mit Rechtsmaterien zurückschrecken. Tatsächlich stoßen sie in fast allen Forschungsfeldern früher oder später auf juristische Materien, die für ihren Untersuchungsgegenstand von entscheidender Bedeutung sind: sei es bei Forschungen im Umkreis zu Beraubung von Juden in Nazi-Deutschland und dem Komplex der Wiedergutmachung und der Erstattung in der Nachkriegszeit, sei es bei der Beschäftigung mit dem Heiligen Römischen Reich deutscher Nation und seinen verworrenen Rechtsinstanzen auf zentraler und lokaler Ebene.[1] Doch so versiert der Fachwissenschaftler in historischen Rechtsverhältnissen sein mag, so wenig beschlagen ist er in Rechtsfragen, die ihn selbst als Wissenschaftler, Autor und auch Wissenschaftsorganisator betreffen. Dies gilt vielfach auch im klassischen Bereich der Wissenschaftskultur, besonders aber im weiten Feld der online-Publikationen. Dabei soll der Historiker keineswegs als „Nur-Wissenschaftler" abgestempelt werden, der im sprichwörtlichen Elfenbeinturm weltabgewandt und realitätsfern lediglich der Wissenschaft frönt und dabei in seiner Rolle als Autor eigene Rechte nicht wahrnimmt, zudem Pflichten vernachlässigt und Risiken missachtet. Gerade beim elektronischen Publizieren erscheinen rechtliche Verhältnisse tatsächlich unübersichtlich, ja durchaus auch ungeordnet, so dass der sich dafür engagierende Historiker tatsächlich rasch an die Grenzen seiner Rechtskenntnisse stößt. Dies gilt um so mehr, als die nach wie vor rasante Fortentwicklung der neuen Medien immer wieder neue, ja rechtsfreie Konstellationen schafft, die einer ersten rechtlichen Klärung bedürfen und überhaupt der juristischen Definition zugeführt werden müssen.

1 Verwiesen sei hier auf einschlägige Ausgaben der zeitenblicke, so zu „Raub und Wiedergutmachung" in: zeitenblicke 3 (2004) Nr. 2, http://www.zeitenblicke.de/2004/02/index.htm, sowie zur „Reichsgerichtsbarkeit" in: zeitenblicke 3 (2004) Nr. 3, http://www.zeitenblicke.de/2004/03/index.htm (Abruf am 16. 6. 2006).

Der folgende Beitrag kann zu dieser Thematik keine Klärung im juristischen Sinne schaffen. Vielmehr geht es darum, aus der Perspektive der Historiker – der Betroffenen also – einen Blick auf diesen Komplex zu werfen. Im vorliegenden Fall sollen Erfahrungen vorgestellt werden, die Historiker nach einem halben Jahrzehnt mit der Organisation und Etablierung von fachwissenschaftlichen online-Journalen gemacht haben.

Wenn ein Erfahrungsbericht angekündigt ist, besteht immer die Gefahr, dass über reine Befindlichkeiten berichtet wird, die nur bedingt diskutabel sind. Auch im Folgenden wird dies sicher in Teilen der Fall sein. Wichtig ist es dennoch, weil ein Blick auf die spezifische Wissenschafts- und Publikationskultur geworfen wird. Dies gehört zu den weichen Faktoren, die für den Juristen vielleicht keine Orientierungsmarke darstellen, für den Betreiber eines wissenschaftlichen Journals allerdings von eminenter Bedeutung sind: Denn er kann in der Konzeption seiner online-Formate keineswegs außer Acht lassen, was in der scientific community als herkömmlich gilt und zu den zwar nicht kodifizierten, gleichwohl unhinterfragten Usancen der Wissenschaftszunft gehört. Damit steht der Historiker, der ein online-Journal betreibt, in der Mitte zwischen den Anforderungen, die von juristischer Seite aus an ihn gestellt werden, und den Erwartungen, die die Fachkollegen an ein wissenschaftliches Journal herantragen.

Es sollen dementsprechend nicht nur die Probleme der Herausgeber von online-Formaten zur Sprache kommen, sondern auch die Autorenperspektive muss miteinbezogen werden. Dies bedarf in dem Fall keiner großen Empathie, da die Veranstalter der online-Projekte selbst als Historiker forschend und lehrend tätig sind und damit auch den Blickwinkel des publizierenden Autors kennen.[2]

Zunächst sollen die beiden online-Journale kurz vorgestellt werden, um die es im Folgenden geht. Dazu gehört neben einem kurzen Aufriss der

---

2 Im Übrigen ist diese Konstellation keine Ausnahme, insofern fast jeder zweite Geisteswissenschaftler in unterschiedlicher Weise bei der Herausgabe wissenschaftlicher Periodika involviert ist; siehe: Deutsche Forschungsgemeinschaft (Hg.), Publikationsstrategien im Wandel? Ergebnisse einer Umfrage zum Publikations- und Rezeptionsverhalten unter besonderer Berücksichtigung von Open Access, Bonn 2005, S. 31 f. Der Text ist auch online verfügbar unter: http://www.dfg.de/dfg_im_profil/zahlen_und_fakten/statistisches_berichtswesen/open_access/download/oa_ber_dt.pdf (Abruf am 26. 6. 2006).

Konzeption der zwei Zeitschriften auch eine kurze Skizze der Entwicklung beider Journale von den ersten Schritten bis zu ihrer erfolgreichen Etablierung in der Fachwelt. Danach sollen die konkreten Rechtsprobleme angesprochen werden, die sich mit folgenden Stichworten benennen lassen: Da wäre die Frage der Wissenschaftskultur mit ihrer spezifischen Attitüde gegenüber Rechtsfragen, des weiteren die Rechtsprobleme im Umgang mit publizierten Materialien, dann der Komplex der Herausgeber- und Autorenrechte und daran anschließend und abschließend die Problematik der Finanzierung von online-Journalen.

II. Online-Publikation im Tandem – eine Kurzvorstellung der Journale

Wie für viele andere online-Publikationen stand auch für die sehepunkte und zeitenblicke am Anfang die Grundidee, die Möglichkeiten des elektronischen Publizierens für die Geschichtswissenschaften nutzbar zu machen. Zwei Kriterien waren und sind handlungsleitend für die beiden online-Projekte:

Zum einen ist dies die enorme Schnelligkeit des Mediums, die die Aktualität der publizierten wissenschaftlichen Inhalte merklich steigert. Dies gilt in besonderem Maße für die Buchbesprechungen, die bedeutend schneller als in jedem anderen wissenschaftlichen Printmedium verfügbar sind und damit eine rasche Orientierung über aktuelle Neuerscheinungen ermöglichen.

Zum anderen spielt die nahezu unbegrenzte Verfügbarkeit der Publikationen eine wichtige Rolle. Dass man bei online-Publikationen nicht mehr von Bibliotheken und damit von Magazinaushubfristen und Lesesaalöffnungszeiten abhängig ist, dass online-Publikationen nie „ausgeliehen" sind und damit nur einem Benutzer exklusiv, sondern für unbegrenzt viele Leser gleichzeitig verfügbar sind, stellt den anderen unbestrittenen Vorteil dar. Beide Formate waren auch von Beginn an, d.h. auch schon lange vor der Berliner Erklärung,[3] dem Prinzip des open access verpflichtet.

---

3 Siehe dazu den Wikipedia-Artikel „Berliner Erklärung (Open Access)" in: http://de.wikipedia.org/wiki/Berliner_Erkl%C3%A4rung_(Open_Access) (Abruf am 26. 6. 2006).

Schließlich sei noch ein dritter Punkt angesprochen: Die Überlegung, dass online-Publikationen möglichst kostengünstig publizieren, war in der Anfangsphase von großer Bedeutung; dass der Kostenfaktor sich auch in den neuen Medien nicht ohne weiteres reduzieren lässt, wird noch weiter unten aufzugreifen sein. Von dieser generellen Einschätzung ausgenommen ist aber der Umstand, dass die Aufnahme von Abbildungen keinen kostentreibenden Faktor darstellt. Ob eine Publikation Schwarz-Weiß-Bilder oder solche in Farbe aufnimmt, ob es sich dabei um fünf oder 50 Abbildungen handelt, ist für traditionelle hard-copy-Publikationen eine Frage der Finanzierung – bei einem online-Journal nicht. Hier bietet das Medium Internet die Chance, historische und kunsthistorische Themen in aller Ausführlichkeit visuell zu veranschaulichen, ohne dass dies im Produktionsprozess an Kostengrenzen scheitern müsste.[4]

All diese Vorteile des online-Publizierens galt es nun zu verknüpfen mit den traditionellen wissenschaftlichen Standards. Fachwissenschaftliche Seriosität war die Voraussetzung, um die Gleichwertigkeit der online-Formate gegenüber herkömmlichen Printjournalen zu erweisen. Mit diesem Anspruch sind die beiden Projekte sehepunkte und zeitenblicke angetreten.

Als erstes erblickte das Rezensionsjournal sehepunkte das Licht der virtuellen Welt. Seine Geschichte begann im Jahr 2000 unter dem Namen PERFORM. Anfangs beschränkte sich PERFORM auf Publikationen aus dem Bereich der frühneuzeitlichen Geschichte. Doch rasch wurde die Öffnung zu allen anderen Teilepochen der Geschichte vollzogen, als Ende 2001 die sehepunkte das Erbe von PERFORM antraten. Erschien PERFORM anfangs nur alle zwei Monate, wurde mit dem Wechsel zu den sehepunkten auch ein einmonatiger Erscheinungszyklus eingeführt, der sich bis jetzt bewährt hat.

Die sehepunkte bieten heute thematisch ein Komplettangebot an, indem die Epochengliederung das Altertum, das Mittelalter, die Frühe Neuzeit, das 19. Jahrhundert und die Zeitgeschichte umfasst – ergänzt durch eine allgemeine Rubrik für übergreifende Literatur. KUNSTFORM, die kunst-

---

4 Eine Einschränkung besteht insofern, als Kosten dadurch entstehen können, wenn für zu publizierende Abbildungen Rechte erworben werden müssen. Die Tendenz geht aber eindeutig dahin, gemeinfreie Motive zu benutzen oder doch eine kostenfreie rechtmäßige Benutzung des benötigten Bildmaterials zu erwirken.

geschichtliche Sektion der sehepunkte, besitzt zwar nicht diese explizite Substruktur, deckt aber prinzipiell ebenfalls den historischen Gesamtrahmen ab. Eine zusätzliche Möglichkeit, einen thematischen Schwerpunkt in einer Ausgabe zu setzen, bietet das Forum, das Publikationen zu einem bestimmten Themenkreis versammelt und mit einer knappen Einleitung versehen gebündelt präsentiert. Das mag mal die Stadtkultur in der Spätantike sein oder auch die kontroverse Diskussion über ein aktuelles Buch, wie sie sich in Mehrfach-Besprechungen durch Rezensenten unterschiedlicher Prägung und Standpunkte widerspiegelt – so etwa im Falle von *Götz Alys* Buch „Hitlers Volksstaat".

Pro Ausgabe werden in den sehepunkten ungefähr 80 bis 100 Rezensionen publiziert. Bis dato sind über 3.000 Buchbesprechungen erschienen. Sie sind überwiegend in deutscher Sprache geschrieben, es gibt aber auch einige Rezensionen vor allem in Englisch sowie in Italienisch, Französisch und Spanisch. Im Frühjahr 2006 haben die monatlichen Zugriffe auf die sehepunkte erstmals die Marke von 300.000 überschritten. Rund 2.000 Internet-Nutzer haben momentan die sehepunkte abonniert.

Etwas jünger sind die zeitenblicke, ein Journal für die Geschichtswissenschaften, das 2002 erstmalig online gestellt wurde. Formal ist hier offenkundig die größte Konstanz zu beobachten, da keine Umbenennungen und damit einhergehende Neukonzipierungen vorgenommen wurden. Eine thematische Schwerpunktsetzung zeichnet sich insofern ab, als die aktuellen Ausgaben verstärkt frühneuzeitliche Themen aufgegriffen haben, während in früheren Nummern auch andere Epochen vertreten waren. Die positive Entwicklung der zeitenblicke ist ablesbar an der erhöhten Frequenz: Erschienen 2002 nur zwei Ausgaben, sind in allen folgenden Jahren stets drei Ausgaben realisiert worden.

Momentan gibt es für jede Ausgabe ein festes historisches Thema (fallweise werden auch kunsthistorische Themen aufgegriffen). Dabei handelt es sich um Sujets, die aktuelle Forschungstrends widerspiegeln, wie es etwa die Ausgabe zu den Ego-Dokumenten „Das Ich in der Frühen Neuzeit" (zeitenblicke 1 [2002], Nr. 2) tut oder auch die Ausgabe zu „Raub und Wiedergutmachung" (zeitenblicke 3 [2004], Nr. 3). Thematisiert wird aber auch die Situation des elektronischen Publizierens oder der aktuelle Stand der Diskussion zu den Studienreformen in Europa. In der Binnenstruktur gibt es mit den „Analysen und Beiträgen" das typische Genre für ein Fachjournal; Gleiches gilt für die Berichte aus der Forschung, während sich die Verlinkungen auf externe Netzangebote die Chancen des neuen Mediums zunutze machen. Neu und ungewöhnlich für ein wissenschaftliches Fachorgan ist das Interview, das an der Spitze einer jeden Ausgabe steht und meist einen herausragenden Fachvertreter oder sonst einen thematisch ausgewiesenen Gesprächspartner zu Wort kommen lässt.

Die zeitenblicke veröffentlichen überwiegend Originalbeiträge; nur zu ungefähr 10% der Aufsätze gibt es post- oder pre-prints. Die Aufsätze selbst erscheinen meist in deutscher Sprache, doch ist es möglich, dass Artikel auch in einer gängigen anderen Sprache publiziert werden. Bislang sind Beiträge in englischer und italienischer Sprache erschienen. Insgesamt sind seit 2002 über 200 Artikel veröffentlicht worden. Die Zugriffszahlen auf das Journal sind nach wie vor in stetem Wachstum begriffen; für das Jahr 2005 waren dies ca. 50.000 Seitenzugriffe pro Monat.

Auch wenn es sich zunächst um zwei separate Journale handelt, die jeweils eine eigene Geschichte haben und auch je für sich als Publikation existieren, bilden die sehepunkte und zeitenblicke ein konzeptionelles Tandem, was in der Geschichtswissenschaft und in den angrenzenden Fachdisziplinen auch so wahrgenommen wird. Deutlich wird dies durch die Komplementarität der Inhalte beider Formate; hinzu kommt die große strukturelle Ähnlichkeit.

Beide Journale sind stark an traditionellen Lesegewohnheiten orientiert, verzichten etwa auf ein day-by-day-publishing, wie es bei vielen anderen online-Formaten praktiziert wird. Stattdessen gibt es eine feste Ausgabenstruktur mit festen Erscheinungsterminen. Überhaupt finden sich nur wenig dynamisierende Elemente, vielmehr handelt es sich um mehr oder weniger statische online-Publikationen. Dies ist im Übrigen ein sehr bewusster Verzicht auf Möglichkeiten, die das online-Publizieren ansonsten offeriert. Entscheidend für diese Konzeption ist gewesen, das Publikum mit seinen Gewohnheiten ernst zu nehmen und somit das neue Medium eines online-Journals in weitgehend vertrauten Formen darzubieten.

III. Aller Anfang ist schwer

In der ersten Phase der Projekte standen diverse Probleme im Vordergrund – um so wichtiger war die typische Anfangseuphorie auf Seiten der Projektinitiatoren, um der Skepsis und den Bedenken im Umfeld und bei potentiellen Kooperationspartnern zu begegnen.[5] Das Rezensionsjournal musste in zwei Richtungen um Vertrauen werben: Da waren zunächst die Verlage zur Kooperation zu bewegen, dass sie den sehepunkten auch von ihren Verlagsprodukten Rezensionsexemplare zur Verfügung stellten. Zu Beginn gab es ein uneinheitliches Bild, da einige Verlagshäuser die sehepunkte von vornherein unterstützten, während andere Verlage zunächst deutlich distanziert reagierten und erst später ihre Bücher zur Rezension offerierten oder auf Anfrage der Redaktion zusandten.

Die Kooperationsbereitschaft der Verlage hing verständlicherweise vom Erfolg der sehepunkte ab, der messbar war an den tatsächlich publizierten Besprechungen. Es ging also gerade in der kritischen Anfangsphase darum, Autoren zu finden, die ihrerseits zuverlässig rezensierten, so dass damit auch Skepsis und Zweifel auf Seiten der Verlage zerstreut werden konnten. Bei den Wissenschaftlern gab es ebenfalls Skepsis, ob die geschriebenen Besprechungen dann auch veröffentlicht und wahrgenommen, die Leistungen der Rezensenten also auch in der scientific community sichtbar werden würden.

Die sehr kurze Frist von der Einreichung einer Besprechung bis zur Publikation bot kaum Anlass für die Bedenken der Rezensenten. Der Vorteil der Schnelligkeit einer online-Veröffentlichung, die verhinderte, dass der eingereichte Text über Monate, wenn nicht Jahre in der Redaktion lag, wurde sehr schnell deutlich. Auch die Reaktionen der besprochenen Autoren, die sich durchweg sehr angetan zeigten, dass ihre Publikation derart schnell Resonanz gefunden hatte, bestätigten den positiven Eindruck und trugen ihren Teil zur hohen Reputation des Rezensionsjournals bei. Der gute Name der sehepunkte half mit, dass diese in erstaunlich kurzer Zeit nicht nur ein Journal für junge Wissenschaftler wurden, sondern

---

5 Ein früherer Rückblick auf diese Phase, besonders für die sehepunkte bei *Helmberger, Peter,* Historische Rezensionen im Internet. Entwicklung – Probleme – Chancen, in: zeitenblicke 2 (2003), Nr. 2, http://www.zeitenblicke.de/2003/02/helmberger.htm (Abruf am 24. 6. 2006).

ebenso auch von etablierten Fachvertretern genutzt wurden, die ihrerseits keine Scheu zeigten, für die sehepunkte zu schreiben.

Der Erfolg der sehepunkte half den Start der zeitenblicke zu befördern, die nicht nur organisatorisch, sondern auch im Erscheinungsbild gleichsam als Schwesterprojekt der sehepunkte auftraten. Aber auch hier gab es Bedenken gegenüber dem Medium. Deutlich stärker als die sehepunkte waren die zeitenblicke mit Fragen nach der Nachhaltigkeit des Formats konfrontiert – ein Punkt, der für die Buchbesprechungen, die doch eher als Tagesgeschäft wahrgenommen werden, sehr viel weniger relevant war. Ob aber ein Aufsatz auch in den kommenden Monaten und Jahren noch recherchierbar sein wird, war und ist wesentlich für die Bereitschaft eines Wissenschaftlers, seine Ergebnisse einer online-Zeitschrift anzuvertrauen. Große Offenheit in dieser Frage seitens der Herausgeber und der Redaktion sowie letztlich auch die Beständigkeit im Publikationsprozess selbst halfen hier ganz wesentlich, die Bedenken zu zerstreuen.

Beide Formate können mittlerweile als im Fach etabliert gelten. Die Gründe dafür lassen sich auf wenige Kernpunkte zurückführen. Um das Vertrauen der Autoren und Leser zu erwerben, war es von Anfang an wichtig, dass die Journale mit großer Zuverlässigkeit erschienen. Besonders die monatliche Erscheinungsweise der sehepunkte – der 15. eines jeden Monats ist „sehepunkte-Tag" – ist ein solches Kriterium, mit dem sich alle vier Wochen neu die Beständigkeit des Projekts bestätigt: Die zeitenblicke, die nicht in dem strengen Sinne auf ein Tagesdatum als Erscheinungstermin festgelegt sind, haben diesen Druck nicht, müssen gleichwohl in einer Taktung von jeweils ungefähr 4 Monaten erscheinen.

Die Schnelligkeit des Mediums hatte stets auch eine Schattenseite, denn die Geschwindigkeit im Publikationsprozess schien zu implizieren, dass der Zeitvorteil mit einem Mangel an Qualität erkauft sei. Um diesen Verdacht von vornherein zu entkräften, haben beide Journale von Beginn an auf die strikte Einhaltung von wissenschaftlichen Standards gesetzt. Bei den sehepunkten durchlaufen die Besprechungen ein elaboriertes Begutachtungsverfahren, das im wesentlichen zweistufig funktioniert. Zunächst bearbeitet der Fachredakteur den Text, wobei auch inhaltlich-konzeptionelle Fragen im Vordergrund stehen. Dieses spielt aber auch noch einmal im internen Begutachtungsverfahren durch die Redaktion und vor allem seitens der Herausgeber eine wichtige Rolle, so dass auf diese Weise ein hohes wissenschaftliches Niveau gewährleistet ist. Ebenso wird redaktionell auf die Beachtung der Formalia Wert gelegt, um das einheitliche Erscheinungsbild der sehepunkte zu wahren.

Um die fachwissenschaftliche Kompetenz in der redaktionellen Betreuung sicherzustellen, ist eine Reihe von Wissenschaftlern als Fachredakteure tätig, die ihre besonderen Qualifikationen einbringen können und auch in diversen Spezialgebieten der historischen Forschung für hohe Standards bürgen. So ist auch die starke Verwurzelung der sehepunkte in der Wissenschaft selbst hergestellt, da die fachwissenschaftlichen Rezensenten von Wissenschaftskollegen betreut werden. Die Fachkompetenz wird zudem durch Partner-Institutionen befördert, so etwa durch das Herder-Institut in Marburg, das für den weiten Bereich der osteuropäischen Geschichte zuständig ist, und auch durch das Institut für Zeitgeschichte in München, das weite Teile der Publikationen der Neuesten Geschichte mitbetreut. Auch der wissenschaftliche Beirat, der aus renommierten Vertretern der historischen Wissenschaften aller Teilepochen besteht, gewährleistet auf seine Weise die Qualität der Projekte.

Neben diesen Faktoren ist auch die bereits oben erwähnte Nachhaltigkeit der online-Projekte von zentraler Bedeutung. Die Seriosität beider Journale schlägt sich auch im Umstand nieder, dass beide jeweils eine eigene ISSN haben. Die Frage der Archivierung ist ein Punkt, der immer noch einer wirklich abschließenden Antwort bedarf. Doch dürfen sich die zeitenblicke und sehepunkte etwa durch Kooperationen mit der Bayerischen Staatsbibliothek in München und dem Hochschulbibliothekszentrum für Nordrhein-Westfalen in Köln sicher fühlen, was die Dauerhaftigkeit im Netz angeht – abgesehen vom Umstand, dass die Deutsche Bibliothek in Leipzig die Texte der zeitenblicke sichert und die Projekte ihrerseits nochmals eigene Archiv- und Sicherungsfunktionen aufgebaut haben. Im Falle von technischen Schwierigkeiten ist daher auch gewährleistet, dass ein Rund-um-die-Uhr-Service für die permanente Sichtbarkeit der publizierten Inhalte im Netz sorgt.

Nicht minder wichtig als die Nachhaltigkeit ist das Prinzip der Unveränderlichkeit einer online-Publikation. Von Beginn an herrschte der Grundsatz, dass ein ins Netz gestellter Text als „gedruckt" und damit nicht mehr korrigierbar galt – ein ganz entscheidender Satz, der in der scientific community als Ausweis von Seriosität wahrgenommen wird. Darin äußert sich weniger Konservatismus als vielmehr das Bedürfnis, Texte zu publizieren, die wissenschaftlich zitierfähig sind. Auf diese

Weise ist für jeden Wissenschaftler, der für sehepunkte und zeitenblicke arbeitet, sichergestellt, dass diese Texte auch in die eigene Publikationsliste aufgenommen werden können.

An dem Punkt kommen erneut die starren Publikationsstrukturen ins Spiel, dass beide Journale in festen Ausgaben zu festen Terminen erscheinen. Hier wird die Zitierfähigkeit auch ohne Angabe der URL bzw. URN deutlich und unterscheidet sich praktisch nicht von den Zitierkonventionen, wie sie bei gewöhnlichen Printmedien angewandt werden. Die Wissenschaftler, die zunächst einige Berührungsängste gegenüber dem neuen Medium verspürten, fanden Strukturen vor, die vertraut waren und damit Vertrauen schafften. Man kann es auch so formulieren: „Der einzige wirklich große Unterschied zwischen den Texten in Zeitenblicke und den herkömmlichen gedruckten historischen Fachzeitschriften ist, dass die Zeitenblicke-Beiträge kostenfrei zugänglich sind.“[6] Richtig ist zweifellos die Orientierung der sehepunkte und zeitenblicke an den gesetzten Maßstäben des wissenschaftlichen Publikationswesens. Dies mit verpassten Chancen des Mediums gleichzusetzen, leuchtet aber nur auf den ersten Blick ein. Auch eine Medienrevolution braucht ihre Zeit, um sich durchzusetzen, was in diesem Fall heißt: Akzeptanz in der scientific community für die neuen Publikationsmöglichkeiten auf breiter Basis gewinnen.

IV. Rechtsprobleme

1. Eine Frage des Bewusstseins

Der Geisteswissenschaftler ist gemeinhin nicht sonderlich gut orientiert, was seine rechtliche Position als wissenschaftlichen Autor betrifft. Diese Feststellung wird kaum durch das bereits oben erwähnte Faktum relativiert, dass fast die Hälfte der Wissenschaftler in irgendeiner Form mit der Organisation von Fachpublikationen betraut ist – will heißen, dass auch eine herausgeberische Tätigkeit dem Unwissen nicht unbedingt abhilft. Sicher ist dies nicht von vornherein der Komplexität der Rechtsmaterie

---

6 So *Haber, Peter,* Geschichtswissenschaften im digitalen Zeitalter. Eine Zwischenbilanz, in: Schweizerische Gesellschaft für Geschichte 56 (2006), S. 168–183, hier S. 177f.

geschuldet, vielleicht zu einem Teil der Belastung durch andere Obliegenheiten in Forschung, Lehre und universitärer Selbstverwaltung, entscheidend dürften aber mangelnde Rechtskenntnisse als Teil eines spezifischen Rechtsbewusstseins zu verstehen sein, das unter Geisteswissenschaftler einfach nur rudimentär ausgebildet ist.

Einen Teil trägt die Fürsorge der Verlage dazu bei, die dem Wissenschaftler das Alltagsgeschäft des wissenschaftlichen Publizierens abnehmen und es in fest ausgetretene Bahnen lenken. Verhandlungsspielraum scheint es kaum zu geben; jedenfalls reichen Standardverträge aus, um das wissenschaftliche Publikationswesen am Laufen zu halten. Nimmt man die Drucklegung der Dissertation als Initiationsritus für dieses Verhältnis, so wird es nur wenige Fälle geben, wo tatsächlich der Doktorand keck genug oder in einer so starken Position war, um als Vertragspartner auf gleicher Augenhöhe aufzutreten.

Es geht gar nicht darum, diese Verhältnisse anzuprangern; wichtig ist vielmehr zu sehen, dass dem Wissenschaftler von Beginn seiner Karriere als Autor eine gewisse Unmündigkeit insinuiert wird. Die daraus resultierende Unbedarftheit gegenüber rechtlichen Problemen im Publikationswesen des traditionellen hard-copy-Sektors fällt nicht weiter auf – anders stellt sich die Situation dar, wenn der Wissenschaftler online publiziert: Hier fällt dem Autor eine andere Verantwortlichkeit zu, er hat auf einmal Rechte, aber er muss auch Pflichten wahrnehmen. Da sich über diese neue Situation immer noch viele Autoren nicht unbedingt im Klaren sind, gibt es für online-Journals einen entsprechenden Aufklärungsbedarf, der durchaus zum redaktionellen Alltag gehört.

In nur wenigen Fällen ergreift der Autor die Initiative und fragt bei der Redaktion oder den Herausgebern nach dem rechtlichen Rahmen der geplanten online-Publikation nach. Fast immer, wenn der Autor von sich aus die Rechtsituation klären möchte, handelt es sich um den Wunsch, den geplanten Aufsatz auch als post-print zu publizieren. Meist hat er dann auch eine mehr oder weniger vage Ahnung, dass dies möglich ist. Allerdings gibt es praktisch nie ausreichende Rechtskenntnisse, sondern eher die so einfache wie gefährliche Vorstellung, dass im Bereich des online-publishing alles möglich sei, dass also, wer online publiziert, den Text auch an anderer Stelle publizieren dürfe. Dass es mittlerweile weniger eine pauschale Freiheit als vielmehr eine zwar weit verbreitete, aber doch genau lizenzierte Möglichkeit ist, muss eigens vermittelt werden.

Ansonsten bleibt es aber meist Aufgabe der Redaktion, den Autor über seine Rechte zu informieren. Das allgemeine Ziel für die Redaktion ist dabei der mündige Autor. Dies hört sich altruistischer an, als es ist. Denn aus der Unsicherheit resultieren ein Unbehagen und ein Vorbehalt gegenüber dem Medium selbst, was für die online-Projekte selbst schädlich ist. Das Rechtsbewusstsein zu wecken und basale Rechtskenntnisse zu vermitteln, bedeutet auch für das elektronische Publizieren weiter den Weg zu ebnen. Bedeutend schwieriger als der mündige, d.h. der sich seiner Rechte bewusste Autor ist der verschreckte Autor. Wenn es soweit gekommen ist, dass Autoren aufgrund der Rechteproblematik das online-Publishing als derart riskant und bedrohlich ansehen, dass sie davor zurückscheuen, ist es schon zu spät. Dann droht genau das Vertrauen verloren zu gehen, das sich beide Projekte in den vergangenen Jahren erarbeitet haben.

2. Die Bereitstellung von digitalisierten Daten

Mit dem elektronischen Publizieren wird ein Tor zu neuen Möglichkeiten der multimedialen Aufbereitung aufgestoßen. Wenngleich sich der Enthusiasmus der ersten Jahre etwas gelegt haben mag, gibt es eine große Zuversicht, was den Einsatz der neuen Medien auch in den Geisteswissenschaften angeht – dies gilt für Fächer wie die Kunstgeschichte, die eo ipso auf die Visualisierung ihrer Themen angewiesen ist, aber auch für traditionell eher textlastige Disziplinen wie die Geschichtswissenschaften.[7] Allerdings ist heute mehr als noch vor wenigen Jahren zu berücksichtigen, dass die Zeit der Unbedarftheit vorbei ist:

Gerade für den Gebrauch von Bildmaterial müssen in wachsendem Maße nicht nur die Chancen, sondern auch die Risiken wahrgenommen werden. Dass man stillschweigend geduldet Material online stellen konnte,

---

[7] Den Möglichkeiten, die die neuen Medien für die Kunstgeschichte bieten, widmet sich die Ausgabe der zeitenblicke 2 (2003), Nr. 1: *Kwastek, Katja* und *Hubertus Kohle* (Hgg.), Digitale und digitalisierte Kunstgeschichte. Perspektiven einer Geisteswissenschaft im Zeitalter der Virtualität, http://www.zeitenblicke.de/2003/01/index.html (Abruf am 26. 6. 2006). Siehe auch die Projektvorstellung von *Simon, Holger /Ute Verstegen*, prometheus – Das verteilte digitale Bildarchiv für Forschung und Lehre. Neuartige Werkzeuge für Bereitstellung von verteiltem Content für Wissenschaft und Forschung, in: Historical Social Research 29 (2004), S. 247–258.

ist nicht mehr möglich. Die Rechteinhaber sind sich mittlerweile bewusst geworden, was sich in den Weiten des world wide web abspielt, und sind nicht (mehr?) gewillt, Rechtsverstöße zu übersehen. Dies gilt um so mehr für Projekte wie die sehepunkte und zeitenblicke, die sich einer erfolgreichen Präsenz im Internet erfreuen und hohe Zugriffszahlen haben. Vor einer Publikation von digitalisiertem Bildmaterial bedarf es also der Klärung der Bildrechte.

Nun liegen für die Bildrechte entsprechende Regelungen vor.[8] Doch die Tücke liegt im Einzelfall. Denn auch wenn urheberrechtlich längst der Weg frei ist, wird, zumal bei Kunstgegenständen, zu überprüfen sein, ob ein Museum oder auch eine andere Institution Eigentumsrechte reklamiert und daher eine eigenmächtige Netzpublikation juristisch verfolgen lassen könnte. Zwar gibt es einige Beispiele für Sammlungen, die die kostenfreie Nutzung ihrer digitalisierten Bildmaterialien nicht nur erlauben, sondern sogar bewusst anregen.[9] Doch haben viele große Museen dieser Welt eigene Juristen, die sich auf die Verfolgung genau dieser Rechtsverstöße spezialisiert haben. Sanktionen sind nicht mehr nur eine vage Möglichkeit, sondern – angesichts der Summen, die im Spiel sind – eine eminente Bedrohung für die online-Projekte insgesamt. Dies betrifft in erster Linie die zeitenblicke, die vielfach Aufsätze mit umfänglichem Bildmaterial präsentieren.[10]

Die Rechteproblematik erstreckt sich nicht nur auf Kunstprodukte, bei denen auch für in Rechtsfragen wenig Bewanderte rasch einsehbar ist, dass Rechtsfolgen drohen. Auch bei unpubliziertem Quellenmaterial, sprich Archivalien, gibt es diese Probleme. Für den Historiker ist es nicht nur ein optischer Reiz, das Quellenmaterial, mit dem argumentativ eine

8 Vgl. etwa http://de.wikipedia.org/wiki/Bildrechte (Abruf am 26. 6. 2006).

9 Ein Beispiel ist die New York Public Library, die über 275.000 Drucke, Bilder, Manuskripte, Fotos etc. online im open-access-Modus zur Verfügung stellt, vgl. *Gersmann, Gudrun*, Eine New Yorker Wunderkammer des 21. Jahrhunderts: http://digitalgallery.nypl.org/, in: Geschichte in Wissenschaft und Unterricht 56 (2005), S. 264–265.

10 Aber auch für die sehepunkte stellt sich die Frage nach den Bildrechten, wo es um die Abbildung von Titelcover der rezensierten Bücher geht. Anfragen bei den Verlagen haben hier durchweg Kooperationsbereitschaft signalisiert, zumal das digitalisierte Titelcover, das häufig auf der Homepage des Verlags selbst vorliegt und weitergenutzt werden kann, auch als ein Werbeträger für das betreffende Buch fungiert.

Analyse gestützt wird, im Digitalisat betrachten zu können. Denn auf diese Weise bietet sich die Veranschaulichung von Befunden an und damit die Möglichkeit, Erkenntnisse im Digitalisat direkt zu überprüfen – mit anderen Worten formuliert: Eine Steigerung der wissenschaftlichen Seriosität ist möglich. Allerdings agieren rechtebesitzende Archive und Bibliotheken mitunter nicht anders als Museen, die Kunstwerke der Menschheit aufbewahren: Je nach Kulanz oder Rechtsauffassung ist den Autoren der zeitenblicke die Verwendung digitalisierter Archivalien gestattet oder nicht. Nachfrage und Klärung der rechtlichen Situation tut also auch in diesen Fällen not.

Es ergaben sich bereits bizarre Situationen: in den zeitenblicken durften digitalisierte Quellen publiziert werden, die die Enteignungen im Zuge der sog. Arisierungen in der Zeit des Nationalsozialismus thematisieren – also Dokumente, deren Brisanz nicht nur im Thema, sondern auch in der relativen zeitlichen Nähe begründet liegt. Umgekehrt mussten Autoren in Einzelfällen die Erfahrung machen, dass Dokumente zu Themen der Vormoderne von den betreffenden Archiven nicht für die Publikation freigegeben wurden bzw. nur zu Konditionen, die nicht anders als abschreckend bezeichnet werden können. Und hierbei waren keineswegs weithin bekannte historische Persönlichkeiten involviert, deren Prominenz vielleicht eine derart restriktive Reaktion hätte erklären können, sondern es ging eher um serielle Quellen, also Massenschriftgut.

Unabhängig vom Ergebnis galt aber für jeden Fall, dass die Klärung der Rechtesituation der entscheidende Schritt war – auch wenn am Ende eine verhinderte online-Publikation des Bildes oder der Quelle stand. Dabei sind derartige Probleme offenkundig nicht nur auf die zeitenblicke beschränkt. Denn auch seitens anderer Projekte wird deutliches Unbehagen über die vielfach als unsicher und ungeklärt empfundene Rechtslage bei Bildern artikuliert.[11] Immerhin zeigt sich, dass das Bewusstsein für diese Problemlage geweckt ist – wenn auch eine Lösung auf breiter Basis damit noch lange nicht in Sicht ist, bleibt zumindest eine Unsicherheit bestehen, was alles andere als befördernd auf die Projekte selbst zurückwirkt.

Auf der Suche nach Rechtssicherheit für die elektronischen Journale können die angewandten Lizenzen nur in einer bestimmten Hinsicht weiter-

11 Vgl. den Tagungsbericht zu „Sinn und Nutzen von Datenbanken in den Geisteswissenschaften" vom 12. 5. 2006, http://hsozkult.geschichte.hu-berlin.de/tagungsberichte/id=1117 (Abruf am 17. 6. 2006).

helfen. So reguliert etwa die DiPP-Lizenz für die zeitenblicke zwar die Nutzung des publizierten Inhalts sowie die Rechte der Herausgeber und Autoren, nicht aber die Rechtssituation des jeweils publizierten Inhalts.[12] Daher behelfen sich die zeitenblicke mit eigenen Verträgen, die mit den Autoren abgeschlossen werden und diese verpflichten, für die Klärung der Bildrechte der verwandten Materialien Sorge zu tragen.

Dabei zeigt sich im Übrigen, dass es die Vertragsschlüsse sind, die der Autorenschaft die Relevanz der Rechteproblematik am nachdrücklichsten vor Augen führen. Wenn oben davon die Rede war, dass die Redaktion den Autoren ein Bewusstsein für die Rechtsthematik verschaffen muss und auch das entsprechende Wissen zu vermitteln hat, sind die Verträge im redaktionellen Alltag der Moment, wo dies geschieht.

Und dies gilt nicht allein für den Komplex der Bildrechte. Verträge werden auch mit Gastherausgebern der zeitenblicke geschlossen, die einzelne Ausgaben des Journals verantworten und diese Tätigkeit einer rechtlichen Regulierung zuführen müssen. Auch die sehepunkte sind mittlerweile von diesem Prozess der Verrechtlichung betroffen: Jeder Rezensent geht im letzten Schritt der Freigabe seiner Besprechung eine rechtliche Verpflichtung ein, die die Publikation seines Textes in rechtlich einwandfreier Form sicherstellen soll.

Diese Tendenz bewirkt, so ist es zumindest intendiert, rechtlich klare Verhältnisse – wobei der organisatorische Aufwand nicht zu unterschätzen ist, wenn man allein für die sehepunkte bedenkt, dass dieses Verfahren allmonatlich für ungefähr 80 bis 100 Rezensionen durchgeführt werden soll. Daneben wird man aber auch den Eindruck einer Überregulierung nicht ignorieren dürfen: Buchbesprechungen vertraglich zu regeln, läuft den Gepflogenheiten des Wissenschaftsbetriebs zuwider: Nicht dass dies ein Grund wäre, von dieser Praxis abzustehen! Aber das Streben, Rechtssicherheit für Autoren wie Herausgeber zu schaffen, muss mit einer gewissen Empathie für die Befindlichkeiten der betroffenen Wissenschaftler kombiniert werden, um der weiteren Akzeptanz des elektronischen Publizierens gerecht zu werden.

---

12 Siehe den Text der Lizenz unter http://www.dipp.nrw.de/lizenzen/dppl/dppl/DPPL_v2_de_06-2004.html (Abruf am 24. 6. 2006).

3. Die Weiterverwertung

Das Medium Internet ist zweifelsohne dabei, seinen Siegeszug weiter fortzusetzen. Diese erfolgreiche Etablierung bedeutet jedoch keineswegs oder zumindest keineswegs sofort eine Verdrängung des bisher dominierenden Printmediums. Die kommunikationsgeschichtliche Binsenweisheit von der erstaunlich dauerhaften Parallelität alter und neuer Medien wird sich augenscheinlich auch im Fall von online- und Printmedien erneut bestätigen lassen.[13] Diese eher globale Einschätzung lässt sich auch auf der Ebene einzelner Artikel in den online-Zeitschriften nachvollziehen. Denn ungeachtet der Bereitschaft, in einem elektronischen Journal zu publizieren, ist das Bedürfnis, diesen Beitrag auch noch einmal traditionell gedruckt zu sehen, immer noch stark vorhanden. Gerade für die zeitenblicke lässt sich ein solches Phänomen beobachten.[14]

Komplementär dazu wird aber genauso der Wunsch artikuliert, den in einer hard-copy-Version veröffentlichten Beitrag noch einmal online zu stellen. Die Realisierung ist in den allermeisten Fällen komplikationslos, bedarf aber der Klärung, zu welchen rechtlichen Konditionen der preprint erfolgt ist.[15]

Für die Herausgeber der elektronischen Journale ist wiederum reizvoll, die in den festen Ausgaben organisierten Texte zu neuen Angeboten zusammenfassen zu können. Passgenau für jeden Benutzer und seine spezifischen Interessen wäre dann jeweils ein eigener „Warenkorb" mit Aufsätzen und Rezensionen aus unterschiedlichen Ausgaben beider Journale zusammenzustellen. Damit würde eine jeweils neue Publikation entste-

---

13 Diese Einschätzung beispielsweise bei *Schulze, Winfried,* Zur Geschichte der Fachzeitschriften. Von der „Historischen Zeitschrift" zu den „zeitenblicken", in: Historical Social Research 29 (2004), S. 123–137, hier S. 135.

14 Für die sehepunkte gibt es diese Interessenlage nicht bzw. nicht mehr. In der Frühphase gab es noch INFORM, gewissermaßen ein Seitenzweig zum damaligen Format PERFORM, das bereits in anderen Zeitschriften publizierte Rezension nochmals online präsentierte. Unter anderem aus Kapazitätsgründen wurde INFORM eingestellt.

15 Dazu *Mantz, Reto,* Open Access-Lizenzen und Rechtsübertragung bei Open Access-Werken, in: Spindler, Gerald (Hg.), Rechtliche Rahmenbedingungen von Open-Access-Publikationen (Göttinger Schriften zur Internetforschung), Göttingen 2006, S. 55–103, bes. S. 96–103, http://univerlag.uni-goettingen.de/OA-Leitfaden/oaleitfaden_web.pdf (Abruf am 24. 6. 2006).

hen, die womöglich auch noch in einem anderen Medium und/oder in einem anderen Format (etwa als CD bzw. als PDF) dokumentiert würde. Dass diese Optionen (zumal die gegenständlichen) gegebenenfalls kostenpflichtig wären und somit Finanzierungsmöglichkeiten für die online-Projekte bergen, wird weiter unten erneut anzusprechen sein.

Für den Leser selbst ist die Weiterverwertung der publizierten Texte auch in der vorliegenden Form wichtig. Von Interesse sind Textabschnitte, aber auch die Abbildungen in den Beiträgen. Nutzungsanwendungen dürften vom privaten, zweckfreien Gebrauch über den Nutzen für die eigenen Forschungen bis zum Einsatz in der akademischen Lehre (und damit in einer öffentlichen Form) sein.

Viele der hier angesprochenen Wünsche und Perspektiven sind zwar durch den gesteckten rechtlichen Rahmen der Lizenz gedeckt. Fraglich ist aber, ob auch für alle in den zeitenblicken verwandten Materialien – also vor allem für die Abbildungen – die rechtlichen Möglichkeiten bestehen. Wenn nur die genuinen Texte der Autoren, nicht aber das von ihnen (zunächst in der online-Version auch völlig legal) mitpublizierte Material in die neuen Formate mitgenommen werden könnte, würde dies erneut die Möglichkeiten des online-Publizierens reduzieren.

4. Geld & Recht

Eine Hoffnung, die sich mit dem elektronischen Publizieren verknüpfte, hat sich als Illusion erwiesen: Angesichts der Zeitschriftenkrise, die durch exponentiell angestiegene Bezugskosten für traditionell hergestellte hard-copy-Journale ausgelöst worden war, gab es noch zu Anfang des neuen Millenniums die verbreitete Erwartung, dass online-Journale helfen könnten, die Kosten signifikant zu senken.[16] Das Kostenargument hat sich insofern nicht erledigt, als das open-access-Prinzip nach wie vor seine Stärke daraus bezieht, für wissenschaftliche Beiträge eine kostenfrei verfügbare Publikationsform zu bieten, die sonst durch eine Veröffentlichung in einer klassischen, womöglich im Bezug hochpreisigen

---

16 Ein Beispiel unter vielen etwa *Ineichen, Andreas/Flury-Dasen, Eric*: Geschichtswissenschaftliche Publikationen und Editionen ins Internet, in: Geschichte und Informatik / Histoire et Informatique 12 (2001), S. 65–79, hier S. 67 f. und 78.

Zeitschrift schwieriger rezipierbar wären.[17] Aus der Perspektive der Leser erscheint eine open-access-Publikation uneingeschränkt vorteilhaft, doch für die Herausgeber von elektronischen Journalen zeichnet sich immer deutlicher die Kostenfrage ab. Alle erfolgreich operierenden online-Projekte dürften die Erfahrung machen, dass auch dieser Weg des Publizierens kostenintensiv ist – und zwar in zweierlei Hinsicht.

Zum einen verursacht die Technik Kosten. Der Finanzbedarf für die Hardware ist dabei noch vergleichsweise gering, sehr viel bedeutender ist das Finanzvolumen für die Software. Hier gilt es Verwaltungsprogramme für den internen Redaktionsbetrieb anzuschaffen. Der wachsende Erfolg der Journale hat zudem gezeigt, wie entscheidend ein leistungsstarkes Content-Management-System (CMS) für die Entwicklungs-, ja auch Überlebensfähigkeit eines online-Journals ist. Mit rund 80 bis 100 Buchbesprechungen pro Monat und hunderten Titeln in den verschiedenen Stufen des Verfahrens – bei den Verlagen bestellte Bücher, den Rezensenten angebotene, bei den Rezensenten angekommene Bücher, bei Rezensenten angemahnte Besprechungen sowie die verschiedenen Durchgangsstufen des Gutachterverfahrens – würde jede händische Verwaltung, auch über angepasste Excel-Dateien und vergleichbare Lösungen, an Grenzen stoßen. Vom Volumen nicht so dramatisch ist die Situation bei den zeitenblicken, doch auch sie bedürfen entsprechender Programme zur redaktionellen Organisation. Neben einem CMS auf aktuellem Stand muss eine Publikationssoftware bereitgestellt werden, wobei zukunftsfähige Standards anzustreben sind. Zu betonen ist, dass auch auf der Grundlage von open-source-Programmen entwickelte Adaptionen für die einzelnen Zeitschriftenformate Geld kosten.

Zum anderen spielt nach wie vor das Personal eine große Rolle. EDV-Spezialisten gehören entweder zum Redaktionsteam oder es muss der Service eines EDV-Dienstleisters als „Feuerwehr“ für akute Softwareprobleme gekauft werden. Schließlich kann ein online erscheinendes Journal so wenig wie eine traditionell publizierte Zeitschrift auf eine Redaktion verzichten. Dass sich die Anforderungen an einen Redakteur dabei in dem Sinne zu verlagern beginnen, dass neben formalen, sprachlichen und inhaltlichen Korrekturen auch Grundkenntnisse im EDV-

---

17 Vgl. *Mruck, Katja/Gradmann, Stefan/Mey, Günter*, Open Access: Wissenschaft als Gemeingut, in: Forschungsjournal Neue Soziale Bewegungen 17 (2004), S. 37–49, hier S. 39f.

Bereich wenn nicht erforderlich, dann aber zumindest wünschenswert sind, sei als weiterer, kostentreibender Faktor (Aus- und Fortbildung!) nur am Rande erwähnt.[18]

Es ist an der Stelle wenig sinnvoll, mit konkreten Zahlen zu operieren, auch nicht was die tatsächlichen Unkosten für die sehepunkte und zeitenblicke an Technik wie an Personal angeht. Durchweg handelt es sich um stark relative Größen, deren Aussagekraft kaum auf andere Projekte übertragbar sind. Nun wird man alle einzelnen Finanzpunkte unter dem Diktat einer harten Ökonomisierung drastisch reduzieren können. Dies wäre aber eine ausgesprochen kurzsichtige Entscheidung, die in fataler Weise den Qualitätsaspekt außer Acht ließe. Bei einer allzu simplen Technik und einer allzu dünnen Personaldecke im Redaktionsbereich würden die Ergebnisse der online-Journale auch kurzfristig an Güte und damit an Seriosität einbüßen. Damit zeigen diese Kostenfaktoren, die für die Benutzer der online-Journale zunächst nur mittelbar von Belang sind, am Ende auch nach außen ihre Wirkung: Denn ein weiteres Mal wird sich die Qualität als entscheidendes Kriterium für erfolgreiche online-Journale erweisen, die eben auch von leistungsstarker Technik und einer funktionstüchtigen Redaktion abhängt.

So wichtig also die finanzielle Ausstattung der online-Projekte ist, so unsicher stellt sie sich mittel- und langfristig dar. Noch sind sowohl die sehepunkte als auch die zeitenblicke im Genuss öffentlicher Förderung. Ob aber stets mit öffentlichen Geldern zu rechnen sein wird, ist alles andere als sicher. Wenn neue Finanzierungsmöglichkeiten auszuloten sind, muss dies unter größtmöglicher Wahrung des open-access-Prinzips erfolgen, zumal wenn dies durch die Rahmenbedingungen der Lizenz so vorgesehen ist. Zwar schließt der freie Zugang zur online-Version eine Gebührenerhebung für gegenständliche Publikationsformen nicht grundsätzlich aus. Infrage kämen etwa CDs der zeitenblicke-Ausgaben, zu denken wäre auch an Print-on-demand-Funktionen für beide online-Formate. Selbst die PDF-Version, die derzeit zu jedem Text der sehepunkte

---

18 Zum Phänomen unter dem Stichwort „Historiker als Verleger" resp. „Wissenschaftler als Verleger" siehe *Helmberger, Peter,* Historische Rezensionen im Internet. Entwicklung – Probleme – Chancen, in: zeitenblicke 2 (2003), Nr. 2 (18)–(20), http://www.zeitenblicke.de/2003/02/helmberger.htm (Abruf am 24. 6. 2006) bzw. *Klostermann, Vittorio E.,* Die Online-Zeitschrift aus der Sicht eines geisteswissenschaftlichen Verlags. Probleme und Lösungsmodell, in: Historical Social Research 29 (2004), S. 138–143, hier S. 139f.

und zeitenblicke frei verfügbar ist, könnte hier einbezogen werden. Sehr viel weiter als die Finanzierung von post-prints und Hybridversionen gehen Gedankenspiele, das komplette Angebot über Campus- und/oder Nationallizenzen zu verkaufen,[19] so dass der einzelne Wissenschaftler und Interessent immer noch einen freien Zugang zu den online-Inhalten hat.[20]

Welchen Weg man auch immer einschlagen wird, es steht außer Frage, dass jedes Geschäftsmodell den Charakter der Projekte ändert, indem dann nicht mehr öffentlich-/fremdfinanzierte Journale agieren, sondern letztlich Unternehmen, die Profite erwirtschaften. Dies hätte vielfach Konsequenzen, etwa auch im Verhältnis zu den Autoren, die rechtlich einen Anspruch auf Beteiligung an den erzielten Gewinn hätten.

An dieser Stelle müssen allerdings die Verhältnisse zurecht gerückt werden. Realistischerweise wird man eingestehen, dass momentan kaum ein Geschäftsmodell vorhanden ist, das eine völlig eigenständige Kostendeckung für die online-Projekte gewährleisten kann. Auch der Einsatz von Werbung, der angesichts hoher Zugriffszahlen auf die beiden online-Formate für einige Branchen interessante Perspektiven verspricht, wird kaum jemals ein solches Finanzvolumen zugunsten der Journale erwirtschaften, dass ein signifikanter Teil der Unkosten damit bestritten werden könnte.[21] Ähnliches gilt für privates Sponsoring. Es ist zwar ebenfalls kompatibel mit den verwandten Lizenzen und dem open-access-Prinzip, doch liegen hierfür bislang keine nennenswerten Erfahrungen vor. Eine Grundförderung oder zumindest eine solide Grundausstattung der Projekte mit Stellen und Geldern wird aller Voraussicht weiterhin unvermeidbar sein.

---

19 Beispiele für derartige online-Angebote bei *Sorbello-Staub, Alessandra/Horstkemper, Gregor*, Expeditionen ins „Deep Web". Zugangsmöglichkeiten zu lizenzpflichtigen Fachdatenbanken, in: Geschichte in Wissenschaft und Unterricht 56 (2005), S. 580–583.

20 Hier spielt der Gedanke eine große Rolle, dass der individuelle Wissenschaftler von diesen Kosten direkt unberührt bleibt, im Übrigen ein Finanzierungsmodell, das offenbar große Akzeptanz erwarten kann, siehe Deutsche Forschungsgemeinschaft, Publikationsstrategien im Wandel?, S. 56f.

21 Dass der Einsatz von Werbung bei einer konservativen Klientel durchaus heikel ist und auf Kosten der Glaubwürdigkeit gehen kann, sei hier nur angemerkt. In jedem Fall wäre der Kreis der Unternehmenszweige, deren Werbung überhaupt im Rahmen der online-Journale akzeptiert werden würde, sehr überschaubar.

Wie auch immer sich neue Finanzierungsmöglichkeiten konkretisieren lassen mögen, wird man bei diesen Geschäftsmodellen den durch die gültigen Lizenzen gesteckten rechtlichen Rahmen zu beachten haben.

V. Fazit

Wenn eine Zwischenbilanz zu ziehen ist, müssen sich die beiden online-Journale sicher nicht verstecken. Sie können auf einen bis dato erfolgreichen Werdegang zurückblicken. Die sehepunkte wie auch die zeitenblicke genießen eine große Akzeptanz in der historischen Fachwelt, sie gelten als seriöse Organe, in denen Nachwuchswissenschaftler, aber auch Koryphäen des Fachs publizieren. Für diesen Erfolg ist auch der Umstand wichtig gewesen, beide Journale nach dem open-access-Prinzip zu veröffentlichen.

Neben diesen uneingeschränkt positiven Befunden sind aber auch Probleme festzustellen. Die Finanzierung beider Zeitschriften ist langfristig noch nicht gesichert; derzeit werden beide Projekte durch öffentliche Fördermittel am Leben erhalten. Die Suche nach einer freien Finanzierung stößt nicht nur an strukturell begrenzte Vermarktungsmöglichkeiten eines Fachs: Finanzschwäche der Geisteswissenschaften, die mangelnde Bereitschaft der an öffentliche Förderung gewöhnten Wissenschaftler, für Publikationen zu zahlen, der breit akzeptierte Standard des open-access-Prinzips.

Bei den Finanzierungsfragen tauchen auch rechtliche Probleme auf (rechtlicher Rahmen der Geschäftsmodelle), dazu kommen klärungsbedürftige Rechtsfragen in weitem Umfang bei der Lizenzierung von Content und bei Fragen der Weiterverwertung. Nicht zu unterschätzen sind ferner Unkenntnis und ein mitunter damit einhergehender Unwille, die rechtliche Dimension des online-Publizierens anzugehen.[22] Hierbei ist deutlich zu sehen, dass die Rechteproblematik sicherlich erst in jüngerer

---

22 Wie sehr immer noch der Bereich des Rechts für das elektronische Publizieren ausgeblendet wird, zeigt auch jüngst *Haber, Peter,* Geschichtswissenschaften im digitalen Zeitalter. Eine Zwischenbilanz, in: Schweizerische Gesellschaft für Geschichte 56 (2006), S. 168–183, der sich so versiert wie engagiert zu den Potentialen der neuen Medien äußert, die juristischen Implikationen allerdings mit keinem Wort erwähnt.

Zeit überhaupt als solche wahrgenommen worden ist. Doch kann keine Rede davon sein, dass diese Fragen wirklich neu wären.

Ein Blick zurück auf die online-Journale darf daher für Herausgeber und Autoren von Stolz und Zufriedenheit geprägt sein. Doch wenn man der rechtlichen Implikationen gewahr wird, mag auch ein spontanes „Glück gehabt!“ angemessen sein, dass in rechtlicher Hinsicht bis dato nichts passiert ist. Gleichwohl kann mit dem Blick in die Zukunft nicht die Hoffnung handlungsleitend sein, dass das Glück den Projekten auch weiterhin über alle rechtlichen Untiefen hinweghelfen wird. Nach der wissenschaftlichen Etablierung der Projekte besteht die nun anstehende Herausforderung in der durchgängigen Verrechtlichung.

Betriebswirtschaftliche Aspekte digitaler Publikationen – Bericht über den Vortrag von Prof. Dr. Loebbecke, M.B.A.

Prof. Dr. Karl-Nikolaus Peifer

Einleitung

Der Beitrag befasst sich mit den Anreizstrukturen für das Publizieren aus betriebswirtschaftlicher Sicht. Rechts- und geisteswissenschaftliche Betrachtungsweisen und Wirkungsbetrachtungen bleiben dabei grundsätzlich außerhalb der Betrachtung. Einzig der Begriff der Rechte soll angesprochen werden. Er bildet die Grundlage auch für das Medienmanagement, also die Vermittlung von Inhalten durch Verlage und sonstige Vermittler. Aus dem geisteswissenschaftlichen Begriffsschatz interessant ist der Terminus „Genieästhetik".

I. Betriebswirtschaftliche Grundlagen

Wissen ist Macht und Macht wird umgerechnet in einen volkswirtschaftlichen Faktor, der in der Bildungsdebatte eine entscheidende Rolle spielt. Wissen ist überdies ein Faktor, der für Unternehmen aller Art von Bedeutung ist, „gleichgültig ob Autos gebaut werden oder Brot gebacken wird". Wenn Wissen eine solche Bedeutung hat, muss es im Wettbewerb Organisationsregeln über den Umgang mit Wissen geben. In der Volkswirtschaftslehre haben sich vor allem Schumpeter und von *Hayek* mit der Frage der Bedeutung innovatorischer Ideen befasst. Beide kamen zu der Einsicht, dass Innovationen allein keinen Nutzen stiften, solange sie nicht „betriebswirtschaftlich unterfüttert" sind.

In der Betriebswirtschaftslehre sind drei Begriffe zentral, der „Gewinn", die „Rente" (verstanden als der Zusatzverdienst, der aus wirtschaftender Tätigkeit im Verhältnis zur reinen Geldanlage resultiert), die den entscheidenden Anreiz zu wirtschaftender Betätigung liefert, schließlich die „Kosteneffizienz", die aus betriebswirtschaftlicher Sicht eine entscheidende Rolle für die wirtschaftlich relevante Tätigkeit öffentlicher Einrichtungen (Universitäten) spielt. Keine betriebswirtschaftliche Relevanz hat dagegen der Begriff der Nutzensteigerung (Komfort, Ästhetik, Schnelligkeit), sofern dieser gesteigerte (wahrnehmbare) Nutzen nicht mit einer (finanziellen) Gegenleistung vergolten wird.

Eine bedeutende Rolle spielen wiederum Verträge. Für den Betriebswirt werden Verträge nur geschlossen, wenn beide Parteien sich hiervon einen Gewinn versprechen. Fehlt es an dieser Erwartung, so geht die Betriebswirtschafslehre davon aus, dass der Vertragsschluss unterbleibt. In einer weiteren Überlegung geht es in der Betriebswirtschaftslehre um die Frage, wie der aus dem Vertrag erwirtschaftete Gewinn zwischen den Parteien aufgeteilt wird. Hierbei sind alle Formen der Aufteilung möglich bis hin zu dem Ergebnis, dass eine Partei keine Gewinnzahlung erhält. Auch derjenige, der an dem Gewinn nicht partizipiert, wird den Vertrag nach betriebswirtschaftlicher Überzeugung aber nur schließen, wenn er sich aus dieser Transaktion „etwas verspricht". Das gilt auch für Autoren. Dieses „etwas" mag Geld, Reputation oder Karriere genannt werden. Dass eine Partei ohne Vertrag tätig wird, ist aus betriebswirtschaftlicher Sicht schwer nachzuvollziehen. Wenn eine Partei aus der Transaktion keinerlei Gewinn zieht, so geht die Betriebswirtschaftslehre davon aus, dass sich der Vertragsschluss nicht wiederholt und ein bereits geschlossener Vertrag nicht fortgeführt wird.

II. Volkswirtschaftliche Bedeutung der Publikationstätigkeit

Zahlen aus dem Jahr 2002 zeigen, dass pro Jahr 2,5 Millionen neue Artikel in 24.000 wissenschaftlichen Zeitschriften publiziert werden. Der globale Publikationsmarkt hat einen Wert von 9,2 Mrd. Euro bei wachsender Tendenz und erfreulichen Gewinnmargen von bis zu 20%. Diese Zahlen reflektieren nicht nur eine Dienstleistung der schreibenden oder lesenden Forschungsgemeinde, sie stehen für ein Wirtschaftsgut. Aus den Zahlen folgt allerdings auch, dass es für die Rezipienten immer schwieriger wird, die Fülle der vorhandenen Publikationen zu lesen und zu verarbeiten. Aus diesem Grunde ist es etwas bedenklich davon auszugehen, dass Autoren für Publikationstätigkeiten gewonnen werden müssen. Nachvollziehbarer ist, dass unter den schreibwilligen Autoren eine gründliche Selektion vorgenommen werden muss bis hin zu dem Punkt, dass der Autor für seinen Publikationswunsch zahlt.

III. Betriebswirtschaft und Rechtswissenschaften

Betriebswirte akzeptieren in der Regel ohne weiteres die Rechtsordnung als Handlungsrahmen. Betriebswirte versuchen, ihre Geschäftsmodelle und „Verträge“ (im betriebswirtschaftlichen Sinne) in diesem Rahmen durchführbar zu gestalten. Allerdings könnte man von Betriebswirten auch durchaus verlangen, etwas stärker den „lobbyistischen Raum“ zu betreten und zu überlegen, wie Gesetze aussehen sollten, damit sie zu betriebswirtschaftlich erwünschten Ergebnissen führen.

IV. Forschungstätigkeit und Betriebswirtschaftslehre

Digitales Publizieren findet auch in der Betriebswirtschaftslehre statt. Etwas unbedarft ist es, dabei stets freien Zugang zu verlangen. Bevor solcher Zugang möglich ist, muss nämlich zunächst geforscht, sodann das Erforschte publiziert, d.h. von den Wissensproduzenten geliefert werden. Die Frage, wie man möglichst vielen Rezipienten das Lesen oder den Zugang ermöglicht, ist diesem Prozess nachgelagert. Bezieht man diese Erkenntnisse nur auf den Zeitschriftenmarkt, so muss sauber definiert werden. „Heißt ‚digitales Publizieren‘ nur Verschaffung eines elektronischen Zugangs? Fällt darunter auch die Zurverfügungstellung einer (pdf-)Datei? Versteht man darunter zudem die Tätigkeit des Einscannens körperlicher Werkstücke und deren anschließende elektronische Versendung? Zu den Digitalisierungseffekten gehört zudem die Möglichkeit der multimedialen Anreicherung von Produkten. Jeder dieser Wege betrifft eigenständige Produktarten. Auch den Zugang kann man zu jeder dieser Produktarten unterschiedlich ausgestalten.

Die reine Distribution digitaler Produkte verursacht sehr geringe Kosten. Unbestritten fallen aber enorme Kosten bei der Technik des Vorhaltens und der Erstellung der Inhalte an. Hinzu kommen beträchtliche Personalkosten. Die Kosten der reinen Distribution steigen dagegen auch dann nicht nennenswert, wenn das Produkt nicht nur einem einzelnen, sondern einer Vielzahl von Adressaten zur Verfügung gestellt wird. Hierdurch kommt es zu einer Veränderung des Verleger- oder Distributorenbegriffs. Die Verlegeraufgabe wird offensichtlich zunehmend auch von anderen Personen ausgeübt, zum Teil von Autoren, die selbst ihre Inhalte „hochladen", zum Teil von Institutionen, welche die in ihrem Bereich anfallenden Informationen und Tätigkeitsergebnisse eigenständig zur Verfügung stellen. Das zeigt, dass die Grenze zwischen Inhalteproduzenten und „Verlegern" oder Distributoren zunehmend verwischt und neu abgesteckt werden muss.

Eine Neudefinition dieser Grenze spielt auch deswegen eine Rolle, weil die Kritik an den Preissteigerungen bei Verlagsprodukten im Hochschulbereich zunimmt. Faktisch führt dies bereits jetzt dazu, dass Universitäts- und Institutsbibliotheken weniger Verlagsprodukte erwerben. Daher erscheint es nachvollziehbar, wenn gefordert wird, die Verlegerstufe aus dem Prozess der Wissensproduktion herauszunehmen und dessen Aufgaben durch die Universitäten und Wissenschaftler selbst übernehmen zu lassen. Damit verbindet sich die Hoffnung, durch Einsparung der Verlegergewinne das Problem der Kostenexplosion im Wissenschaftsbereich erheblich abzumildern. Der Betriebswirt ist zunehmend mit der Ansicht konfrontiert, der Verleger sei ein zeit- und kostenverursachendes, aber überflüssig gewordenes Glied in der Distributionskette. Das scheint auch deswegen richtig zu sein, weil der vom Staat finanzierte Forscher seine gesamten Rechte an den Verleger gibt, dieser aber am Ende der Produktionskette wiederum die öffentliche Hand dazu zwingt, den Wissensbeitrag käuflich erwerben zu müssen.

Die Argumentation ist gleichwohl aus betriebswirtschaftlicher Sicht unrichtig. Im Folgenden soll näher erläutert werden, dass der Verleger, oder jedenfalls seine Funktion im Distributionsprozess eine zentrale Rolle spielt.

V. Die Verlegerfunktion aus betriebswirtschaftlicher Sicht

In den Wirtschafts- und Sozialwissenschaften, aber auch in den mathematisch-naturwissenschaftlichen Fächern basiert der Prozess der Wissensvermittlung zunehmend auf Zeitschriftenbeiträgen. Je stärker diese Gebiete nach aus dem anglo-amerikanischen Bildungssystem übernommenen Regeln funktionieren und zunehmend allein dieser Wege zur Reputation des Forschers beiträgt, desto stärker wächst das Interesse der Forschenden daran, vorrangig in Zeitschriften zu veröffentlichen. Das führt dazu, dass Autoren weniger unmittelbare finanzielle Anreize benötigen, weil sie erhebliche Vorteile im beruflichen Fortkommen und in der beruflichen Anerkennung allein aufgrund der Publikation haben. „Weil es für die wenigen guten Zeitschriften zu viele Wissenschaftler gibt, ist dieser Prozess sehr pyramidenartig.“ Die „community“ des jeweiligen Fachs ist sich einig darin, welches die „guten“, die „mittelguten“ und welches die „weniger mittelguten“ Zeitschriften sind. Wer in den besonders guten Zeitschriften publizieren möchte, hat sogar die Bereitschaft, hierfür erhebliche Summen zu zahlen, denn hier ist die Zahl der veröffentlichungswilligen Autoren wesentlich größer als der für Veröffentlichungen bereitstehende Platz. Der Markt funktioniert somit nach eigenen Regeln.

Auch in den genannten Disziplinen wird digital produziert. Auch hier laden Autoren ihre Beiträge selbst hoch und stellen sie zum Abruf bereit. Doch besteht die Gefahr, dass viele dieser Inhalte wertlos sind, weil der Publikationsweg keine Reputation vermittelt, was wiederum an der begrenzten Aufnahmekapazität der Leser liegt. Diese nehmen aus Zeitmangel nur noch Qualitätsprodukte unter den Zeitschriftentiteln zur Kenntnis. Vieles von dem frei zur Verfügung Gestellten bleibt hingegen ungelesen. Das wiederum führt dazu, dass die Qualität des Publikationsweges ein entscheidender Selektionsfaktor in der Wahrnehmung durch die jeweilige Fachwelt darstellt.

Diese Befunde beeinflussen die Bewertung von E-Publikationen. E-Publikationen sind in den genannten Disziplinen durchaus gewünscht. Vor allem die Schnelligkeit der Publikation ist ein entscheidender, in mancher Disziplin auch vorrangig gesuchter Vorzug dieser Medien. Doch zeigt sich bereits hier, dass die Publikationsform der Qualität des Publikationsorgans nachgeordnet ist. Auch ein Spitzen-Printjournal kann elektronisch zur Verfügung gestellt werden. Gleichwohl gilt auch hier, dass die Zahl der veröffentlichungswilligen Autoren wesentlich größer ist als der für Veröffentlichungen zur Verfügung stehende Platz. Knapp ist nicht der publizierte Inhalt, sondern der für Publikationen zur Verfügung stehende Raum. Die Knappheit bestimmt den Preis für die Nutzung des knappen Guts. Nachgefragt wird also nicht der Autor vom Verlag, sondern nachgefragt wird Publikationsraum durch den Autoren.

Insofern ist betriebswirtschaftlich nachvollziehbar, warum nicht der Verleger den Autoren, sondern der Autor den Verleger bezahlt.

Beteiligt an diesem Marktprozess sind Verlage, Plattformbetreiber, Autoren und Universitäten. Der Verleger hat hierbei die Aufgabe, Inhalte auszuwählen, sie zu paketieren und zu vermarkten. Die Auswahl der Inhalte und damit ein beträchtlicher Kostenfaktor wird allerdings überwiegend auf die Wissenschaftler zurückverlagert.

Gleichwohl ist die Verleger- und die Herausgeberfunktion von hoher wettbewerblicher Bedeutung, weil erst die unabhängige Tätigkeit vieler diese Funktion Ausübender den volkswirtschaftliche wünschenswerten Ausleseprozess hervorbringt. Der Verleger nämlich ist derjenige, der unter den Publikationsangeboten auswählt. Er ist derjenige, der die Selektion verantwortet und bei dieser Tätigkeit gleichzeitig im Wettbewerb steht. Die Funktion, um die es geht, ist eine „gatekeeper"-Funktion. Sie mag durch einen Verlag, kann aber auch durch die wissenschaftliche „community" ausgeübt werden. Die „gatekeeper"-Funktion zeigt sich in beiden Fällen darin, dass publikationswillige Autoren zwar bereit sein mögen, einen hohen Preis dafür zu zahlen, dass sie publiziert werden, gleichwohl der Verleger derjenige ist, der über diesen Zugang entscheidet. Der Markt wird nicht geräumt, stets übersteigt die Nachfrage der Publikationswilligen das Angebot an Publikationsraum. Dieser Befund hat durchaus auch zur Folge, dass zunehmend und auch an Hochschulen Strategien entwickelt und vermittelt werden, die darauf abziehen, erfolgreich an dem Gatekeeper vorbeizukommen. Das mag auch dazu führen, dass die Qualität der wissenschaftlichen Beiträge in den Hintergrund gerät, wenn das Bemühen um Neutralität und Korruptionsvermeidung aus dem Blick geraten.

VI. Verlegerstrategien

Eine erfolgreiche Verkaufsstrategie für Verleger besteht nachweisbar in der Bündelung von Angeboten, etwa durch Zusammenfassung von Artikeln in Zeitschriften. Der Paketvertrieb ist betriebswirtschaftlich sinnvoller als der Einzelvertrieb. Diese Logik lässt sich wiederum auf die nächste Ebene heben, denn auch beim Vertrieb von Zeitschriften ist eine Bündelung mehrerer Titel sinnvoll. Je stärker gebündelt wird desto größer sind die zu erwartenden Gewinnmargen für den Verleger.

Im elektronischen Bereich hat diese Einsicht zum Angebot von Plattformen geführt. Bibliotheken zahlen dafür, dass ihnen, bzw. ihren Nutzern, ein Bouquet an Publikationsorganen aus verschiedenen Wissenschaftsbereichen auf einer einheitlichen Plattform zugänglich gemacht wird. Denkbar ist es natürlich auch, dass der Zugang zu Plattformen frei (nicht notwendig auch entgeltfrei) angeboten wird. Das ist die Idee der „Open-Access"-Plattformen, soweit sie von Wissenschaftlern, Universitäten oder der öffentlichen Hand selbst betrieben werden. Plattformen können sich darauf konzentrieren, die Produkte eines einzelnen Verlages oder einer einzelnen Disziplin zu vereinigen. Immer befinden sie sich zwischen Autor und Leser. Sie mögen den Verlag ersetzen, werden allerdings zunehmend auch von den Verlagen selbst betrieben, so dass die Bündelungstätigkeit des Verlegers wieder sichtbar wird, allerdings dann auch zunehmend wieder auf die Produkte aus dem eigenen Haus beschränkt bleibt.

Je stärker Plattformen zunehmen desto rückläufiger ist die Anzahl der gedruckten Inhalte. Das liegt daran, dass die Produkte, um die es geht, überwiegend von Bibliotheken abgenommen werden, die bei Abnahme solcher Angebote dazu tendieren, die entsprechenden Printkopien nicht mehr abzunehmen, jedenfalls dann, wenn die Printkopie gesondert vergütet werden muss. Das wiederum verleitet Verlage dazu, den Vertrieb von Printprodukten zugunsten der Volltextplattformen zu reduzieren.

Die Entwicklung provoziert die Frage, ob es Verlage klassischer Prägung im Wissenschaftsbereich künftig noch geben muss. Dafür spricht vieles. Verlage verantworten eine Wertschaffung für Leser wie für Autoren. Die dabei anfallenden Kosten müssen erwirtschaftet werden. Das gilt auch, wenn die Verlegertätigkeit von Wissenschaftlern übernommen wird. Auch dann fallen Kosten an, sei es dadurch, dass die auf diesem Feld tätigen Wissenschaftler oder ihre Tätigkeit durch öffentliche Mittel, Spenden oder durch Drittmittel finanziert werden. Äußerstenfalls müssen auch Wissenschaftler ihre Erzeugnisse vermarkten.

Ausblick

Abschließend sind vier Thesen zu formulieren:

1. Ohne angemessene Anreizsysteme für Autoren als Inputlieferanten wird Wissen als Marktprodukt signifikant zurückgehen. Solche Anreize müssen nicht pekuniär sein, Reputations- oder Karriereförderung sind gleichwertige Anreizmittel. Jedes Publikationssystem muss daher so konstruiert sein, dass es für die Autoren einen ausreichenden Anreiz gibt, ihre besten Gedanken dort zur Verfügung zu stellen. Wenn dies nicht gelingt, hat das System versagt. Insofern sind Zweifel an der Funktionsweise von Ansätzen wie denen der „Göttinger Erklärung" angebracht, soweit deren Ziel darin liegt, die private Vermarktung von Wissen einzudämmen.

2. Die Rolle des sortierenden Gatekeepers, die in den meisten Fällen von Verlagen ausgeübt wird, ist erfolgskritisch, weil mehr Publikationsangebote als Publikationsraum in den durch die Community anerkannten Journals zur Verfügung stehen. Das zeigt der Wissenschafts-, aber auch der Kunstmarkt.

3. Die Annahme, dass öffentliche Mittel kosteneffizienter eingesetzt werden können als private, ist zweifelhaft. Zwar gibt es Gründe dafür, öffentliche Mittel unmittelbar für die Bereitstellung von Gütern auszugeben, nämlich wenn ansonsten ein wünschenswertes Gut überhaupt nicht bereitgestellt würde (meritorische Güter). Doch ist es vielfach sinnvoller, auch solche Gelder Privaten zur Verfügung zu stellen, damit diese das betreffende Gut bereitstellen, sei es, dass die Vermittler wissenschaftlicher Literatur oder aber die Käufer dieser Literatur subventioniert werden.

4. Wenn die Verlegerfunktion erwünscht ist, muss denjenigen, die sie ausüben, eine Marktchance verschafft werden. Es geht daher nicht an, die guten Wissensprodukte durch die Universitäten selbst bereitzustellen und nur die schlechten Produkte durch die Verlage vermarkten zu lassen. Unabhängig davon sollten Produkte, für die keine Zahlungsbereitschaft besteht, nicht gefördert oder gar öffentlich finanziert werden.

Urheberrechtliche Rahmenbedingungen von open access-Konzepten

Prof. Dr. Karl-Nikolaus Peifer

I. Einleitung

Die Berliner Erklärung über offenen Zugang zu wissenschaftlichem Wissen[1] geht davon aus, dass sich die praktischen und wirtschaftlichen Bedingungen für die Verbreitung von wissenschaftlichen Inhalten „grundlegend verändert" haben. Die Veränderung betrifft den Umstand, dass der Vertrieb von Werken in gedruckter papierner Form zwar noch möglich, aber nicht mehr unerlässlich ist, um Wissen zu verbreiten. Elektronische Wissensverbreitung im Selbstverlag ist technisch möglich und wirtschaftlich bezahlbar. Die Frage stellt sich, ob das Recht, insbesondere das Urheberrecht, diese Publikationsform unterstützt oder behindert.

II. Zugangsfreiheit ohne Urheberrecht?

Die Herausgeber elektronischer Publikationen in Text- oder Bild haben es heute fast durchgängig mit Inhalten zu tun, die urheberrechtlichen Schutz genießen. Die Versuche des klassischen Urheberrechts, banale Texte ohne persönlich-geistige Formprägung durch ihren Schöpfer als Produkte der „kleinen Münze" vom Schutz auszunehmen, sind überwiegend gescheitert. Allenfalls im Bereich von Werken der angewandten Kunst stellt man heute noch strenge Anforderungen an den Werkbegriff, das Eingangstor zum Urheberrecht (§ 2 UrhG). In manchen Bereichen herrscht zwar noch ein strenger Werkbegriff, doch gibt es hier mit den

---

1 „Berliner Erklärung über offenen Zugang zu wissenschaftlichem Wissen" vom 23. 10. 2003, abrufbar unter http://www.zim.mpg.de/openaccess-berlin/berlin_declaration.pdf (Abruf am 7. 2. 2006), deutsche Fassung http://www.mpg.de/pdf/openaccess/BerlinDeclaration_dt.pdf (Abruf am 4. 4. 2006). Weitere Nachweise zum Fragenkreis bei *Dreier, Thomas*: Creative Commons, Science Commons – Ein Paradigmenwechsel im Urheberrecht?, in: Ohly, Ansgar (u. a.), Perspektiven des Geistigen Eigentums und Wettbewerbsrechts (Festschrift für Gerhard Schricker), München 2005, S. 283–298, 291.

sog. „verwandten Schutzrechten“ eine zweite Schutzebene, die im Ergebnis zwar einen etwas weniger weit reichenden, allerdings immer noch durchaus starken Ausschließlichkeitsgehalt vermittelt. Das betrifft etwa Lichtbilder (§ 72 UrhG), zu denen selbst das Knippsfoto vom Strandurlaub gehört. Teilweise ging man lange Zeit davon aus, dass ein starker und langdauernder Schutz zwar für manche Produkte unangebracht ist, gleichwohl nicht schade, weil der Markt diese Produkte nach kurzer Zeit ohnedies nicht mehr nachfrage.[2] Das war für viele Produkte ein Irrtum. An sich nicht übermäßig marktgängig, für den Geisteswissenschaftler aber oft von enormer Bedeutung, sind Fotos von Archivgegenständen. Auch zu eigenen wissenschaftlichen Zwecken erstellte Bilddatenbanken beziehen ihr Material häufig aus abfotografierten Buchvorlagen, also der Vervielfältigung eines Lichtbildes. Manches Quellenmaterial wird mit einem eigenen Rechtsschutz versehen, weil es erstmals der Öffentlichkeit vorgestellt wird. So verschafft § 71 UrhG Verwertungsrechte für die Herausgabe bislang unpublizierter Materialien, auch wenn der Schöpfer selbst für diese Ergebnisse keinen Werkschutz mehr reklamieren könnte.

Der Traum von einem Arsenal gänzlich freien Wissens wird noch genährt von einem im Urheberrecht fest anerkannten Grundsatz: Das Urheberrecht schützt nämlich nur persönlich individuell geformte Gedanken. Gesetze und Gerichtsurteile, abstrakte Ideen, Theorien, Methoden, Entdeckungen, Stilrichtungen und Alltagsäußerungen, wie Briefe und gewöhnliche Kommunikationsbeiträge stellen keine persönlich-geistigen Schöpfungen im Sinne des Urheberrechts dar und dürfen daher grundsätzlich von jedermann frei verwertet werden. Das betrifft auch einige der in der Berliner Erklärung erwähnten Gegenstände, wie Rohmaterialen und Metadaten. Auch bereits bekanntes und veröffentlichtes Quellenmaterial als solches ist in der Regel urheberrechtsfrei, weil vielfach Schutzfristen der Originalquelle abgelaufen sein werden. Doch können diese für sich genommen gemeinfreien Erzeugnisse wiederum angeeignet werden durch Sammlungs-, Anordnungs- und Vermittlungsleistungen. Vor allem der 1997 eingeführte Datenbankschutz sorgt dafür, dass nicht nur Werke (§ 4 Abs. 2 UrhG), sondern auch sonstige Daten und „Elemente“ als Ergebnis einer wesentlichen Investition in das Retrievalsystem gegen „wesentliche

2 *Loewenheim, Ulrich*, Der Schutz der kleinen Münze im Urheberrecht, Gewerblicher Rechtsschutz und Urheberrecht (GRUR) 1987, 761–769, 767f.

Entnahmen“ geschützt sind (§ 87b UrhG). Das betrifft potentiell sogar die Sammlung von Pferdewett- und Fußballspielplänen sowie die Chartlisten mit Verkaufsdaten von Tonträgern. Über digitale Schutzsysteme kann ferner jede Datensammlung, gleich welchen Inhalts, seien es auch im Wald aufgenommene Vogelstimmen nicht nur gegen Vervielfältigungs- und Verbreitungshandlungen, sondern faktisch bereits gegen den Lesezugriff abgesichert werden. Die scheinbar ehemals sichere Erkenntnisse, dass doch jedenfalls der private Werkgenuss bereits aus dem Inhalt des Ausschließlichkeitsrechts herausfallen müsse (vgl. insoweit § 15 Abs. 2 UrhG), wird dadurch in Frage gestellt.

Unabhängig davon, wie man diesen Befund rechtspolitisch wertet, so folgt hieraus jedenfalls für die Praxis der elektronischen Publikation, dass eine Rechteverwaltung erforderlich wird. Der Herausgeber solcher Publikationen benötigt Rechte, um das Produkt seinen Nutzern zur Verfügung stellen zu können, sei es auch, dass diese Rechte von den Autoren entgeltfrei gewährt werden. Die Bereitstellung solcher Rechteverwaltungstools beabsichtigt im Verhältnis zu den Nutzern die vom Ministerium für Wissenschaft und Forschung des Landes Nordrhein-Westfalen im Zusammenhang mit dem Institut für Rechtsfragen der Freien und Open Source Software (ifross.de) entwickelte „Digital Peer Publishing“-Musterlizenz (DiPP-Lizenz bzw. DPPL).[3] Diese Lizenz ist ein stärker auf das deutsche Recht bezogenes Pendant zu der im internationalen Bereich bekannt gewordene Creative Commons-Lizenz.[4] Sie ist wesentlich genauer, allerdings auch sperriger formuliert. Das legt nahe, dass Herausgeber geneigt sind, die einfacher formulierte Creative Common-Lizenz zu wählen. Sie aber birgt Gefahren, auf die noch eingegangen wird.

Eine schnelle Antwort auf die Frage, wie man entgeltfreien Zugang lizenziert, erhält man bereits, wenn man die Homepage von creativecommons.org besucht und sich dort unter die Rubrik „license“ klickt.[5] Man liest, dass die CreativeCommons-Organisation dabei hilft, ein Werk elektronisch zu publizieren, dabei aber genau vorgibt, was die Nutzer des Werkes

---

3 Abrufbar unter http://www.dipp.nrw.de/lizenzen (Abruf: 30. 9. 2006).

4 Vgl. http://sciencecommons.org/; http://creativecommons.org (3. 4. 2006); zu den dahinter stehenden Ideen vgl. aus urheberrechtlicher Sicht *Lessig, Lawrence,* Free Culture, New York 2004, S. 282. In Großbritannien http://creativearchive.bbc.co.uk (7. 2. 2006).

5 http://creativecommons.org/license/index_html?lang=de (Abruf am 3. 4. 2006).

künftig tun und lassen dürfen. Tatsächlich wendet sich „Creative Commons“ nur gegen die pauschale Formulierung „All rights reserved“ und möchte sie ersetzen durch das großzügigere „some rights reserved“, nicht aber durch ein „all rights given away“.

Der Begriff „Lizenz“ zeigt bereits, dass etwas gestattet wird. Gestattet werden kann nur, was ohne Gestattung verboten ist. Verboten können Nutzerhandlungen durch das Urheberrecht sein. Dieses Rechtsgebiet ist noch verhältnismäßig jung, erst seit etwa 200 Jahren verfügen die kontinentaleuropäischen Staaten über ein ausformuliertes, die Person des Schöpfers in den Vordergrund stellendes Rechtssystem. Geboren wurde es etwas früher in England, und dort vor allem auf Drängen der Verleger.[6] Der entscheidende Anreiz für das Schutzinstrumentarium war das Bedürfnis, Investitionen in Verbreitungs- und Vermittlungsleistungen durch absolut wirkende Rechte an den verkörperten Inhalten zu ermöglichen. In der Logik dieser Verfügungsrechtstheorie liegt es, möglichst umfassend alle technisch realisierbaren und wirtschaftlich interessanten Nutzerhandlungen in der Hand desjenigen zu konzentrieren, der die Investitionen verantwortet. Das war typischerweise der Verleger, später auch andere Vermittler wie Tonträger- oder Filmproduzenten sowie Sendeunternehmen. Die Verleger im England des 17. Jahrhundert übten auch Zensurbefugnisse zugunsten der Krone aus. Das brachte sie gegenüber dem Parlament in Misskredit. Einen Schutz ihrer Druckprivilegien erreichten sie daher in der Folgezeit nur noch über primär den Autoren gewährte Rechte. Deren Interesse an Urheberrechtsschutz entstand in verstärkter Form erst im 18. Jahrhundert, allerdings dieses Mal nicht gedacht als Investitionsschutz, sondern als Integritätsschutz. Geistiges Eigentum als Konzept hat so zwei Seiten: Die Verlegerschutz ist die eine, der Schutz von Integrität und Anerkennung der Urheberschaft die zweite.

Wer selbst verlegt, etwa weil er eine elektronische Plattform betreibt, benötigt hierzu daher jedenfalls die Zustimmung derjenigen, dessen Werke er verbreitet. Die hiermit in Zusammenhang stehenden Fragen klären weder die Creative Commons- noch die DiPP-Lizenz, die Probleme bleiben beim Herausgeber. Wurden diesem die Rechte von den bei ihm publizierenden Autoren eingeräumt, so darf der Herausgeber sie ausüben, um den Zugang zu Werken zu kontrollieren, er muss dies aber nicht. Das Urheberrecht verschafft Kontrollbefugnisse, über deren Ausübung der

6 *Peifer, Karl-Nikolaus,* Individualität im Zivilrecht, Tübingen 2001, S. 65 und 68.

Rechtsinhaber selbst entscheiden darf. Wer jedermann Zugang zu seinem Werk gewährt, verzichtet auf die Kontrolle. Ein solcher Ausübungsverzicht ist in allen Urheberrechtsordnungen der Welt möglich. Er liegt im Wesen der Privatautonomie. Der Jurist spricht von einem subjektiven Herrschaftsrecht. Auch das Eigentum an Sachen ist ein solches. Niemand jedoch ist gezwungen, sein privates Grundstück einzuzäunen oder den Zugang zu ihm zu kontrollieren. Verbotsverzicht ist also auch eine Form der Lizenzierung. Kontrollierter Verbotsverzicht unter Wahrung der Vorzüge dieses Verzichts auch für künftige Nutzer ist das, was Systeme der Zugangsfreiheit erreichen möchten. Was im deutschen Urheberrecht nicht möglich ist, ist der Verzicht auf einzelne oder alle urheberrechtlichen Befugnisse. Als persönlichkeitsrechtlich motivierte Befugnis ist das Urheberrecht und sind die urheberrechtlichen Befugnisse unverzichtbar (§ 29 Abs. 1 UrhG). Zu unterscheiden ist also der Verzicht auf die Ausübung einer konkreten Befugnis und der Verzicht auf das Recht selbst.

III. Wichtige Kontrollbefugnisse

1. Anerkennung der Urheberschaft

Eine Befugnis, auf deren Ausübung auch wissenschaftliche Autoren nur sehr ungern verzichten, ist die Befugnis, namentlich genannt und als Schöpfer eines Werks anerkannt zu werden. Das Recht auf Anerkennung der Urheberschaft ist als Persönlichkeitsrecht des Urhebers im deutschen Urheberrecht und vielen kontinentaleuropäischen Urheberrechtsgesetzen ausdrücklich geschützt (§ 13 UrhG). Für den Wissenschaftler ist es Basiskapital. So sieht die CreativeCommons-Lizenz vor, dass der „Rechtsinhaber“ auch in einem System der Zugangsfreiheit genannt werden muss. Ebenso formuliert die DiPP-Lizenz in § 6 Abs. 1, dass bei unveränderter Nutzung des Werkes der Urheber- oder Copyright-Vermerk in der vorgefundenen Art übernommen werden muss.

Urheberrechtlich heißt Anerkennung der Urheberschaft zwar nicht notwendig auch namentliche Nennung des Urhebers (vgl. § 13 Satz 2 UrhG), doch tendieren die Gerichte mittlerweile dazu, dass ein Verzicht auf namentliche Nennung nicht ohne weiteres unterstellt oder auf eine Branchenübung gestützt werden darf.[7]

An der Formulierung des Anspruchs in der Creative Commons-Musterlizenz sieht man übrigens, dass die Lizenz ihren Ursprung im US-amerikanischen Recht hat. Das Recht auf Anerkennung der Urheberschaft hat nämlich nach kontinentaleuropäischem Verständnis nur der Schöpfer, also der Urheber. „Rechtsinhaber“ kann hingegen auch derjenige sein, der Rechte vom Urheber eingeräumt erhielt. Das Recht des Verlegers, auf dem Buchrücken genannt zu werden, ist allerdings kein urheberrechtlich geschütztes und schon gar kein Persönlichkeitsrecht.

Auch die Berliner Erklärung will den Anspruch auf Urhebernennung wahren und durchsetzen. Dies ist auch wissenschaftsethisch unverzichtbar, denn eine der Gefahren des Internet-Zeitalters liegt darin, dass Werke leicht angeeignet, aber dabei auch leicht als eigene Schöpfungen ausgegeben, also plagiiert werden können. Zwar deutet der plakative Topos „Creative Commons“ darauf hin, dass Wissen Allgemeingut ist, eine Allmende, die jeder nutzen soll. Allerdings wird dies selten bis nie in unserem Kulturkreis dahingehend verstanden, dass auch jeder hemmungslos fremdes Gedankengut als eigenes ausgeben können soll. In der universitären Prüfung achtet man mit guten Gründen sehr genau darauf, ob eine eigene oder eine fremde geistige Leistung vorliegt. Selbst die Gemeinde der Weblogger ist stolz auf ihre Urheberschaft. Als vor einiger Zeit ein Meinungsforum verschiedene Internettagebucheinträge sammelte und auf einer Plattform vereinigte, sprachen plötzlich auch diejenigen, die das Netz zum freien Gedankenaustausch nutzten, von Plagiaten.[8]

Die Kontrolle des Grundsatzes kann auch in späteren Verwertungsketten sichergestellt werden. Da das Recht auf Anerkennung – jedenfalls im

---

7 BGH, Urt. vom 16. 6. 1994 – I ZR 3/92, Neue Juristische Wochenschrift (NJW) 1994, 2621 – Namensnennungsrecht des Architekten = NJW 1994, 2621; BGH, Urt. v. 8. 5. 2002 – I ZR 98/00 (Celle), BGHZ 151, 15 = NJW 2002, 3246 (Urhebernennungsrecht des Designers eines Vorentwurfs) – Stadtbahnfahrzeug. Die Creative Commons Musterlizenz sah in ihrer ersten Version noch eine Option für die Namensnennung vor, 98% der Verwender entschieden sich dafür. Daher sieht die neue Version nun standardmäßig die Wahrung der Rechte auf namentliche Nennung vor.

8 Vgl. die Debatte, die unter http://www.kritische-masse.de/blog/item/549, (Abruf am 30. 11. 2005) dokumentiert wurde.

deutschen Recht – nicht verzichtbar ist, ist jede Verwendung des Originalinhaltes unter einer neuen unzutreffenden Urheberbezeichnung eine Urheberrechtsverletzung, die zur Unterlassung und ggf. sogar zur Zahlung einer Entschädigung verpflichtet (§ 97 Abs. 2 UrhG).

2. Bearbeitungsrechte

Die Creative Commons-Lizenz sieht als weitere Option vor, dass der Urheber Bearbeitungen seines Textes verbieten oder unter einer weiteren Bedingungen gestatten kann, nämlich dass der Bearbeiter seinerseits die Lizenzbedingungen weitergibt.

Die Klausel ist ersichtlich vor dem Hintergrund des US-amerikanischen Copyright verfasst. Im deutschen Recht ist eine allgemeine Bearbeitungslizenz zwar grundsätzlich möglich, aber heikel, dies aus zwei Gründen. Wissenschaftsethisch ist es zunächst bedenklich, den eigenen Text, das eigene Werk in veränderter Form wieder zu finden. Selbst Softwareprogrammierer, die im open source-Bereich[9] tätig sind, wenden sich neuerdings dagegen, dass die „Ästhetik ihrer Programmarchitektur" in bearbeiteten Versionen entstellt wird. Auch urheberrechtlich ist das Thema problematisch. Führt eine Bearbeitung zur Entstellung des Originals, so wird sie zur Urheberpersönlichkeitsrechtsverletzung (§ 14 UrhG). Eine solche kann in genereller Form nicht wirksam lizenziert werden.[10] Äußerstenfalls kann der Originalautor wirksam in solche Änderungen des Originals einwilligen, die er kennt und ihrem Ausmaß nach einschätzen und beurteilen kann.[11] Die derzeit gültige Creative Commons Lizenz verleitet dazu, diese Grenze zu überschreiten. Ich rate daher all denen, die eine solche Lizenz als Herausgeber eines Online-Journals verwenden, keine Bearbeitungen zuzulassen.

---

9 Open Source wird hier mit „free software" gleichgesetzt. Es geht daher um Softwareproduktions- und Vertriebsmodelle, deren Besonderheit nicht nur darin besteht, dass der Quellcode offen gelegt wird, sondern die auch entgeltfrei zur Vervielfältigung, Distribution und Bearbeitung offeriert werden, zur Entwicklung z.B. *Deike, Thies*, Open Source Software: IPR-Fragen und Einordnung ins deutsche Rechtssystem, Computer und Recht (CR) 2003, S. 9–18.

10 Vgl. Schricker/*Dietz*, Urheberrecht, 2. Aufl., München 1999, § 14 Rn. 25.

11 *Schricker, Gerhard*: Die Einwilligung des Urhebers in entstellende Änderungen des Werks, in: Forkel/Kraft, Beiträge zum Schutz der Persönlichkeit und ihrer schöpferischen Leistungen (Festschrift für Heinrich Hubmann), Frankfurt/M. 1985, S. 409, 417.

Dieser Rat erfolgt auch vor dem Hintergrund, dass für eine persönlichkeitsverletzende Bearbeitung stets mehrere Personen haften, primär natürlich deren Schöpfer, daneben aber auch all diejenigen Personen, durch deren Ursachenbeitrag die rechtswidrige Bearbeitung verbreitet oder übermittelt wird. Der Herausgeber eines Online-Journals riskiert im Ernstfall mithin eine Abmahnung und auch eine Unterlassungsklage. Zwar schuldet er nicht notwendig Schadensersatz, denn hierzu müsste er vorsätzlich oder fahrlässig die konkrete rechtswidrige Bearbeitung ermöglicht haben (vgl. § 97 Abs. 1 Satz 1 a.E. UrhG). Doch kann auch eine verlorene Unterlassungsklage wirtschaftlich empfindliche Folgen haben, denn die unterlegene Streitpartei hat hierbei die Gerichtskosten und die Anwaltskosten des Gegners zu tragen (§ 91 Abs. 1 ZPO). Hinzu kommen die eigenen Anwaltskosten. Bei einem Streitwert von 10.000 Euro, der bei urheberrechtlichen Klagen nicht unrealistisch ist,[12] fallen Gerichts- und Anwaltskosten von mehr als 3.000 Euro an.[13] Das kann den Etat eines kleinen E-Journals bereits empfindlich schmälern. Fahrlässiges oder leichtfertiges Herausgeberhandeln ist mithin gefährlich.

---

12 Von einem Regelstreitwert in Höhe des genannten Wertes geht etwa aus LG Berlin, Gewerblicher Rechtsschutz und Urheberrecht (GRUR) 2005, 88 (Internet-Veröffentlichung eines Stadtplanausschnitts); dagegen allerdings AG Charlottenburg, Gewerblicher Rechtsschutz und Urheberrecht – Rechtsprechungs-Report (GRUR-RR) 2006, 70, 72. Der Streitwert eröffnet ohne weiteres die häufig gesuchte erstinstanzliche Zuständigkeit des Landgerichts (§§ 23 Abs. 1 Nr. 1, 71 Abs. 1 Gerichtsverfassungsgesetz – GVG). In einem parallelen Fall ging das OLG Hamburg von 6.000 Euro aus, GRUR-RR 2004, 342. Beide Gerichte begründen ihre Wertansetzung damit, dass der Streitwert auch den Zweck verfolge, von Rechtsverletzungen wirksam abzuschrecken.

13 Maßgebliche Rechtsgrundlage für die Anwaltsgebühren ist das Rechtsanwaltsvergütungsgesetz (RVG). Danach fallen grundsätzlich eine 1,3fache Verfahrens- und eine 1,2fache Terminsgebühr an (vgl. Nrn. 3100, 3104 der Anlage 1 zum RVG), die jeweils mit dem Gebührensatz zu multiplizieren sind, der sich nach dem Wert der Sache bestimmt. Bei einem Streitwert von 10.000 Euro beträgt diese Wertgebühr 486 Euro. Die Gebühr für einen Anwalt beträgt danach 1.240 Euro. Einigen sich die Parteien im Verfahren, so kommt eine weitere Gebühr hinzu (Nrn. 1000, 1003 Anlage 1 zum RVG). Die Gerichtsgebühren bestimmen sich in Fällen der hier genannten Art gleichfalls nach dem Wert. Für einen Streitwert von 10.000 Euro beträgt eine Gerichtsgebühr 196 Euro (§ 34 Gerichtskostengesetz – GKG). Kommt es zum Urteil, so wird die Wertgebühr mit dem Faktor 3 multipliziert (Nr. 1210 Anlage 1 GKG).

Eine Art Bearbeitungslizenz sieht auch die DPPL-Formulierung für die sog. „modulare“ und die „freie“ DPPL vor. Zweck dieser Rechteeinräumung ist es ausweislich der Präambel dieser Texte, modulares Schaffen in Teams zu ermöglichen. Das deutet darauf hin, dass entweder eine Miturheberschaft vereinbart werden soll oder aber bereits im Vorhinein die Zustimmung zur Weitergabe einer bearbeiteten Version eines geschützten Inhalts erteilt wird. Die Annahme von Miturheberschaft ist nicht ganz zweifelsfrei, denn typischerweise verlangen die Gerichte im deutschen Recht hierfür die Unterordnung unter einen einheitlichen Gestaltungswillen. Doch hat der Bundesgerichtshof hierzu kürzlich eine sehr pragmatische Haltung in einem die Entwicklung freier Software betreffenden Fall eingenommen. Danach kann Miturheberschaft auch durch sukzessives Tätigwerden noch begründet werden. Entscheidend ist dabei, dass spätere Änderungen des Ursprungswerkes vom Handlungswillen des ursprünglichen Programmierers noch umfasst sind.[14] Nur wenn es an einer solchen Voraussetzung fehlt, sind die späteren Änderungen abhängige Bearbeitungen. Solche Bearbeitungen sind abhängige Werke, so dass für ihre Weiterverwendung auch die Einwilligung des Originalurhebers erforderlich ist (§ 23 UrhG). Hier verfängt sich die DPPL ein wenig in den Bestimmungen des deutschen Urheberrechts. § 3 Abs. 1 der Lizenz sieht, in ähnlich bedenklicher Weise wie die Creative Commons-Lizenz, vor, dass die „veränderbaren Werkteile in beliebiger Weise“ modifiziert werden darf, solange die „geistig-persönlichen Interessen der Urheber“ respektiert werden und „eine weitere Nennung als Urheber im Hinblick auf die veränderten Werkteile“ unterbleibt. Anstelle der Urhebernennung muss ein Hinweis darauf erfolgen, dass die Bearbeitung „auf Basis“ des Ursprungswerks erfolgt (§ 6 Abs. 2 DPPL). Die Formulierung versucht ersichtlich der urheberpersönlichkeitsrechtlichen Lage Rechnung zu tragen. Eine risikofreie Verwendung wird sie gleichwohl nicht vollständig erreichen können, denn letztlich übernimmt der das Ursprungswerk Nutzende das Risiko dafür, die feine Grenze zwischen freier und abhängiger Bearbeitung, zwischen berechtigter Nutzung und Urheberpersönlichkeitsrechtsverletzung durch Entstellung selbst definieren zu müssen. Diese Grenze festzuzurren fällt bereits Juristen schwer. Herausgeber von E-Journals sollten sich dieses Risiko nicht aufladen.

---

14 Bundesgerichtshof, Zeitschrift für Urheber- und Medienrecht (ZUM) 2005, S. 743, 746 – Fash 2000.

Man muss an dieser Stelle offen bekennen, dass eine Rechtslage, die den Schöpfer eines Werkes vor Kontrollverlust schützen soll, open access-Modelle behindert. Das US-amerikanische Recht, dass eine vollständige Übertragung von Urheberrechten vom Schöpfer auf den Verwerter ermöglicht, hat es insofern auch bei Modellen des offenen Zugangs leichter. Doch sollte diese Einsicht nicht dazu führen, die Axt an die Wurzel des deutschen Konzepts von Urheberpersönlichkeitsrechten zu legen. Diese Rechte schützen den Urheber vor Kontrollverlust. Sie sichern sein Interesse daran, dass die von ihm geschaffenen Werke unverfälscht bleiben. In Zeiten zunehmend bedrohter wissenschaftlicher Redlichkeit kann das Urheberrecht an dieser Stelle auch wissenschaftsethischen Interessen besser Rechnung tragen als verwerterorientierte Modelle dies tun.

IV. Zugangserleichterung und Zugangssicherung durch Lizenzen

Während die vorgenannten Kontrollbefugnisse ein von den Rechtsinhabern vielfach geteiltes Anliegen verfolgen, nämlich dem Wunsch Rechnung zu tragen, einerseits ihre Urheberschaft anerkannt, andererseits das Werk in der ursprünglichen Form nicht entstellt zu sehen, zielt die Berliner Erklärung in der Hauptsache darauf, den Nutzern, seien es Wissenschaftlicher oder Studierende, schnellen und kostengünstigen Zugang zu den Forschungsergebnissen zu ermöglichen.

1. Vervielfältigung, Verbreitung, öffentliche Wiedergabe

Zugang heißt in der Online-Welt vielfach erleichterte Vervielfältigung und erleichterte Weiterverbreitung. Vervielfältigung findet statt, wenn ein Werk im Arbeitsspeicher des Nutzers angezeigt,[15] ferner wenn es auf der Festplatte oder einem externen Datenspeicher fixiert wird. Verbreitung ist die Weiterversendung des Originals, etwa durch eine Universi-

15 Der Gedanke ist aus dem Softwareurheberrecht in § 16 UrhG übernommen worden, vgl. ursprünglich OLG Hamburg, Gewerblicher Rechtsschutz und Urheberrecht (GRUR) 2001, 831; OLG Düsseldorf, Computer und Recht (CR) 1996, S. 728, 729; *Dreier, Thomas*, Rechtsschutz von Computerprogrammen, Computer und Recht (CR) 1991, S. 577–584, 579, *Schack, Haimo*, Urheber- und Urhebervertragsrecht, 3. Auflage, Tübingen 2005, Rn. 380.

tätsbibliothek als elektronische Anlage. Verbreitung kann aber auch die Zugänglichmachung des Werkes für Zwecke der Forschung und Lehre im Intranet einer Universität oder im Vorlesungssaal durch öffentliche Wiedergabe sein. Alle genannten Handlungen sind im Grundsatz durch das urheberrechtliche Ausschließlichkeitsrecht erfasst. Aus diesem Grunde wird das Urheberrecht in der Öffentlichkeit häufig als Barriere, nicht als Förderinstrument wahrgenommen wird. Die Berliner Erklärung möchte offenen Zugang dadurch verwirklichen, dass „die Autoren und Rechteinhaber" allen Benutzern das freie, unwiderrufliche und weltweite Zugangsrecht und die Erlaubnis, die Veröffentlichung für jeden verantwortlichen Zweck zu kopieren, zu benutzen, zu verteilen, zu übertragen und abzubilden" einräumen.

Auch die Creative Commons-Lizenz verfolgt diesen Ansatz. Der Lizenzvorschlag sieht daher die Einräumung eines umfassenden „Verwertungsrechts" (aus deutscher Sicht müsste man von einem Nutzungsrecht sprechen) vor, das auf die Ausübung nicht-kommerzieller Zwecke beschränkt werden darf. Einen wiederum sorgfältiger formulierten Rechtekatalog formuliert § 2 DPPL.

Um offenen Zugang auch in einer längeren Lizenzkette zu gewährleisten, mag es angebracht sein, kommerzielle Nutzungen zu untersagen. Erfolgt dies nicht, so müsste man jedenfalls durchsetzen, dass auch bei kommerzieller Nutzung das Werk nicht zugangskontrolliert werden darf. Die Creative Commons-Lizenz sieht allerdings eine solche Lizenzoption nur für die Einräumung von Bearbeitungsrechten vor. Hier besteht Anpassungsbedarf. Die DPPL sieht in § 5 nur vor, dass die weitere Nutzung durch Dritte nicht mittels technischer Schutzmaßnahmen verhindert oder erschwert werden darf. § 8 Abs. 2 DPPL erlaubt es, dass selbständig geschaffene Werke proprietär weiterverwendet werden dürfen, zudem ermöglicht § 4 Abs. 2 DPPL die kommerzielle Weiternutzung des Ursprungswerkes, solange das Entgelt nur für solche Nutzungen gezahlt wird, die mit einer Dienstleistung desjenigen zusammenhängen, der das Werk zur Verfügung gestellt. Derjenige, der einen Text in seine Datenbank einstellt, darf mithin ein Entgelt für die Speicher- und Zugangsdienstleistung, nicht aber ein Entgelt für die Weiternutzung des aus der Datenbank heruntergeladenen Werkes selbst verlangen. Der „content" bleibt insofern frei, nur die technische Dienstleistung wird vergütet.

Anpassungsbedarf in der Creative Commons-Lizenz besteht bei der konkreten Bezeichnung der eingeräumten Nutzungsrechte. Die Lizenz umfasst das Recht der Vervielfältigung, der Verbreitung und der öffentlichen Aufführung.

Auch hier zeigen sich Übersetzungsmängel oder Unkenntnis des deutschen Urheberrechts. Verbreitung ist nach deutschem Verständnis nur die Verbreitung körperlicher Werkstücke, d.h. das Inverkehrbringen von Büchern, Papiertexten, Disketten, CD-ROMs, neuerdings auch e-mail attachments in Form digitaler Datensätze, sofern beim Absender keine Kopie zurückbleibt. Keine Verbreitung ist dagegen die Zugänglichmachung im Inter- oder Intranet, keine Verbreitung ist auch die öffentliche Wiedergabe durch Rundfunk- oder Live-Streaming im Internet. Das kann die Verwendung einer Vorlesung, die als E-Learning-Video durch Live-Simultan-Unterricht eingesetzt wird, bereits verhindern.

Öffentliche Aufführung ist ein reichlich missglückter Begriff, denn aufführen kann man nach deutschem Urheberrechtsverständnis nur ein Werk der Musik oder Bühnenkunst durch persönliche Darbietung (§ 19 Abs. 2 UrhG). Darum geht es bei wissenschaftlichen Vorträgen und Schriften ersichtlich nicht. Der Lizenztext erlaubt damit letztlich nicht vollständigen öffentlichen Zugang, sondern nur die Kopie von downloadfähigen Dateien, das Anschauen von Inhalten im Netz und ggf. die Anfertigung von Kopien wissenschaftlicher Artikel und deren Weiterversendung an interessierte Kollegen oder Studierende.

Daran zeigt sich, dass Online-Journale auf die Creative Commons-Lizenz nur mit Einschränkungen zurückgreifen können. Wer es dennoch tut, ermöglicht vielfach weniger als er vielleicht möchte. Jedenfalls befindet sich der Lizenztext mit dem Anliegen der Berliner Erklärung noch nicht in Übereinstimmung.

Mehr Rechtssicherheit verspricht die DPPL mit Ausnahme der vorgenannten urheberpersönlichkeitsrechtlichen Lage. Allerdings ist die DPPL sperrig und für den Nichtfachmann teilweise auch schwer verständlich formuliert. Es ist allerdings eine Alltagserfahrung, dass Einfachheit nicht immer eine Erleichterung bewirkt.

2. Sicherung der Zugangsfreiheiten in der Lizenzkette

Zweck des Open Access-Modells ist es nicht nur, einen möglichst freien Zugang selbst zu eröffnen, sondern auch, diesen Zugang zu erhalten, d.h. die zugangsoffene und kostenfreie Weitergabe des geschützten Inhalts zu gewährleisten.[16] Der Nutzer erwirbt also nicht nur Freiheiten, sondern er übernimmt ggf. auch die Pflicht, diese Freiheiten gegenüber späteren Gliedern in der Nutzerkette zu erhalten. Das kann grundsätzlich durch Weitergabe der ursprünglichen Lizenzbindung vom ersten auf die späteren Nutzer geschehen. Im Software-Bereich sind eine Reihe von Lizenzen entwickelt worden,[17] die unterschiedliche Nutzerbindungen enthalten. Insbesondere für Open-Source-Software werden diese Lizenzen am Modell der General Public Licence ausgerichtet, abweichende Lizenzen daraufhin zertifiziert, ob sie mit der Open-Access-Philosophie noch vereinbar sind.[18] Konstruktiv wird insbesondere in der GPL ein Modell gewählt, das Nutzerkettenverhältnisse vermeidet. Nach § 6 der GPL erwirbt der spätere Nutzer die Lizenz nicht von seinem unmittelbaren Vorgänger, sondern unmittelbar vom Urheber.[19] In der Creative Commons-Musterlizenz fehlt eine solche Anordnung. Man kann sie allenfalls durch Auslegung der ursprünglichen Lizenzerklärung gewinnen. Dagegen hat die DPPL die Vorlage aus der GPL übernommen. § 11 spricht von einem „Heimfall der Nutzungsrechte" in Fällen, in denen der Nutzer die Lizenzbedingung der §§ 2 bis 9 DPPL nicht einhält. Etwas zu sehr versteckt in § 4 Abs. 2 Satz 3 DPPL findet sich der wichtige, aber sehr beiläufig formulierte Satz, dass der jeweilige Nutzer des Ursprungswerkes die

16 Entsprechendes gilt im Rahmen von Open-Source-Software-Modellen für die Weitergabe des Quellcodes, vgl. *Spindler, Gerald*, Rechtsfragen bei Open Source, Köln 2004, A. Rn. 2.

17 Aufgelistet bei *Spindler, Gerald*, Open Source, A. Rn. 2 (oben Fn. 23).

18 Die Zertifizierung übernimmt die Open Source Initiative (OSI), vgl. http://www.opensource.org (Abruf am 3. 4. 2006).

19 Daher kann man hier nicht von einer Nutzerkette ausgehen, sondern von einem Direkterwerb, den die Zwischenleute als Boten vermitteln, vgl. *Omsels, Herman-Josef*: Open Source und das deutsche Vertrags- und Urheberrecht, in: Schertz/Omsels (Hg.) Festschrift für Paul W. Hertin zum 60. Geburtstag, München 2000, S. 14, 16; *Plaß, Gunda*, Open Contents im deutschen Urheberrecht, Gewerblicher Rechtsschutz und Urheberrecht (GRUR) 2002, S. 670–682, 679.

Nutzungsrechte stets allein vom ursprünglichen Lizenzgeber, also regelmäßig dem Urheber oder Rechteinhaber erhält.

Relativ unproblematisch ist die Weitergeltung ursprünglicher Lizenzbindungen, wenn es um die Verpflichtung zur kostenfreien Zugangssicherung bei unveränderten Werken geht, denn hieran erwirbt der Nutzer keine eigenen Rechte. Der einfachste Weg sicherzustellen, dass ein Aufsatz, der kostenlos heruntergeladen wurde, nun seinerseits nicht in eine kostenpflichtige Datenbank eingestellt wird, liegt darin, die Erstlizenz mit einer Bedingung zu versehen. Die Lizenz zur Nutzung wird also unter der Bedingung erteilt, dass der Nutzer das Werk seinerseits mit der Ursprungslizenz weitergibt. Tut er dies nicht, so tritt eine auflösende Bedingung ein, die dazu führt, dass der lizenzuntreue Nutzer sein Nutzungsrecht rückwirkend (§ 158 Abs. 2 BGB) verliert,[20] mithin zum Urheberrechtsverletzer mutiert. Wer selbst keine Lizenz hatte, kann auch keine entsprechende Lizenz weitergeben. § 11 DPPL nennt diesen Vorgang „Heimfall der Nutzungsrechte".

Problematisch ist, dass in solchen Fällen auch die Nutzerkette nach dem ungetreuen Nutzer somit zum Urheberverletzer würde. So können auch gutgläubige Nutzer ihre Befugnisse verlieren. Das damit verbundene Problem des Zusammenfallens von Rechteketten durch Herausbrechen eines frühen Gliedes ist aus der Insolvenz des Filmrechtehändlers Kirch bekannt.[21] Es beschäftigt die Rechtsanwaltschaft noch heute und wird sie wohl noch einige Zeit beschäftigen. Dieses Problem ist allerdings eher ein Haftungsproblem des ungetreuen Lizenznehmers.[22] Es gefährdet nicht

---

20 Vgl. LG München I, MultiMedia und Recht (MMR) 2004, 693, 695. Eine entsprechende Anordnung enthält die Creative Commons-Musterlizenz nicht. Der Gedanke ist für das deutsche Recht entwickelt worden anhand von § 4 der im Softwarebereich eingesetzten General Public Licence (GPL). Diese sieht das Erlöschen der Lizenz bei fehlender Weitergabe der Lizenzbindungen ausdrücklich vor. Im Bereich von Open-Access-Lizenzen im Wissenschaftsbereich empfiehlt sich eine ausdrückliche Bestimmung, denn der normale Nutzer muss mit einer solchen Bedingung nicht rechnen.

21 Vgl. zu den komplizierten Verhältnissen in Rechteketten aus juristischer Sicht *Zehnsdorf, Jana*, Filmnutzungsrechte in der Insolvenz, Baden-Baden 2005.

22 Der ursprüngliche Lizenzgeber (Urheber) haftet nach dem Modell des § 6 GPL nicht. Dort heißt es „You are not responsible for enforcing compliance by third parties to this license." Das ist auch mit deutschen Rechtsvorstellungen vereinbar, denn der Urheber setzt keinen äquivalent kausalen Beitrag für Lizenzbrüche ungetreuer Lizenznehmer.

open access als Lizenzmodell. Insbesondere wird der am Beginn der Rechtekette stehende Lizenzgeber denjenigen Nutzer, der seinerseits die Bedingungen der Jedermann-Lizenz einhält, nicht allein deswegen auf Unterlassung in Anspruch nehmen können, weil dessen Lizenzgeber keine Lizenz hatte. Wer die Jedermann-Lizenz beachtet, hätte sie auch von dem ersten Lizenzgeber erhalten. Es wäre widersprüchlich, ihn nur deswegen in Anspruch zu nehmen, weil er am falschen Ende der Lizenzkette in die Werknutzung eingestiegen ist und sich nicht sogleich aus der Ursprungsquelle versorgt hat, denn er könnte jederzeit das Angebot des Urhebers auf kostenfreie Nutzung nachträglich annehmen („venire contra factum proprium", § 242 BGB).[23] Die GPL vermeidet solche Probleme, indem sie fingiert, dass jede spätere Lizenz direkt vom Urheber erworben wird (s. o.), der Vermittler über den die Ursprungslösung erworben wird, fungiert mithin nur als Bote.[24] Damit fällt nur der sich lizenzwidrig verhaltende Nutzer aus der legalen Lizenzkette heraus, die übrigen Lizenzen bleiben unangetastet. Diese Lösung sollten daher auch elektronische Zeitschriften wählen. Die DPPL berücksichtigt diesen Gedanken in § 4 Abs. 2 am Ende und in § 11 Abs. 2. Dort ist ausdrücklich formuliert, dass nur der ungetreue Nutzer seine Nutzungsbefugnis verliert, nicht jedoch der sich weiterhin lizenztreu verhaltene Weiternutzer in der Kette.

Problematischer ist die Sicherung der Zugangsoffenheit, wenn Veränderungen und Bearbeitungen vorgenommen werden. Hier entspricht es zunächst wissenschaftlicher Redlichkeit, dass in der bearbeiteten Version diejenigen Passagen, die auf ein Ursprungswerk zurückgehen gekennzeichnet und deren Urheber namentlich genannt wird. Wer dies unter der Creative Commons-Lizenz nicht tut, verletzt jedenfalls den dort zur Bedingung erhobenen Namensnennungsanspruch des Urhebers. Wer einen Text nur geringfügig verändert und ihn unter seinem Namen weiterverwendet, plagiiert. Das ist auch noch so, wenn nur pauschal angegeben wird, dass der Text auf einem bestimmten Originalwerk basiere. Letztlich entgeht man diesen Schwierigkeiten als Zweitbearbeiter nur, wenn man den Ursprungstext zwar verwendet, aber so stark verändert,

---

23 So im Ergebnis LG München I, MultiMedia und Recht (MMR) 2004, 693, 695 – zur GPL.

24 *Plaß, Gunda*, Gewerblicher Rechtsschutz und Urheberrecht (GRUR) 2002, S. 670–682, 677; *Jaeger, Till/Metzger, Axel*, Open Source Software, München 2006, S. 32 f.; zust. *Spindler, Gerald* (Hg.), Open Source, Köln 2004, C Rn. 41 (oben Fn. 5).

dass die Formulierungen des Originaltextes nicht mehr durchschimmern. Dann nämlich befindet man sich im Bereich der freien Bearbeitung. Diese verbietet auch das Urheberrecht nicht (§ 24 UrhG).

Die DPPL sieht für solche Fälle in § 6 eine aufwändige Pflicht zur Namensnennung vor, die urheberrechtlich konsequent ist, aber viele Nutzer überfordern wird. Nicht urheberrechtlich, sondern allenfalls wissenschaftsethisch zu rechtfertigen ist § 6 Abs. 2 DPPL. Dort wird der Lizenznehmer verpflichtet, bei einer Nutzung des Werkes in veränderter Form auf den Urheber des Ursprungswerkes „in geeigneter Weise" hinzuweisen. Als Beispiel angegeben wird die Formulierung „basierend auf einer Tabelle von xy". Das genannte Beispiel zeigt bereits, dass es offenbar um den von § 24 UrhG privilegierten Fall des selbständigen Werkschaffens geht. Dies wird auch durch § 6 Abs. 3 DPPL unterstrichen, denn dort ist der Fall der „nicht völlig unerheblichen Veränderung des Werks" geregelt. Diesen Fall bezeichnet der Urheberrechtler als abhängige Bearbeitung (§ 23 UrhG). Eine abhängige Bearbeitung führt dazu, dass die Verwertung der Bearbeitung an die Einwilligung des Originalurhebers gebunden bleibt. Eine unabhängige Bearbeitung führt dagegen zu einer völlig freien Verwendung. Die wissenschaftsethische Bindung des Verwenders durch Pflicht zur Nennung des Anregers ist eine Lizenzbindung, die nicht zum wesentlichen Gehalt des Urheberrechts gehört.

V. Lizenzgeber

Ein gewaltiges Problem tut sich derzeit auf, wenn es um die Frage geht, wer eigentlich berechtigt ist, open access-Lizenzen zu erteilen. Wer eine elektronische Zeitschrift herausgibt, darf dem Autor abverlangen, dass der Abdruck nur erfolgt, sofern das Werk den Lizenzbedingungen des Journals unterstellt wird. Das ist Vertragsrecht und unterfällt in diesem Punkte der Privatautonomie. Gesetzlich gesondert zugelassen ist es, dass der Autor des Werks unentgeltlich jedermann Nutzungsrechte einräumen darf (§ 32 Abs. 3 Satz 3 UrhG). Diese Klarstellung war nötig, weil das Gesetz im Übrigen verlangt, dass der Urheber an den wirtschaftlichen Nutzungen seines Werkes angemessen zu beteiligen ist (§ 32 Abs. 1 UrhG).

Wichtig für den Herausgeber ist es, zu erfahren, ob der Autor, dessen Werk veröffentlicht wird, die Rechte hieran überhaupt (noch) hat. Selbst wenn er Schöpfer ist, kann er die Rechte hieran zwischenzeitlich einem Verlag eingeräumt haben. Dann muss der Herausgeber die Befugnis zur Veröffentlichung in einer open access-Quelle von diesem Verleger erst erwerben. Aus diesem Grunde spricht die Berliner Erklärung von zwei möglichen Lizenzgebern, nämlich dem Schöpfer und dem „Rechteinhaber“. Verlage sind zur Lizenzierung nur verpflichtet, wenn der Autor sich im Verlagsvertrag das Recht vorbehalten hat, den Beitrag auch in ein Hochschularchiv oder eine Hochschulzeitschrift einzustellen. Solche „repository rights“ sind allerdings derzeit noch nicht selbstverständlicher Inhalt eines jeden Verlagsvertrags. Ein zwingendes „Zurückbehaltungsrecht“ dieser Art könnte nur durch Gesetz eingeführt werden.[25] In der anhängigen Debatte über das Urheberrecht ist ein solcher Vorschlag nie ernsthaft gemacht worden. Eine Art „repository right“ stellte bisher die Schrankenbestimmung des § 52a UrhG dar. Sie ermöglicht noch den erlaubnisfreien Zugriff auf bestimmte Werke und Werkteile durch Forscher- und Studentengruppen. Allerdings ist dies nicht vergütungsfrei, überdies sollte die Vorschrift mit Ablauf des 31. 12. 2006 nicht mehr angewendet werden (§ 137k). Gewissermaßen in letzter Minute wurde die Geltung der Norm noch bis zum 31. 12. 2008 verlängert.[26]

Rechteinhaber kann prinzipiell auch ein Arbeitgeber sein, etwa die Hochschule als Anstellungskörperschaft des Wissenschaftlers. Der allgemeine arbeitsrechtliche Grundsatz, wonach das Arbeitsergebnis dem Arbeitgeber zusteht, gilt nicht im Hinblick auf Hochschullehrer.[27] In der rechts-

---

25 Vgl. dazu den Regelungsvorschlag von *Hansen, Gerd,* Zugang zu wissenschaftlichen Informationen, Gewerblicher Rechtsschutz und Urheberrecht – Internationaler Teil (GRUR Int.) 2005, S. 378–388, 386.

26 Vgl. § 137k in der Fassung des Fünften Gesetzes zur Änderung des Urheberrechtsgesetzes durch die Beschlussempfehlung des Rechtsausschusses, Bundestags-Drucksache 16/2019 vom 28. 6. 2006; das Änderungsgesetz wurde am 29. 6. 2006 durch den Bundestag beschlossen und dem Bundesrat zugeleitet (BR-Drucksache 611/06 vom 1. 9. 2006). Der Bundesrat hat in seiner Sitzung vom 22. 9. 2006 keine Anträge hierzu mehr gestellt, sodass das Gesetz in Kraft getreten kann. In der Hauptsache betrifft das Gesetz die Umsetzung der sogenannten Folgerechtsrichtlinie der EU, die eine modifizierte Beteiligung von Künstlern und Lichtbildnern am Weiterverkauf ihrer Originale vorsieht (bisher § 26 UrhG).

27 Zentral hierzu ist die Entscheidung im 112. Band, S. 243 der amtlichen Sammlung des Bundesgerichtshofs vom 27. 9. 1990. Dort ging es um die Frage, ob die Erben eines verstorbenen Hochschullehrers Anspruch auf Heraus-

wissenschaftlichen Literatur wird überwiegend angenommen, dass der selbständig tätige Forscher keine Pflicht aus dem Anstellungs- oder Beamtenverhältnis hat, seine Publikation der Hochschule zur Verwertung anzudienen.[28] Stets hat der Forscher das Recht, selbst über das „Ob" und „Wie" einer Erstveröffentlichung seiner Ergebnisse zu entscheiden.[29] Eine Andienungspflicht des Forschers gegenüber seiner Universität oder einem Projektförderer ist konzeptionell zwar nicht vollständig ausgeschlossen, sie wird aber erheblichen Widerstand der Betroffenen auslösen, sofern es keine Kompensationen für die Andienung (wie im Arbeitnehmererfindungsrecht) gibt. Jedenfalls würde sie eine Gesetzesänderung erfordern.[30]

---

gabe von Aufzeichnungen über archäologische Grabungsaufzeichnungen und wissenschaftliche Korrespondenz haben. Der BGH nahm an, dass die Arbeitsergebnisse originär dem Wissenschaftler selbst zustünden und er allenfalls eine Pflicht zur Andienung gegenüber dem Dienstherrn habe. Vgl. im Übrigen OLG Karlsruhe Gewerblicher Rechtsschutz und Urheberrecht (GRUR) 1988, S. 536, 540; GRUR 1991, S. 523, 525 – Grabungsmaterialen; *Ullmann, Eike,* Das urheberrechtlich geschützte Arbeitsergebnis – Verwertungsrecht und Vergütungspflicht, Gewerblicher Rechtsschutz und Urheberrecht (GRUR) 1987, S. 6, 8; *Ulmer, Eugen,* Urheber- und Verlagsrecht, 3. Aufl., Berlin 1980, S. 403; a. A. Verwaltungsgericht Berlin, Neue Juristische Wochenschrift (NJW) 1978, S. 848.

28 *Leuze, Dieter,* Kritische Anmerkungen zu § 42 Arbeitnehmererfindungsgesetz, Gewerblicher Rechtsschutz und Urheberrecht (GRUR) 2005, S. 27–33, 28; *Schack, Haimo,* Urheber- und Urhebervertragsrecht, 3. Aufl., Tübingen 2005, Rn. 982 mit weiteren Nachweisen; kritisch neuerdings aber *Pflüger, Thomas/Ertmann, Dieter,* E-Publishing und Open Access – Konsequenzen für das Urheberrecht im Hochschulbereich, Zeitschrift für Urheber- und Medienrecht (ZUM) 2004, S. 436–443, 441.

29 Vgl. hierzu *Hansen, Gerd,* Zugang zu wissenschaftlicher Information – alternative urheberrechtliche Ansätze, Gewerblicher Rechtsschutz und Urheberrecht – Internationaler Teil (GRUR Int.) 2005, S. 378–388, 380.

30 Ein Gesetzgebungsvorschlag hierzu findet sich bei *Pflüger, Thomas/Ertmann, Dieter,* E-Publishing und Open Access – Konsequenzen für das Urheberrecht im Hochschulbereich, Zeitschrift für Urheber- und Medienrecht (ZUM) 2004, S. 436–443, 441.

VI. Verlage und Selbstverlage – friedliche Koexistenz oder kriegerische Anfeindung?

Open Access nach der Berliner Erklärung ist urheberrechtlich in Grenzen möglich. Es erfordert aber die Existenz des Urheberrechts, denn die Kontrolle der Zugangsfreiheit erfolgt über Lizenzbedingungen. Der Erfolg der Berliner Erklärung wird nach der derzeitigen Rechtslage davon abhängen, ob Autoren bereit sind, ihre Werke primär den Universitätsarchiven anzudienen, bzw. ob Verlage bereit sind, auf einen Teil ihres Marktes dadurch zu verzichten, dass sie auch die bei ihnen verlegten Werke kontrolliert für offene Zugangsforen öffnen. Kooperiert man klug miteinander, so kann es gelingen, den wissenschaftlichen Archivmarkt und den Markt der elektronischen Angebote aufeinander abzustimmen.

Dafür scheint ein historisch wichtiges Momentum zentral. Das Urheberrecht als Rechtsgebiet ist entstanden, als die technischen Möglichkeiten zur Werkvermittlung und -verbreitung vorhanden waren. Verlage traten zunächst als Informationsvermittler oder Informationsbroker auf. Die Kosten der Vermittlung betrafen allerdings nicht nur diese Serviceleistung, sondern auch die Finanzierung der Drucktechnologie und der Fixkosten für das klassische „Papier- und Ledergeschäft", also Herstellung, Einbindung und Distribution des gebundenen Buches. Die Fixkosten für die Informationsträger nehmen kontinuierlich ab, im Netz geht es nur noch um Speicher- und Übertragungskapazitäten. Auch deren Kosten sinken ständig. Was künftig teurer wird, ist die Zugangseröffnung durch thematische Ordnung und Systematisierung des Wissens. Diese Aufgabe übernahmen bislang Bibliotheken, zudem Verlage für den Bereich ihrer eigenen Produktion. Wird das Papiergeschäft teilweise überflüssig, so können Bibliotheken und Verlage Lotsen für die im Netz befindlichen Informationen werden. Derzeit übernehmen manche dieser Funktionen kommerziell durch Werbung finanzierte Unternehmen, wie „google". Die Expertise der klassischen Informationsbroker ist als solche nicht überflüssig, denn es hapert derzeit ganz besonders an der Qualitätssicherung und Qualitätskontrolle. Nach dieser Leistung gieren sogar die Hochschulzertifizierer. Sie kann auch übernommen werden von Online-Journalen. Doch werden diese ihrerseits geführt von Wissenschaftlern, die den Beruf an sich aus anderen Gründen gewählt haben. Wenn die Wissenschaftler nicht kooperieren, werden sie zu Verlegern, wenn die Verlage nicht den Kontakt suchen, verlieren sie den Wissenschaftsmarkt als

Kerngeschäft. Das Urheberrecht kann und muss open-access begleiten. Allerdings befindet es sich damit historisch gesehen in einer durchaus ungewohnten, gleichwohl im System dieses Rechtsgebiets bereits angelegten Rolle.

Diskussionsberichte

Dipl.-Jur. Kai Kochmann

I. Zum Vortrag von Herrn Dr. Kaiser

Djekic eröffnete die Diskussion mit einer Frage nach den Leserzahlen der beiden vorgestellten E-Journals; er fragte ferner, ob es eine Stammleserschaft gebe oder die Leserschaft häufig wechsle. *Kaiser* führte aus, die Leserzahlen stiegen seit Gründung der E-Journals und dieser Trend halte an. Auf das Journal „zeitenblicke" werde derzeit zirka 40.000mal im Monat zugegriffen, wobei die Leser sowohl europäischer als auch amerikanischer Herkunft seien. Bei den „sehepunkten" sei die Zahl der Zugriffe deutlich größer, sie liege bei durchschnittlich 200.000 Zugriffen im Monat, darunter fänden sich zirka 1.800 feste Abonnenten. *Djekic* griff den Aspekt der „internationalen Leserschaft" auf und erkundigte sich, ob die E-Journals auch fremdsprachige – insbesondere englische – Artikel enthielten. *Kaiser* erklärte, das Journal „zeitenblicke" enthalte vor allem deutsche, aber zunehmend auch englische Artikel. Zudem werde jeder Artikel mit einem sog. „abstract" versehen, der den wesentlichen Inhalt des Artikels in der jeweils anderen Sprache zusammenfasse. Die Herausgeber der E-Journals seien grundsätzlich auch offen für weitere Fremdsprachen, insbesondere Französisch und Italienisch, bislang habe man dies jedoch nicht realisieren können.

Riesenhuber bedankte sich für den von *Kaiser* gehaltenen Vortrag, der für Juristen ausgesprochen interessant gewesen sei. Er sehe die praktischen Schwierigkeiten der Herausgeber von E-Journals. Soweit *Kaiser* den Konflikt zwischen „Überregulierung" auf der einen Seite und „Usancen des Wissenschaftsbetriebes" auf der anderen Seite angesprochen habe, interessiere ihn, wo genau die Probleme bei den Vereinbarungen mit den Autoren lägen; seiner Meinung nach müssten die erforderlichen Regelungen den Autoren aus anderen Zusammenhängen bekannt sein. Daneben griff *Riesenhuber* den von *Kaiser* angesprochenen Punkt der „Weiterverwendung durch Dritte" auf. Ihm sei nicht klar geworden, warum dies für die Herausgeber von E-Journals problematisch sei, da auf die E-Journals doch frei zugegriffen werden könne. *Kaiser* stimmte *Riesenhuber* darin zu, dass die meisten Autoren die üblichen Lizenzverträge auf Grund des herkömmlichen Wissenschaftsbetriebes kennen. Jedoch gebe es im Online-Betrieb mit der sog. „Digital Peer Publishing“-Lizenz“ („DiPP-Lizenz“) strukturell anders gestaltete Vereinbarungen. Probleme mit Autorenverträgen bestünden vor allem bei dem E-Journal „sehepunkte“, welches ausschließlich Buchbesprechungen beinhalte. In diesem Bereich seien Autoren mit umfassenden Lizenzvereinbarungen nicht hinreichend vertraut. Daher seien ihnen solche Vereinbarungen auch schwer zu vermitteln. Hinzu komme, dass die Abwicklung – selbst bei einer Automatisierung – organisatorisch sowie finanziell nur sehr schwer bewältigt werden könnte. Hinsichtlich der Problematik „Weiterverwendung durch Dritte“ stellte *Kaiser* klar, dass weniger eine Weiterverwendung durch die Leser, sondern eine Weiterverwendung durch die Herausgeber der E-Journals das Problem darstelle. Die Herausgeber seien – gerade im Hinblick auf weitere Finanzierungsmodelle – sehr daran interessiert, die publizierten Artikel später nochmals verwerten zu können. So könnten beispielsweise Artikel aus den „sehepunkten“ mit Inhalten aus den „zeitenblicken“ kombiniert und auf diese Weise neue Formate gebildet werden.

Heise fragte *Kaiser*, ob die zur Veröffentlichung eingereichten Artikel auf ihre Qualität hin überprüft würden und – wenn dies der Fall sei – wer diese Kontrolle durchführe. Darauf antwortete *Kaiser*, dass eine Qualitätskontrolle selbstverständlich stattfinde. Kontrolliert werde dabei grundsätzlich durch die Redaktion. In Fällen, die über die eigene fachliche Kompetenz hinausgehen, hole man im Kreis der Kollegenschaft ergänzende Expertenmeinungen ein.

Schremmer erklärte abschließend, er könne den Herausgebern der E-Journals „sehepunkte“ und „zeitenblicke“ angesichts der dargestellten Probleme nur einen Rat geben: „Gründen Sie einen Verlag!“ Der Verlag sei eine Organisationsform, die gerade im Hinblick auf die von *Kaiser* geschilderten Probleme entstanden sei.

II. Zum Vortrag von Frau Prof. Dr. Loebbecke, M.B.A.

Kuhlen wies zunächst darauf hin, dass er Unterzeichner der im Vortrag erwähnten sog. „Göttinger Erklärung“ sei; daher werde es *Loebbecke* sicher nicht überraschen, dass er mit 90% des Vorgetragenen nicht übereinstimme. Er bezweifelte die Richtigkeit der von *Loebbecke* genannten Marktdaten. Allein der Verlag Elsevier erziele einen jährlichen Umsatz von mehr als 12 Mrd. Euro, so dass die Angabe eines Gesamtmarktvolumens von etwas mehr als 9 Mrd. Euro offensichtlich und bei weitem nicht mehr den Realitäten entspreche. Das Prinzip von „open access“ sei stets, dass die Nutzer entgeltfreien Zugang zu Inhalten erlangten, insofern gehöre zur Zugangsfreiheit in diesem Modell auch die Entgeltfreiheit. Überdies kritisierte *Kuhlen* das von *Loebbecke* auch für das wissenschaftliche Publizieren schlicht fortgeschriebene Modell des „homo oeconomicus“. Zwar sei auf den Aspekt der reputativen Anerkennung hingewiesen worden, doch sei auch dieser Effekt letztlich auf das Erlangen (künftiger) monetärer Anreize reduziert worden. Die Auswirkungen von open access-Modellen auf den wissenschaftlichen Fortschritt tauchten hingegen in ihrem Modell nicht auf. Die eigentliche Gatekeeper-Funktion sei nicht unbedingt darauf gerichtet, eine „Rente“ zu erzielen, die Funktion werde auch im Übrigen nicht annähernd durch die von *Loebbecke* vorgetragenen betriebswirtschaftlichen Kriterien erfasst. *Kuhlen* bezweifelte zudem die Bedeutung der Bündelung als Verlagsstrategie. Das Geschäft verlagere sich aktuell tatsächlich sehr viel stärker auf das Retailing einzelner Artikel, führe also vom Plattformgeschäft wieder weg. Auch betriebswirtschaftlich sei nämlich nachgewiesen, dass im Retailing die Gewinnerwartungen sehr viel höher seien. *Loebbecke* bestätigte, dass sie sich bei ihren Überlegungen wesentlich vom Modell des „homo oeconomicus“-Modell leiten lasse; dieses Modell sei im gesamten Bereich der Betriebswirtschaftslehre von großer Bedeutung und entspreche ihrer vollen Überzeugung. Die von ihr genannten Umsatzziffern seien in der Tat aus dem Jahre 2002 und berücksichtigten in Bezug auf Elsevier nicht die mittlerweile von dortiger Seite vorgenommenen Zukäufe. Die Relevanz des Retailing von Einzelartikeln zweifelte sie allerdings an. Zum Teil handele es sich um eine bloße Reaktion auf die Praxis der Universitätsbibliotheken, die gebündelte Angebote nicht mehr abnähmen. Doch sei der Einzelversand betriebswirtschaftlich wesentlich aufwändiger als die Paketbündelung und auf der Kostenseite grenzwertig.

III. Zum Vortrag von Herrn Prof. Dr. Peifer

Kuhlen bezweifelte die Richtigkeit der in *Peifers* Vortrag vertretenen Ansicht, die „Creative Commons“-Lizenz sei problematisch und wies in diesem Zusammenhang darauf hin, dass diese Lizenz ausdrücklich an das deutsche Urheberrecht angepasst worden sei. *Peifer* antwortete, er halte die Terminologie für mit dem deutschen Urheberrecht nicht kompatibel; er halte nach wie vor insbesondere die in der „Creative Commens"-Lizenz enthaltene Bearbeitungslizenz in ihrer jetzigen weiten Fassung für nicht wirksam. Es sei nun einmal nach deutschem Urheberrecht nicht möglich, generell und vorbehaltlos jede Bearbeitung zu lizenzieren. Zu berücksichtigen sei insoweit das gesetzlich stark ausgeformte Urheberpersönlichkeitsrecht, das gegen Entstellungen schütze (§ 14 UrhG) und daher auch nicht lizenziert werden könne. Soweit aktuelle Lizenztexte einschränkend die Klausel „Das Urheberpersönlichkeitsrecht bleibt gewahrt" enthielten, führe dies zu keiner ausreichenden Sicherheit für die Lizenznehmer. Kaum ein Anwender – und wohl auch kein Jurist – könne definitiv bestimmen, wo die Grenze zwischen zulässiger Bearbeitung und unzulässiger Entstellung liege. Diese Grenzziehung sei stets von einer Abwägung im Einzelfall abhängig.

2. Themenkomplex: Bilddatenbanken in Forschung und Lehre

(Moderation: Prof. Dr. Stefan Grohé)

„prometheus" und Justitia – Bildarchive der Kunst- und Kulturwissenschaften im Spannungsfeld des medialen Umbruchs hin zu einer digitalen Informationsgesellschaft

Dr. Holger Simon

I. Einleitung

Bereits der Vortrag hier auf der Kölner Tagung bringt mich in Konflikt mit dem bestehenden Gesetz. In „*prometheus* – Das verteilte Bildarchiv für Forschung & Lehre"[1] können Sie nach digitalen Fotografien von Kunstwerken und nach Objekten der virtuellen Kunst recherchieren, deren Verwertungsrechte weder beim Anbieter noch bei *prometheus*, sondern in den Händen Dritter liegen.

Die heutige Tagung ist öffentlich und wir sitzen hier nicht, wie es das bestehende Gesetz für die Zugänglichmachung von Inhalten einfordert, in einem „abgegrenzten Kreis von Unterrichtsteilnehmern" (§ 52a Abs. 1 Nr. 1 UrhG) mit Seminarcharakter, so dass ich eigentlich keine Bilder von Kunstwerken wie z.B. von René Magritte oder Joseph Beuys zeigen dürfte, jedenfalls nicht vergütungsfrei (§ 52 UrhG). Eine beispielhafte Führung durch das elektronisch im Netz zugängliche Bildarchiv ist nach bestehendem Recht daher ausgeschlossen.[2] Da die Tagung – wie bereits gesagt – erstens eine öffentliche Veranstaltung ist und zweitens die wenigsten unter Ihnen wahrscheinlich soeben zu Magritte, Beuys und anderen Künstlern der Moderne forschen werden, muss ich darauf verzichten. Schließlich werde ich mich auch nicht auf das Zitatrecht in § 51 Abs. 1 UrhG stützen können, weil eine inhaltliche Verknüpfung zwischen Magritte und unserer Tagung nicht zwingend ist, da ich das Bildarchiv *prometheus* mit jedem Bild, also auch mit gemeinfreien Bildern vorstellen könnte.

---

1 Vgl. www.*prometheus*-bildarchiv.de.

2 Vgl. den Hinweis von *Thum, Kai*, Urheberrechtliche Zulässigkeit von digitalen Online-Bildarchiven zu Lehr- und Forschungszwecken, in: Kommunikation und Recht, Heft 11, 2005, S. 490–498, S. 496.

Kurzum: Will ich hier das bestehende Recht nicht beugen, muss das Licht des Beamers bereits an dieser Stelle ausbleiben!

In eine solch rechtlich prekäre und unhaltbare Situation geraten Wissenschaftler und Wissenschaftlerinnen nicht nur auf Tagungen wie der heutigen, auch für Forschung und Lehre ist die Verwendung von urheberrechtlich geschützten Werken nicht gesichert.

Mit dem „1. Korb“ zur Reform des Urheberrechtsgesetzes (UrhG) vom 10. September 2003 führt der Gesetzgeber den § 52a UrhG mit dem Zweck ein, die öffentliche Zugänglichmachung von urheberrechtlich geschützten Werken für Unterricht und Forschung eindeutig zu regeln. Ein Blick in die Universitäten zeigt aber, dass dieser Paragraf keinesfalls seinen Zweck erfüllt.

Kann man in Bezug auf Seminare noch gemäß § 52a UrhG von einem „abgegrenzten Kreis von Unterrichtsteilnehmern“ sprechen, so ist dies bei Vorlesungen nicht mehr möglich, weil sie grundsätzlich allen eingeschriebenen Studenten einer Fakultät – oder gar der ganzen Universität – offen stehen. Folgen wir dieser engen Auslegung der bestehenden Schrankenregelung, wie sie vom Gesetzgeber explizit eingefordert wird, so bedeutet dies z.B. für ein Kunsthistorisches Institut, dass in den Vorlesungen zur modernen Kunst ebenfalls die Beamer aus bleiben müssen.

Wie unzureichend bereits heute § 52a UrhG ist, wird besonders deutlich, wenn wir unseren Blick von der Lehre weg auf die Forschung lenken. Liest man die Kommentare und Veröffentlichungen aufmerksam durch, so wird deutlich, dass der § 52a Abs. 1 UrhG zwar die elektronische Bereitstellung von Bildmaterial für die Lehre und Forschung privilegiert, aber nur sofern das Angebot entweder „eine rationale Verknüpfung zu den in den Veranstaltungen dargebotenen Inhalten aufweist“ (so § 52a Abs. 1 Nr. 1 UrhG für die Lehre)[3] oder aber nur einem abgegrenzten Kreis an Forschern zu einem bestimmten Thema, z.B. in kleinen Forschergruppen, und gerade nicht der ganzen Universität zur Verfügung steht (so § 52a Abs. 1 Nr. 2 UrhG für die Forschung).[4] Die hier eingeforderten Beziehungen zwischen dem digitalen Angebot und den Inhalten der Veranstaltung bzw. des persönlichen Forscherinteresses sind absurd und stehen einer freien Forschung diametral entgegen. Ebenso wie ich – als

3 *Thum* 2005 (Anm. 2), S. 495.

4 *Thum* 2005 (Anm. 2), S. 497, mit Verweis auf weitere Kommentare.

Lehrender oder Forschender – in einer herkömmlichen Bibliothek grundsätzlich auf die gesamte Breite des dort vorgehalten Wissens zugreifen können muss und bei der Ausleihe eines Buches nicht nach meinem Forschungsinteresse gefragt werde, so muss auch hier der Zugriff auf alle Abbildungen der vorgehaltenen kulturellen Güter sichergestellt werden.

Wie unzureichend der Paragraf ist, zeigt sich also erst in der praktischen Umsetzung. Daher hat der Gesetzgeber dem § 52a UrhG eine zeitliche Befristung bis zum 31. 12. 2006 auferlegt (§137k UrhG) und eine Evaluation dieses Paragrafen eingefordert.[5] Eine solche Evaluation, bei der die völlige Realitätsferne des Paragrafen deutlich geworden wäre, wie die hier aufgeworfenen Beispiele bereits zeigen, wurde nie durchgeführt. Stattdessen ist ein Auslaufen des § 52a UrhG zum Ende des Jahres 2006 zu befürchten, womit der Versuch gänzlich gescheitert wäre, eine wichtige Schrankenregelung für Unterricht und Forschung rechtlich abzusichern.[6]

Die grundlegenden Veränderungen unserer Gesellschaft durch die digitalen Medien scheinen Ideen und Gedanken hervorzubringen, die sogar hinter die Bedingungen in der analogen Welt zurückgehen. Dies ist absurd und mit normalem Menschenverstand nicht nachzuvollziehen. Noch weniger nachvollziehbar ist es aber, dass die Situation für Forschung und Lehre im digitalen Informationszeitalter mit dem vorgelegten Regierungsentwurf der Bundesregierung zum „2. Korb“ der Novellierung des Urheberrechts sogar noch verschärft werden soll. Aus diesen Gründen sehe ich mich veranlasst, hier doch wieder das Licht anzuknipsen und Einblick in das verteilte Bildarchiv für Forschung und Lehre zu gewähren – wohl wissend, damit in die Grauzone des Ungesetzlichen zu treten –, um auf die juristischen Probleme anschaulich hinzuweisen, die sich aus der universitären Innenansicht ergeben.

Ich bin Kunsthistoriker und kein Jurist. Bereits dieser Umstand erklärt, dass ich mich im Folgenden auf die konkrete Darstellung und Beschreibung der Situation an einer Universität beschränken werde, wie ich sie als

5 Die Befristung erfolgte, weil man die Befürchtung hegte, die Schranke würde selbst in ihrer „entschärften“ Fassung noch zu weit gehen, vgl. nur *Dreier, Thomas* in Dreier, Thomas/Schulze, Gernot, Urheberrechtsgesetz, München 2003, § 137k, Rn. 1.

6 Anm. des Herausgebers: In der Zwischenzeit wurde die Dauer der Schrankenbestimmung bis zum 31. 12. 2008 verlängert.

Lehrer und Forscher erlebe. Es ist meine Absicht Ihnen kurz zu veranschaulichen, wie kunsthistorische Lehre und Forschung stattfindet, um dann in einem zweiten Schritt exemplarisch an dem Bildarchiv *prometheus* den Einsatz der digitalen Medien im Hochschulbetrieb vorzustellen. Dabei werde ich vor allem auf die neuralgischen Punkte vor dem Hintergrund des Urheberrechts und seiner Novellierung hinweisen. Eingedenk dieser juristisch unhaltbaren Situation werde ich meinen Vortrag mit kurzen Ausführungen zu Bildung und Wissenschaft im Spannungsfeld medialer Umbrüche beschließen.

II. Primat des Bildes in der kunsthistorischen Lehre

Die Kunstgeschichte ist eine Objektwissenschaft, deren Forschungsgegenstände von einem mittelalterlichen Marienbild über die Sixtinische Kapelle bis hin zu Duchamps Ready Made und der zeitgenössischen Kunst reichen. In den letzten Jahrzehnten wurde der Gegenstandsbereich auf die Fotografie und das Design erweitert, Werbung und Screendesign werden vor dem Hintergrund der aktuellen Diskussion um eine allgemeine Bildwissenschaft als Gegenstand der Kunstgeschichte sicherlich nicht lange auf sich warten lassen.

Damit wir diese Gegenstände analysieren, interpretieren und visualisieren können, benötigen wir immer eine optimale Abbildung. Dies gilt sowohl für die Forschung als auch – und hier im besonderen Maße – für die Lehre.

Mit der Etablierung der Fotografie Ende des 19. Jahrhunderts ist die fotografische Abbildung zu einem zentralen Hilfsmittel für Forschung und Lehre geworden.[7] Grundlegende Methoden wie das vergleichende Sehen, die bis heute die Lehre bestimmen, sind auf diese technologische Neuerung um die Jahrhundertwende zurückzuführen und haben das Fach maßgeblich bestimmt.

Kurz gesagt, in den Seminaren und Vorlesungen der Kunstgeschichte gehen immer die Lichter aus und das Dia an. Kunstgeschichte ohne Bilder ist nicht möglich.

---

7 Vgl. *Bredekamp, Horst/Brons, Franziska,* Fotografie als Medium der Wissenschaft. Kunstgeschichte, Biologie und das Elend der Illustration, in: Burda, Hubert/Maar, Christa (Hg.), Iconic Turn. Die neue Macht der Bilder, Köln 2005, S. 365–381.

Damit nun nicht jeder Student oder jede Professorin eigene Dias machen muss und die Referate nicht an den Diakosten für die Studierenden scheitern, lag der Aufbau von umfangreichen Diatheken auf der Hand. In jedem Kunsthistorischen Institut werden Sie eine gut geführte Diathek vorfinden, die zumeist von einem Fotografen oder einer Fotografin betreut wird und deren Arbeit vor allem darin besteht, gute Abbildungen aus Büchern zu fotografieren und davon Dias herzustellen. Studierende und Lehrende können für ihre Forschungen, vor allem aber für die Lehre aus diesem großen Bilderpool einer Diathek schöpfen. Sie haben freien Zugang zu allen Themen aus jeder Epoche und Gattung. Ist das gewünschte Kunstwerk nicht vorhanden, wird es aus einem Buch fotografiert und in die Diathek eingestellt.

Doch bereits hier müsste Justitia ihr scharfes Schwert schwingen; denn folgen wir dem bestehenden Urheberrechtsgesetz, so erweist sich dieses Vorgehen als rechtlich unzulässig. Zwar durfte bislang jeder für den eigenen nicht-kommerziellen Gebrauch Dias auch von zeitgenössischen Kunstwerken herstellen und ein eigenes Privatarchiv dazu anlegen, aber schon die Weitergabe an Dritte – schon gar in einem Institut an mehrere hundert Studierende – war und ist rechtlich unzulässig. Jedes auf diese Weise verwendet Dia, welches entweder ein Objekt von einem Künstler abbildet, der noch nicht länger als 70 Jahre verstorben ist oder ein Foto, an dem Dritte Leistungsschutzrechte beanspruchen können, müsste bei der Verwertungsgesellschaft angefragt und angemessen abgegolten werden.

Die VG Bildkunst hatte diese für die Institute unsichere und rechtlich prekäre Situation unlängst registriert und dabei sehr weise reagiert, nämlich auf Tantiemen verzichtet. Der Aufwand auf beiden Seiten wäre dem Zweck nicht angemessen gewesen. Der Gesetzgeber aber hat diese für Forschung und Lehre untragbare Rechtssituation nicht registrieren wollen und sah keine Notwendigkeit, juristische Klarheit zu schaffen. Frei nach dem Motto „wo kein Kläger, dort kein Angeklagter“ wurde Justitia bislang nicht herausgefordert.

III. Einsatz der digitalen Medien im Hochschulbetrieb und ihre rechtlichen Folgen

In der Netzwerk-Gesellschaft wird zu Recht von allen Bildungseinrichtungen und von den Hochschulen im Besonderen erwartet, dass sie sich auf die neuen digitalen Medien umstellen und deren mediale Eigenschaften sowohl für die Wissensakkumulation als auch für den Zugang zum Wissen nutzen. Nur so ist Innovation in Forschung und Lehre möglich. Diese grundlegende Forderung findet aber im Prozess der Novellierung des Urheberrechts nahezu keine Beachtung. Vielmehr geht es um Einflussnahme auf die Wissensakkumulation und privatwirtschaftliche Verwertung der Information, ohne einen Ausgleich für den grundsätzlichen Zugang zum Wissen zu gewährleisten, wie er im Art. 5 Abs. 1 des Grundgesetzes festgeschrieben ist.

Der Börsenverein verkündet hysterisch den Niedergang der Verlagskultur und der derzeitige Kulturstaatsminister Bernd Neumann greift sogar kulturpolitisch unverantwortlich in die Gesetzgebung ein, in dem er sich gegen die Bagatellklausel in § 106 Abs. 1 im Referentenentwurf zum „2. Korb" vom 27. 9. 2004 stellt, nach der „rechtswidrige Vervielfältigungen nur in geringer Zahl und ausschließlich zum eigenen privaten Gebrauch" straffrei sein sollten. Neben den urheberrechtlichen Schrankenbestimmungen, die den grundsätzlichen Zugang zum Wissen für private Zwecke garantieren sollen und damit einen wichtigen Ausgleich zwischen der zu verwertenden Information und dem gesellschaftlichen Anspruch auf Zugang zum Wissen schaffen, hätte die Bagatellklausel jedenfalls für eine Entkriminalisierung von rein privaten Vervielfältigungshandlungen sorgen können. Der Kulturstaatsminister kriminalisiert mit seiner Äußerung darüber hinaus vor allem Jugendliche. Es ist noch nicht lange her, dass wir von Schallplatten Musikstücke auf Kassetten zusammengestellt haben, und so liegt es auf der Hand, dass man im Zeitalter der digitalen Medien private Musik-CDs aus dem Internet herstellt. Die kommerzielle Verbreitung solcher Kassetten war bereits vor 25 Jahren verboten, ebenso wie der Verkauf gebrannter Musik-CDs heute. Dieses Beispiel zeigt, wie sehr sich die Bewertungen von Tatbeständen in den letzten Jahren verändert haben und auf diesem Wege Handlungen rechtswidrig werden, die im gesellschaftlichen Zusammenleben aber selbstverständlich und sinnvoll sind.

Sicherlich muss man anerkennen, dass der Gesetzgeber im „1. Korb" der Novellierung des Urheberrechtsgesetzes versucht hat, mit der erstmaligen Aufnahme einer Schrankenregelung explizit für Unterricht und Forschung in § 52a und den Anpassungen in § 53 einen Ausgleich zwischen den umfassenden und durch die Novellierung gestärkten Verwertungsrechten der Rechteinhaber einerseits und dem grundgesetzlich garantierten Anspruch der Gesellschaft auf Teilhabe am Wissen andererseits herzustellen. Wurde dieser Ausgleich aber bereits im „1. Korb“ nur sehr unzureichend umgesetzt,[8] so ist dem derzeitigen Regierungsentwurf zufolge die eine der wenigen zusätzlichen Schrankenregelungen zugunsten von Bildung und Wissenschaft mit dem künftigen Auslaufen des § 52a UrhG nun gänzlich bedroht.

Damit haben wir nicht das Thema gewechselt, sondern wir stehen mitten im Zentrum der Idee und des Selbstverständnisses von „*prometheus* – Das verteilte digitale Bildarchiv für Forschung & Lehre“:

prometheus verfolgt das Ziel, mit den digitalen Technologien und unter Ausnutzung ihrer medienspezifischen Eigenschaften, wie z.B. Orts- und Zeitungebundenheit, ein nicht-kommerzielles Bildarchiv für die Kunst- und Kulturwissenschaften aufzubauen und dies der Forschung und Lehre frei zur Verfügung zu stellen.

prometheus „besitzt“ kein einziges Bild, sondern versteht sich als ein Werkzeug, das an verschiedenen Orten verteilte digitale und heterogene Bildarchive so für die Wissenschaft zusammenführt, dass man über eine Oberfläche in diesem Archiv recherchieren kann. In den Jahren 2001 bis 2004 wurden wir für die Realisierung des verteilten Bildarchivs vom Bundesministerium für Bildung und Forschung gefördert. Nach Projektende hat ein gemeinnütziger Verein die Trägerschaft übernommen. Derzeit sind 28 Datenbanken von Instituten, Museen und Bildarchiven mit über 280.000 Bildern aus den Kunst- und Kulturwissenschaften eingebunden und recherchierbar.

Die Idee zu diesem Projekt war und ist eigentlich nichts Besonderes. Sie ist eine logische Antwort auf die Veränderungen durch die digitalen Technologien in Forschung und Lehre. Neue Visualisierungstechniken und Präsentationsmöglichkeiten können bewegte Kunstobjekte (Performance, Video) sehr viel besser visualisieren als ein Dia, und die Entwick-

---

8 Vgl. die kritische Stellungnahme der Deutschen Initiative für Netzwerkinformation e.V. (DINI) vom 6. Mai 2004 zum „2. Korb“ unter http://www.dini.de/documents/DINI-UrhG-K2.pdf (11. 5. 2006).

lungen in der 3D- und Cave-Technologie lassen auf eine verbesserte Präsentation von Skulpturen und Räumen hoffen.[9] Darüber hinaus finden wir im Internet mittlerweile viele Datenbanken mit hochwertigen Aufnahmen aus alten Handschriften und Inkunabeln, die für viele Forschungsfragen das Original ersetzen können und es dadurch auch schonen.[10] Wenngleich die Kunstgeschichte auch zukünftig immer das Original ins Zentrum ihrer Tätigkeit stellen wird, so sind für die kunsthistorische Forschung und Lehre die bestmöglichen Abbildungen der Kunstwerke notwendig und der Zugriff auf ein umfassendes Bildarchiv unerlässlich.

prometheus versteht sich als ein Bildarchiv, das der kunst- und kulturwissenschaftlichen Lehre und Forschung einen einfachen Zugriff auf hochauflösende digitale Abbildungen aus ganz unterschiedlichen Datenbanken ermöglicht. An dieser Stelle ist es nicht die Aufgabe, in die diversen Funktionalitäten des Bildarchivs einzuführen. Sie wurden an anderen Stellen[11] bereits ausführlich vorgestellt und die meisten Werkzeuge erschließen sich von selbst. Vielmehr möchte ich auf die Bereiche eingehen, die rechtlich neuralgische Punkte darstellen und dokumentieren, wie wir mit Rechten Dritter innerhalb des Archivs umgehen.

---

9 Vgl. *Simon, Holger/Hoppe, Stephan*, Abschied vom Dia! Vorteile elektronischer Bildprojektion in der kunsthistorischen Lehre, in: Kunstchronik, Heft 7, Nürnberg 2000, S. 338–339; *Simon, Holger*, Lernen im digitalen Themenraum. Exploratives Lernen im Internet aus kunsthistorischer Sicht, in: zeitenblicke 2, 1, 2003, abrufbar unter http://www.zeitenblicke.historicum.net/2003/01/simon/index.html (9. 5. 2006); *Verstegen, Ute*, Abschied vom Dia – eine Reprise. Digitale Repräsentationen dreidimensionaler Bauten und Objekte in der kunsthistorischen Lehre“, in: Kunstchronik 58, Heft 7, 2005, S. 347 f.

10 Vgl. als vorbildhafte Internetpublikationen die „Codices Electronici Ecclesiae Coloniensis“ der Diözesan- und Dombibliothek Köln unter http://www.ceec.uni-koeln.de/ (11. 5. 2006) und die „Spätmittelalterliche Bilderhandschriften aus der Bibliotheca Palatina – digital“ unter http://palatina-digital.uni-hd.de (11. 5. 2006).

11 Einen allgemeinen Überblick bietet *Simon, Holger/Verstegen, Ute, prometheus* – Das verteilte digitale Bildarchiv für Forschung & Lehre. Neuartige Werkzeuge zur Bereitstellung von verteiltem Content für Wissenschaft und Forschung, in: Gersmann, Gudrun/Mruck, Katja (Hg.), Neue Medien in den Sozial-, Geistes- und Kulturwissenschaften. Exemplarischer Aufriss E-publishing und E-learning: Stand und Perspektiven (Sonderheft HSR 29) 2004, S. 247–257. Zur informationstechnologischen Basis von *prometheus* vgl. *Nemitz, Jürgen/Thaller, Manfred*, Das verteilte Bildarchiv *prometheus*: Gleiche unter Gleichen, in: EDV-Tage Theuern 2001. Tagungsbericht, Kümmersbrück 2002, S. 50–58.

(1) *prometheus* vereint zurzeit 28 Datenbanken von Instituten, Museen und Bildarchiven, die ihre Bilder kostenlos der Forschung für nichtkommerzielle Verwendung zur Verfügung stellen wollen und damit dem Open-content-Prinzip folgen. Eingedenk dieses Prinzips verfolgten wir von Anfang an die Absicht, das Bildarchiv ohne ein Login im Internet anzubieten. Da aber vor allem die Institute auch Bilder einbringen, die nicht gemeinfrei sind und an denen entweder die Urheber oder andere Dritte noch Rechte besitzen, mussten wir den Kreis der Nutzer auf Personen aus Forschung und Lehre beschränken und eine Benutzerkennung vorschalten. Die Nutzer können entweder von ihrem Campus (IP-Check) oder über einen personalisierten Account auf das Bildarchiv zugreifen. Die Nutzungsbedingungen, die sie auf die nichtkommerzielle Nutzung der Bilder ausschließlich für Forschung und Lehre verpflichten, müssen dafür entweder abgeklickt oder unterschrieben werden.

Doch bereits hier schwebt das Schwert der Justitia wie ein Damoklesschwert über dem Bildarchiv. Ähnlich wie für diesen Vortrag gilt auch hier, dass nach dem bestehenden Gesetz die Schrankenreglung in § 52a Abs. 1 Nr. 1 UrhG nur für einen „abgegrenzten Kreis von Unterrichtsteilnehmern“ gilt und nach Thum darunter eine potentiell kleine Teilnehmerzahl zu verstehen sei.[12] Die Zugänglichmachung diene vor allem der Veranschaulichung im Unterricht und der „Zugriff von Studierenden außerhalb der Lehrveranstaltungen muss daher technisch durch geeignete Zugangskontrollsysteme vermieden werden“.[13] Dies gelte analog auch für die Forschung, die „auf die klassischen kleinen Forscherteams“ beschränkt bleiben sollte, so dass Thum die „Zugänglichmachung von Werken innerhalb der gesamten Universität für alle dort tätigen Forscher“ durch den § 52a UrhG nicht gedeckt sieht.[14] Qualifizierte Lehre, zu der

12 *Thum* 2005 (Anm. 2), S. 496. Anm. des Herausgebers. Allerdings kommt es weniger auf die Anzahl der Nutzer als auf die Beschränkbarkeit des Nutzerkreises an. Die Materialen dürfen also nur denjenigen Schülern und Studierenden zugänglich gemacht werden, die der betreffenden Klasse/Seminargruppe angehören, das betreffende Fach belegen oder die jeweilige Veranstaltung besuchen. Eine solche Begrenzung ist durch Passwörter möglich und auch an Universitäten praktikabel, so dass durchaus auch größere Gruppen unter die Schranke Fallen können vgl. nur *Suttorp, Anke,* Die öffentliche Zugänglichmachung für Unterricht und Forschung, Münster 2005, S. 141.

13 *Thum* 2005 (Anm. 2), S. 495.

14 *Thum* 2005 (Anm. 2), S. 497, vgl. auch Anm. 79 mit den entsprechenden Kommentaren zu § 52a UrhG.

immer auch die selbständige Vor- und Nachbereitung durch die Studierenden und das Selbststudium gehören, und eine interdisziplinäre Forschung, wie sie allenthalben eingefordert wird, sind auf dieser gesetzlichen Basis nicht möglich. Der Zugang muss für alle Studierenden und Forschenden zu jeder Zeit und an jedem Ort gelten.

(2) In *prometheus* können die Nutzer Bilder suchen, sortieren und vergrößern und aus dem Suchergebnis anhand von unterschiedlichen Projekten und Themen die Bilder in Arbeitsmappen sammeln. Um eine angemessenen Präsentation für einen Vortrag zusammenzustellen, können sie einmal eine online-Präsentation zusammenstellen, die personalisiert gespeichert wird und sich nach jedem Login wieder aufrufen lässt. Oder aber sie nutzen die komfortablen offline-Programme, wie MapView oder den projektor+editor, welche von der Webseite kostenlos herunter geladen werden können.[15] Mit beiden Programmen kann man Bilder aus *prometheus* mit eigenen Bildern kombinieren und Präsentationen ohne Internetanbindungen vorbereiten. Über MapView können sie sogar per Login auf das Bildarchiv zugreifen und Bilder lokal herunterladen. Schließlich können die Nutzer aber auch jedes Bild in seiner maximalen Größe (mindestens 1600 × 1600pt) mit einem Klick der rechten Maustaste auf das Bild auf ihrer lokalen Festplatte speichern und in andere Präsentationsanwendungen einbinden. Ein solcher Download ohne jedes sichtbare Wasserzeichen oder Bildinschrift ist für Forschung und Lehre notwendig und dem Zweck angemessen, lokal mit den Bildern arbeiten zu können. Im Rahmen der aktuellen Novellierung des Urheberrechts soll aber bereits der Kopienversand von Aufsätzen auf Papierausdrucke oder Faxsendungen eingeschränkt werden (Regierungsentwurf § 53a UrhG). Damit werden wichtige Errungenschaften der digitalen Medien unterbunden, wie der schnelle zeit- und ortsunabhängige Zugriff auf Quellen und Sekundärliteratur oder die Recherche in pdf-Dateien nach zentralen Begriffen. Eine verpflichtende Einschränkung solcher Downloads in *prometheus* durch technische Schutzmechanismen oder geringere Auflösungen stünde ihrem Zweck diametral entgegen.

(3) Die Aufnahme von Abbildungen nicht gemeinfreier Werke in Bildarchiven, also die Vervielfältigung zu diesem Zweck, ist durch den § 53 Abs. 2 UrhG grundsätzlich zulässig und bedarf nicht der Genehmigung. Die angemessene Vergütung erfolgt über eine Geräteabgabe (§ 54 Abs. 1

15 Vgl. http://www.prometheus-bildarchiv.de/werkzeuge.php?lang=0&kat=1.

UrhG). Durch das Gesetz nicht geregelt wird dagegen der Zugriff auf dieses Bildarchiv durch ein Institut oder auch über ein Verbundarchiv wie *prometheus*. Nach bestehendem Recht müsste jede einzelne Abbildung auf seine Verwertungsansprüche hin geprüft und der VG Bildkunst oder den entsprechenden Rechteinhabern gemeldet und einzeln vergütet werden. Dass dieser Zustand weder verwaltungstechnisch durchführbar noch dem Zweck angemessen ist, dürfte evident sein. Bereits im Rahmen der Nutzung von Diaarchiven hat die VG Bildkunst weise entschieden und auf den Verwaltungsaufwand verzichtet. Es bedarf an dieser Stelle endlich einer klaren rechtlichen Reglung für die Nutzung von Bildarchiven in Forschung und Lehre! Der Gesetzgeber ist hier gefordert, zumal der Verwaltungsaufwand, dass jedes Institut eigenständig die Verhandlungen mit allen Rechteinhabern durchführt, unangemessen gegenüber seinem Zweck ist.

(4) *prometheus* verfolgt nicht nur die Absicht, hochauflösende Bilder für Forschung und Lehre zur Verfügung stellen, sondern möchte zugleich für das Thema Bildrechte sensibilisieren und darüber informieren.[16] Aus diesen Gründen wurden alle Bildgeber verpflichtet, einen Bildnachweis zu führen. Unter Bildnachweis können die Bildgeber entweder den Urheber oder Rechteinhaber nennen, oder aber – falls es ihnen nicht möglich ist, diesen zu eruieren – die Literaturangaben des Buches, aus dem das Bild fotografiert wurde. Jede weitere Differenzierung, wie sie z.B. von Vertretern des Digital Rights Management (DRM) eingefordert wird, ist aufgrund des Verwaltungsaufwandes auf der Seite der Institute nicht möglich. Vor allem die in *prometheus* eingebundenen privaten Bildarchive und Fotografen, die ihre Bilder *prometheus* zur Verfügung stellen, haben diesen Sachverhalt sehr positiv aufgenommen. Darüber hinaus planen wir eine Funktion, die es ermöglicht, über einen Link neben einer nicht gemeinfreien Abbildung die Publikationsgenehmigungen beim Rechteinhaber, insofern er bekannt ist, einzuholen.

(5) *prometheus* wurde während der Projektlaufzeit durch das Bundesministerium für Bildung und Forschung (BMBF), also durch die öffentliche Hand, finanziert. Nach Projektende hatte sich eingedenk der allgemei-

---

16 Vgl. auch *Nemitz, Jürgen/Verstegen, Ute*, Serverentwicklung, Verstetigung und Rechtsfragen: prometheus – Das verteilte digitale Bildarchiv im 3. Projektjahr, in: EDV-Tage Theuern 2003. Tagungsband, Kümmersbrück 2004, S. 58–66, abrufbar unter http://www.edvtage.de/vortrag.php?kapitel=2003_10#40.

nen Finanzknappheit in den öffentlichen Haushalten keine Institution gefunden, die die grundständige Finanzierung zur Sicherstellung des Bildarchivs übernehmen konnte. Daraufhin haben der gleichnamige gemeinnützige Verein, der Träger des Bildarchivs *prometheus* ist, in beispielhafter Zusammenarbeit mit der Universität zu Köln und dem Hochschulbibliothekszentrum NRW (HBZ) ein besonderes Finanzierungsmodell entwickelt, aufgrund dessen das Bildarchiv nicht-kommerziell und damit ohne Gewinnorientierung agieren muss. Seit dem 1. Juli 2005 verlangt *prometheus* von seinen Nutzern günstige Lizenzen, die ausschließlich zur Deckung der Betriebskosten verwendet werden. Bereits nach einem Jahr können wir ca. 75% der anfallenden Betriebskosten durch die Lizenzen tragen, der Fehlbetrag wird in den Jahren 2005–2007 durch die Oppenheim Stiftung getragen. Da die Nutzerzahlen sich im letzten Jahr mehr als verdoppelt haben, kann *prometheus* mit einer selbständigen Weiterfinanzierung rechnen. Mit diesem Finanzierungsmodell erfüllt das Bildarchiv weiterhin den Tatbestand der Nichtkommerzialität gemäß § 52a UrhG. Darüber hinaus zeigt der hier beschrittene Weg Möglichkeiten auf, wie die Kosten von mehreren Schultern getragen und dadurch für die einzelnen Institutionen erträglich gestaltet werden können. Die im Rahmen der Novellierung des UrhG häufig ertönenden Rufe nach ausschließlich kommerzieller Verwertung der Information, ob sie nun textuell oder bildlich vorliegt, würde nicht nur die gemeinnützige Idee eines solchen Verbundarchivs für Forschung und Lehre zerstören, sondern auch und vor allem ihrem Zweck in Forschung und Lehre nicht dienlich sein. Die Mehrkosten wären durch die öffentlichen Bildungseinrichtungen nicht mehr zu tragen.

IV. Bildung und Wissenschaft im Spannungsfeld medialer Umbrüche

Das verteilte Bildarchiv *prometheus* ist eine logische Umsetzung der bisherigen Diatheken der Kunsthistorischen Institute in ein digitales Medium unter Verwendung der medienspezifischen Eigenschaften des Internets. Die Erstellung eines solchen nichtkommerziellen Verbundarchivs ist geboten und angemessen, weil zum einen der lokale Aufbau eines solchen umfassenden Bildarchivs für jedes Institut aufgrund der notwendigen Speichermengen sehr kostspielig wäre und zum anderen nur in einem digitalen Medium 3D- und Cave-Technologien entwickelt und bestmögliche Abbildungen der Kunstwerke geboten werden können. Zur Einhaltung der Nutzungsbedingungen, die die nichtkommerzielle Verwendung der urheberrechtlich geschützten Bilder lediglich für Forschung und Lehre ermöglichen, ist jeder Nutzer verpflichtet.

Doch bereits die oben angesprochene strenge Auslegung der Schrankenregelung im § 52a UrhG stellt die Rechtmäßigkeit des Betriebs des Archivs in Frage – die Nichtaufhebung der Befristung des § 52a UrhG würde der Bildung und Forschung die einzige soeben zu Recht geschaffene Schrankenregelung nehmen. Wird diese Schrankenregelung aber durch weitere Vorschriften unterhöhlt, so wie es der Regierungsentwurf zum „2. Korb“ zur Zeit vorsieht, dann wird das Ergebnis keine andere Wirkung als der Wegfall des § 52a UrhG haben. Durch eine solche Gesetzgebung würde im Fall *prometheus* 1,8 Mio. Euro Steuergelder, die das Bundesministerium für Bildung und Forschung (BMBF) in das Projekt gesteckt hatte, vernichtet, ohne die über 400 Mio. Euro zu erwähnen, die in den letzten Jahren allein vom BMBF in die Förderung von eLearning und eTeaching geflossen sind. Die Zurückhaltung des Bundesministeriums zum Regierungsentwurf ist daher nicht nachzuvollziehen. Aus diesem Grunde darf unseres Erachtens der Regierungsentwurf so nie Gesetz werden. Forschung und Lehre brauchen einen angemessenen gesetzlichen Rahmen, der ihnen die Nutzung des Internets für die Wissensproduktion ermöglicht und den freien Zugang zum Wissen gewährleistet.[17]

Mediale Umbrüche zeichnen sich immer durch einen grundlegenden Wandel aus, der zumeist alle gesellschaftlichen Systeme erfasst, sie erschüttert und zugleich neue Wege aufzeigt. Die kontroversen Diskurse, wie sie hier exemplarisch im Bereich des Urheberrechts entstehen, sind notwendig und wichtig für die politischen Prozesse, darüber hinaus sind sie aber zugleich Symptom für einen zugrunde liegenden Wandlungsprozess, auf den ich zum Schluss noch unsere Aufmerksamkeit lenken möchte.

Wir stehen erst am Beginn eines Wandlungsprozesses, der vor 10 bis 15 Jahren eine besondere Dynamik bekommen hat und gemeinhin mit

17 Vgl. die Stellungnahmen zum „2. Korb“ der Novellierung des Urheberrechtsgesetzes von *prometheus* unter http://www.*prometheus*-bildarchiv.de/downloads/*prometheus*_Stellungnahme.pdf (12. Mai 2006) und des Aktionsbündnis „Urheberrecht für Bildung und Wissenschaft“ unter http://www.urheberrechtsbuendnis.de/docs/ABStellungnahmeKorb2.pdf (12. Mai 2006).

dem Wandel von der Gutenberg-Gesellschaft zur Netzwerk-Gesellschaft beschrieben wird.[18] Die digitalen Medien haben die Wissenschaftskulturen bereits nachhaltig verändert. Kollaborative Projekte und die Selbstverpflichtung der Wissenschaft,[19] das Wissen frei zur Verfügung zu stellen (open access), führen nicht nur zu Veränderungen in der Wissenschaftsorganisation (eJournals, eLearning etc.), sondern auch zu Umbrüchen in der Wissenskommunikation und -akkumulation.

Im Mittelpunkt des Wandels steht der Begriff der Autorschaft, dessen herkömmliches Verständnis im Zeitalter der digitalen Medien erschüttert wird und zu dem die viel zitierten Begriffe Information und Wissen in einem direkten Verhältnis stehen. Die jeweilige Auffassung von Autorschaft bestimmt im politischen Diskurs den Stellenwert von Information und Wissen und bietet die zugrunde liegende Motivation der legislativen Entscheidungen, wie ein Zugang zum Wissen allgemein gewährleistet und die individuelle Verwertung von Information gesichert werden soll. Vor diesem Hintergrund erscheint ein grundsätzliches Nachdenken über den Wandel von Autorschaft längst überfällig. Auch wenn ein solches Nachdenken an dieser Stelle nicht im angemessenen Umfang ausgeführt werden kann,[20] so möchte ich im Folgenden den Blick auf diesen Wandel richten und die fatalen Folgen aufzeigen, wenn wir es in einer Zeit medialer Umbrüche unterlassen, den Begriff der Autorschaft mitzudiskutieren, und in dem Prozess der Gesetzesnovellierung lediglich ein her-

---

18 Vgl. *Wenzel, Horst/Seipel, Wilfried/Wunberg, Gotthart* (Hrsg.): Audiovisualität vor und nach Gutenberg. Zur Kulturgeschichte der medialen Umbrüche, Wien 2001.

19 Vgl. die Berliner Erklärung vom 22. Oktober 2003 unter http://www.zim.mpg.de/openaccess-berlin/BerlinDeclaration_dt.pdf (12. Mai 2006).

20 Eine kulturhistorische Studie zur Autorschaft fehlt, die die rechtspolitische Entwicklung vor dem Hintergrund des medialen Wandels in der Gesellschaft diskutiert. Grundlegende für die Literaturwissenschaft weiterhin *Kreuzer, Helmut* (Hg.), Der Autor (Zeitschrift für Literaturwissenschaft und Linguistik 42), 1981. Für eine rechtshistorischen Perspektive vgl. *Wadle, Elmar* (Hg.), Historische Studien zum Urheberrecht in Europa. Entwicklungslinien und Grundfragen, Berlin 1993; *Gieseke, Ludwig,* Vom Privileg zum Urheberrecht. Die Entwicklung des Urheberrechts in Deutschland bis 1845, Göttungen 1995; *Wadle, Elmar,* Geistiges Eigentum. Bausteine zur Rechtsgeschichte, Weinheim 2003 (1. Aufl 1996). Vor dem Hintergrund der aktuellen Open-Source-Bewegung vgl. vor allem *Grassmuck, Volker,* Die Wissens-Allmende, in: Katalog Interface 5, Bd. 7 (2000) unter http://waste.informatik.hu-berlin.de/Grassmuck/Texts/wissens-almende.html (16. Mai 2006).

kömmliches Verständnis von Autorschaft äquivalent in ein neues Medium zu übertragen versuchen.

In einem ganz allgemeinen produktionsbezogenem Verständnis verstehen wir unter einem Autor den geistigen Schöpfer oder Verfasser eines immateriellen Gutes, wenn er dieses in materialisierter Form z.B. als Buch oder als ein Kunstwerk der Gesellschaft zur Verfügung stellt. In einem modernen Verständnis der Informationswissenschaft können wir das immaterielle Gut als Wissen, als eine kognitive Repräsentation, bezeichnen und das Buch als Information, welches dem Wissen eine materialisierte Form bietet und dadurch immer an Handlungskontexte gebunden ist.[21] Weder in der Antike noch im Mittelalter gab es einen Schutz immaterieller Güter. Das Wissen stand im Dienst der Allgemeinheit, deren Zugang zum Wissen über die materialisierten Güter sichergestellt wurde. Diese Informationen konnten frei kopiert und auch verändert werden. Die Ideengeschichte des Mittelalters von Augustinus über Avicenna bis Thomas von Aquin ist voll von Beispielen der Aufnahme von Ideen, wobei die Nennung der Herkunft nicht selten nur auf die Autoritäten Aristoteles und Platon beschränkt war. Ganz ähnlich betrifft dieser Umgang mit Wissen und Information die künstlerische Produktion im Mittelalter, wonach die Kopie eines Kultbildes, sozusagen das Plagiat der Information, die Autorität des Kultbildes überhaupt erst sicherstellte und die Voraussetzung für den Erfolg im kultischen Handlungskontext war.[22]

Die ersten Vorboten eines zeitgenössischen Verständnisses von Autorschaft, die geistigen Güter analog zu den Sachgütern als eine personalisierte Leistung des Autors zu sichern, fallen zeitlich zusammen mit den Anfängen des Druckerwesens. Seit dem 15. Jahrhundert verliehen die Landesherren den Druckern Privilegien, die einen Nachdruck der Bücher verhindern sollten. Diese Privilegien wurden kurze Zeit später auch auf die Druckgrafik übertragen. Die Drucke Albrecht Dürers waren in Nürnberg, Straßburg, Augsburg, Frankfurt, Leipzig und Antwerpen durch ein

---

21 *Kuhlen, Rainer,* Universal Access – Wem gehört Wissen?, in: Andreas Poltermann: Gut zu Wissen. Links zur Wissensgesellschaft, Münster 2002, S. 164–197, vor allem Anm. 3; *Kuhlen, Rainer,* Information, in: Handbuch Grundlagen von Information und Dokumentation hrsg. von R. Kuhlen, T. Seeger; *D. Strauch,* München 2004, S. 3–20, S. 10 unter http://www.inf-wiss.uni-konstanz.de/People/RK/Publikationen2004/a01-kuhlen-AA.pdf (16. Mai 2006).

22 Vgl. *Belting, Hans,* Bild und Kult. Eine Geschichte des Bildes vor dem Zeitalter der Kunst, München 1990.

Privileg vor signierten Kopien geschützt. Dürer hatte damit das Recht, in den besagten Städten die nicht autorisierten Kopien zu beschlagnahmen und zu vernichten. Erst als das Privileg nach seinem Tode 1528 auslief, war eine steigende Anzahl von nicht autorisierten Kopien der Drucke zu verzeichnen.[23] Solche Privilegien beschränkten sich allein auf die signierte Kopie eines Drucks und umfassten nicht auch die Bilderfindungen als solche, die wie selbstverständlich aufgenommen und von den Künstlern in neue Bildkontexte eingebunden wurden. Über die Bilderfindung, d.h. das ihr zugrunde liegende Wissen, konnte in der frühen Neuzeit also jeder frei verfügen, wenngleich es auch hier schon Bestrebungen gab, dies zu unterbinden.[24] Der Zugang zum Wissen war über die Information, das einzelne Druckwerk, leicht möglich und der wirtschaftliche Erfolg durch das Privileg gesichert.

Erst im 18. Jahrhundert wird dem geistigen Gut im Kontext der Naturrechtsphilosophie ein Werkcharakter zugewiesen und der Begriff vom „geistigen Eigentum" legitimiert.[25] Gefördert durch die idealistische Kunsttheorie und die bürgerliche Kultur im 19. Jahrhundert wurde der Zusammenhang von immateriellen Gütern und Eigentum auch rechtlich sichergestellt und schließlich in mehreren nationalen und internationalen Verträgen festgeschrieben.[26] Der idealistische Geniebegriff ist konstitutiv für ein grundlegend neues Verständnis von Autorschaft. Nicht nur das Werk, die materialisierte Information, bedarf des rechtlichen Schut-

---

23 Vgl. *Scherbaum, Anna,* Albrecht Dürers „Marienleben". Form – Gehalt – Funktion und sozialhistorischer Ort, Wiesbaden 2004, S. 206f.; *Schmid, Wolfgang,* Dürer als Unternehmer. Kunst, Humanismus und Ökonomie in Nürnberg um 1500, Trier 2003, S. 153, 184–187; Ausstellungskatalog, Vorbild Dürer: Kupferstiche und Holzschnitte Albrecht Dürers im Spiegel der europäischen Druckgraphik des 16. Jahrhunderts, Nürnberg 1978.

24 Vgl. *Pohlen, Ingeborg,* Untersuchungen zur Reproduktionsgraphik der Rubenswerkstat, Augsburg 1985.

25 Eine beispielhafte Quelle dieses Diskurses zum Ausgang des 18. Jahrhunderts ist der Aufsatz von *Kant, Immanuel,* Von der Unrechtmäßigkeit des Büchernachdrucks, 1785; vgl. auch *Klippel, Diethelm,* Die Idee des geistigen Eigentums in Naturrecht und Rechtsphilosophie des 19. Jahrhunderts, in: Wadle 1993 (Anm. 20), S. 121–138.

26 Vgl. das erste (reichs)deutsche Urhebergesetz von 1876, die Pariser Verbandsübereinkunft zum Schutz des gewerblichen Eigentums (PVÜ), die am 20. März 1883 als internationaler Vertrag in Kraft trat und im Anschluss daran die Berner Übereinkunft zum Schutze von Werken der Literatur und Kunst von 5. Dezember 1887.

zes, sondern auch die Idee des Autors. Die im 19. Jahrhundert erfolgte Verknüpfung von geistigem Gut und Eigentum findet so mit dem Begriff des „geistigen Eigentums" seinen Niederschlag in der heutigen Rechtsprechung und dem aktuellen Diskurs um eine Novellierung des Urheberrechts. Ein Zeichen für dieses veränderte Verständnis gegenüber den geistigen Gütern des Autors ist die sich im 19. Jahrhundert durchsetzende Praxis, alle Inhalte von Dritten als Zitat belegen zu müssen. So wird dem Urheber in der modernen Gesetzgebung nicht nur das Recht auf Verwertung in körperlicher Form, also als gedruckte Information, (§ 15 Abs. 1 UrhG) zugesprochen, sondern auch die öffentliche Wiedergabe im Ausdruck formal materialisierter Information in unkörperlicher Form (§ 15 Abs. 2 UrhG). Damit wird deutlich, dass die bis in die frühe Neuzeit hinein geltende freie Verwendung des Wissens in neuen Kontexten nicht mehr ohne weiteres statthaft ist und nur noch besonderen gesellschaftlichen Feldern, z.B. der Bildung und Wissenschaft oder in der öffentlichen Meinungsäußerung (Schrankenregelungen), vorbehalten bleibt.[27]

Zwar argumentiert Reto Hilty, dass durch das Urheberrecht lediglich die „Form" und nicht die „Inhalte" geschützt werden dürfe, weil nur so das grundgesetzlich garantierte Recht auf freie Meinungsäußerung nicht tangiert würde,[28] dennoch zeichnet sich im Begriff des „geistigen Eigentums" eine Gefahr für die freie Verwendung des Wissen ab, weil damit ein immaterielles Gut dem verfassungsrechtliche Schutz des Eigentums unterstellt wird.[29] Damit erscheint eine weitergehende Analyse des medialen Wandels in Bezug auf die Autorschaft anhand der Begriffsdiffe-

27 Inwiefern dieser Wandel nicht nur aus dem Naturrecht herzuleiten ist, sondern auch direkt mit der erstarkenden Massenproduktion der Bücher im ausgehenden 18. Jahrhundert in Verbindung steht, ist zu vermuten, bedarf aber einer eigenen Untersuchung.

28 *Hilty, Reto M.*, Das Urheberrecht und der Wissenschaftler, in: Gewerblicher Rechtsschutz und Urheberrecht GRUR Int. 2006, S. 179–190, S. 179. Etwas anders verhält sich mit dem Schutz der „Inhalte" von Erfindungen, also auch geistiger Güter, die durch das Patentrecht geschützt werden, wobei unter Erfindungen nicht jedes Wissen, sondern nur solche Lehren verstanden werden, die zum planmäßigen Handeln führen und damit gewerblich anwendbar sind.

29 Vgl. *Fechner, Frank*, Geistiges Eigentum und Verfassung. Schöpferische Leistungen unter dem Schutz des Grundgesetzes, Tübingen 1999.

renz von Information und Wissen notwendig, um die gesellschaftlichen Folgen abschätzen zu können.

Bereits der hier nur sehr schlaglichtartig vorgelegte historische Rückblick macht deutlich, dass es bis ins 18. Jahrhundert einen Güterschutz des Wissens nie gegeben hat, sondern – insofern es überhaupt einen Schutz gab – haben sich die Privilegien lediglich auf die Information, die Materialisation des Wissens, bezogen. Erst durch die naturrechtlich begründete Verbindung der geistigen Güter mit dem Begriff des Eigentums seit dem ausgehenden 18. Jahrhundert verschiebt sich der Fokus von der Information auf das Wissen.

Die gesellschaftlichen Folgen dieser Verschiebung fielen in den letzten 200 Jahren nicht besonders stark ins Gewicht, weil die Information und damit die gewerbliche Nutzung des Wissens zumeist an eine materielle Form gebunden und der freie Zugang zum Wissen gewährleistet war und ist. Jeder Autor verfügt über das Recht der Verwertung und öffentlichen Wiedergabe an seinem Buch. Den Zugang zum veröffentlichten Wissen, also z.B. zum Roman als solchen, kann und darf er nicht verwehren. Das Buch darf von Bibliotheken ausgeliehen, von Personen verschenkt oder weitergegeben werden, ohne dass der Autor darauf einen Einfluss hat.

Die hier noch im Grundsatz vorhandene Trennung von Wissen und Information hat sich in den letzten Jahren aufgrund des medialen Wandels hin zu einer digitalen Informationsgesellschaft aber schlagartig verändert: War bisher der Nachdruck des Buches verboten nicht aber seine Weitergabe und Lektüre, so würde eine direkte Übertragung dieses Verbots auf die digitalen Technologien bedeuten, dass jede Kopie eines Dokumentes unter Strafe gestellt werden müsste, weil sie eine exakte Kopie des Originals ist. Und es verwundert nicht, dass der Börsenverein und die Musikindustrie diese Argumentation angenommen haben und der Regierungsentwurf zum „2. Korb" auch diese Handschrift trägt. Eine solche unreflektierte Übertragung eines Gesetzes aus der analogen Welt in die digitale hätte aber fatale Folgen, weil über die Beschränkung des Zugriffs auf die Information nun der Zugang zum Wissen grundsätzlich versperrt würde. Weder die Weitergabe noch die Lektüre des Dokuments ist möglich, ohne die Information erworben zu haben. Die häufig propagierten DRM-Systeme und Kopierschutzprogramme regeln demnach nicht nur die Verwertung der Information, sondern nehmen auch Einfluss auf den Zugang zum Wissen. Damit erhält der Rechteinhaber ein Instrument, das ihm nicht nur die allgemein zugestandene Verwertung der Information garantiert, sondern zugleich Einfluss nehmen lässt auf den Zugang zum Wissen. Hilty weist zu Recht darauf hin, dass durch eine solche Rechtsprechung „die Zugangsproblematik für den Wissenschaftler zur Existenzfrage“ wird.[30] Die Existenzfragen betreffen aber nicht nur die Wissenschaft, sondern das in Art. 10 der europäischen Konvention der Menschenrechte und Grundfreiheiten (EMRK) zugesicherte Grundrecht jedes Bürgers auf freie Meinungsäußerung, das die „Freiheit ein[schließt], Informationen und Ideen ohne behördliche Eingriffe [...] zu empfangen und weiterzugeben“. Als behördlicher Eingriff wäre nach Hilty bereits zu werten, „wenn ein Staat ein Schutzrecht derart ausgestalten würde, dass die Freiheit, Ideen zu empfangen, eingeschränkt würde.“[31] Vor diesem Hintergrund gilt es besonders hervorzuheben, wenn sich die Schweiz im Unterschied zum hiesigen Regierungsentwurf ausdrücklich zum Recht der digitalen Privatkopie bekennt und die Umgehung eines vorhandenen Kopierschutz *nicht* unter Strafe stellt.[32] Die Forderung nach einem offenen Zugang zum Wissen (open access) ist eingedenk des historischen Wandels von Autorschaft im Allgemeinen und dem zur Zeit sich vollziehenden medialen Wandel im Besonderen keine Forderung nur einiger Protagonisten, sondern sie ist längst zu einer politischen Forderung geworden, die den freien Zugang zum Wissen für die Gesellschaft sicherzustellen versucht.

Die Kunstgeschichte ist von einer Novellierung des Urheberrechts, die nicht den medialen Umbruch im Hinblick auf das Verständnis von Autorschaft kritisch analysiert, in zweifacher Weise betroffen: zum einen als eine schriftbasierte Wissenschaft, die Texte produziert und zur wissenschaftlichen Arbeit auf den freien Zugang zum textuellen Wissen angewiesen ist, und zum anderen als eine Objektwissenschaft, die ohne den freien Zugriff auf ihre Forschungsgegenstände – vor allem in Form von Abbildungen – nicht forschen kann. Es war von Anfang an das Ziel des verteilten digitalen Bildarchiv *prometheus* den offenen Zugang zu den Forschungsgegenständen durch Verwendung moderner Technologien zu ermöglichen. Auf das open-access-Prinzip musste leider schon bald ver-

30 *Hilty* 2006 (Anm. 28), S. 181.

31 *Hilty* 2006 (Anm. 28), S. 179, Anm. 3.

32 *Krempl, Stefan*, Schweizer Bekenntnis zur digitalen Privatkopie. Die Eidgenossen wollen Kopierschutzknacken zum Eigengebrauch ermöglichen, in: c't 10 (2006), S. 38.

zichtet werden, weil die oben beschriebenen rechtlichen Problemfelder die Fortführung des Projekts ohne Zugangsbeschränkung für die Forschung und Lehre gänzlich unmöglich gemacht hätten. Doch auch der „2. Korb" zur Novellierung des Urheberrechts wird die Problemfelder nicht lösen, sondern vor allem für Bildung und Wissenschaft verschärfen. Dies hat auch der Bundesrat in seiner Sitzung am 19. Mai 2006 der Regierung ins Stammbuch geschrieben und gefordert, dass die Novelle „den Erfordernissen der durch das Grundgesetz besonders geschützten und nicht kommerziell ausgerichteten Einrichtungen in Bildung, Wissenschaft und Kultur sowie dem Grundrecht auf Informationsfreiheit der Bürger weit stärker als bisher Rechnung" tragen müsse.[33] So wichtig und notwendig diese Zurückweisung ist, so sehr wird sie an der Oberfläche verhallen, wenn der Gesetzgeber nicht erkennt, dass die hier zugrunde liegende Frage den freien Zugang zum Wissen in einer Informationsgesellschaft betrifft.

Eingedenk des in der europäischen Konvention der Menschrechte und Grundfreiheiten (EMRK) und im Grundgesetz (Art. 5 Abs. 1 GG) verbrieften Rechts auf offenen Zugang zum Wissen einerseits und eines grundlegenden medialen Wandels in den letzten Jahren andererseits, müssen wir bereits die europäische Richtlinie zur Harmonisierung bestimmter Aspekte des Urheberrechts in der Informationsgesellschaft grundsätzlich in Frage stellen. Zwar wird in Erwägungsgrund 5 der Info-Soc-Richtlinie auf die neuen technischen Entwicklungen hingewiesen aber gleich anschließend konstatiert, dass „kein Bedarf an neuen Konzepten für den Schutz des geistigen Eigentums" bestehe, dafür aber „die Bestimmungen im Bereich des Urheberrechts und der verwandten Schutzrechte doch angepasst und ergänzt werden [sollten], um den wirtschaftlichen Gegebenheiten, z.B. den neuen Formen der Verwertung, in angemessener Weise Rechnung zu tragen."[34]

Der kurze Einblick in den Bedeutungswandel von Autorschaft hat aber gezeigt, dass lediglich eine Anpassung und Ergänzung des Urheberrechts

33 Die Empfehlung der Ausschüsse des Bundesrates sind abrufbar unter http://www.bundesrat.de/coremedia/generator/Inhalt/Drucksachen/2006/0257_2D1_2D06,property=Dokument.pdf.

34 Richtlinie 2001/29/EG des Europäischen Parlaments und des Rates vom 22. Mai 2001, abrufbar unter http://europa.eu.int/eur-lex/pri/de/oj/dat/2001/l_167/l_16720010622de00100019.pdf (20. Mai 2006).

der Sache nicht angemessen ist und fatale Folgen haben kann. Vielmehr erscheint hier ein Moratorium sinnvoll, während dessen man basierend auf einer Analyse des grundlegenden medialen Wandels von der sog. Gutenberg-Gesellschaft zur Netzwerk-Gesellschaft ein gemeinsames Verständnis zum Umgang mit Wissen und Information entwickeln sollte. Damit steht selbstverständlich aber auch der Begriff vom „geistigen Eigentum“ zur Disposition, der als eine sehr junge Erfindung im Kontext der idealistischen Genieästhetik entstand und bis heute die Gesetzgebung unhinterfragt prägt.[35] Die Existenzfrage der Wissenschaftler in einer Informationsgesellschaft, auf die Hilty zu Recht hinweist, hat ihre Wurzel in der unkritischen Übernahme des Begriffs vom „geistigen Eigentum“. Während die Begriffsgeschichte des „geistigen Eigentums“ bereits im ausgehenden 18. Jahrhundert endet, kann an dem Begriff der Autorschaft das gesellschaftliche Verständnis von Information und Wissen sehr viel differenzierter deutlich gemacht werden, weil dieser bis in die Anfänge des kulturellen Schaffens zurückreicht. Die Notwendigkeit einer Kulturgeschichte der Autorschaft einschließlich ihrer rechtlichen und technologischen Ausdifferenzierungen tritt damit offen zu Tage. Eine verengte Analyse, die allein auf die letzten beiden Jahrhunderte beschränkt ist, würde dagegen unseren Blick für andere Formen im Umgang mit Wissen und Information einschränken, dem wir uns in einer Informationsgesellschaft gerade nicht verschließen sollten.

Die aktuelle Diskussion um das Urheberrecht und das „geistige Eigentum“ lässt einen eher pessimistisch stimmen und wenig Hoffnung verspüren, dass Politik und Wirtschaft ihre Verantwortung in diesem Prozess erkennen und den Mut haben werden, die grundlegenden Fragen innerhalb des medialen Umbruchs zu stellen und offen zu diskutieren. Vielversprechender und nachhaltiger erscheinen mir dagegen die Möglichkeiten, die sich im digitalen Netz der Information eröffnen. So verweisen die ungezählten kollaborativen Projekte im Internet längst auf Alternativen der Wissensproduktion, die die herkömmlichen Peer-Review-Verfahren herausfordern und den heutigen Begriff von Autorschaft

35 Vgl. die Richtlinie 2004/48/EG des Europäischen Parlaments und des Rates vom 29. April 2004 zur Durchsetzung der Rechte des geistigen Eigentums, in der Begriff des „geistigen Eigentums“ unkritisch übernommen und lediglich die Werkzeuge seiner rechtlichen Durchsetzung an die neuen Technologien angepasst werden sollen. Abrufbar unter http://www.urheberrecht.org/topic/enforce/eu/l_19520040602 de00160025.pdf (20. Mai 2006).

hinterfragen.[36] Die Wissenschaft selbst hat, vertreten durch die großen deutschen Wissenschaftsorganisationen, in der Berliner Erklärung[37] vom 22. Oktober 2003 den offenen Zugang zum wissenschaftlichen Wissen eingefordert und ihre Mitglieder darauf verpflichtet. Indem sie den freien Zugang zum Wissen für alle einfordert, wendet sich die Wissenschaft implizit gegen ein idealistisches Konzept von Autorschaft, das durch den Begriff des „geistigen Eigentums" definiert wird. Die von Grassmuck eingeforderte Wissens-Allmende[38] erscheint damit nicht mehr als eine weit entfernte Vision, sondern eher als eine Entwicklung, für die es sich einzusetzen lohnt.

36 Vgl. *Kuhlen, Rainer*, Wikipedia – Offene Inhalte im kollaborativen Paradigma – eine Herausforderung auch für Fachinformation, in: Forschung & Lehre 10 (2005), S. 546–548, unter http://www.inf-wiss.uni-konstanz.de/People/RK/Publikationen2005/wikipedia_141005.pdf (16. Mai 2006).

37 Abrufbar unter http://www.mpg.de/pdf/openaccess/BerlinDeclaration_dt.pdf (20. Mai 2006).

38 *Grassmuck* 2000 (Anm. 20).

Rechteverwaltung und Lizenzsystem im Bereich von Bildrechten

Dr. Anke Schierholz/Dipl.-Jur. Kai Kochmann

I. Aufgabenstellung

Nachdem Herr Dr. *Simon* uns am Beispiel des digitalen Bildarchivs „prometheus“ in sehr anschaulicher Weise den Aufbau und Betrieb einer elektronischen kunsthistorischen Bilddatenbank beschrieben hat, werde ich mich in meinem Vortrag dem Aufbau und der Arbeitsweise einer Verwertungsgesellschaft in den Bereichen Bild und Kunst widmen. Einführend möchte ich zunächst die Bedeutung und Struktur von Verwertungsgesellschaften im Allgemeinen sowie der Verwertungsgesellschaft Bild-Kunst (im Folgenden: VG Bild-Kunst) im Besonderen darlegen. Anschließend werde ich den rechtlichen Rahmen sowie einzelne wesentliche Pflichten für die Tätigkeit von Verwertungsgesellschaften aufzeigen. Es folgen Ausführungen zum System der internationalen Rechtewahrnehmung, zum Repertoire der VG Bild-Kunst sowie zur Wahrnehmung der Erst- und Zweitverwertungsrechte. Schließlich werde ich – aus gegebenem Anlass – die Besonderheiten der Rechtewahrnehmung im Internet sowie Aspekte der Bildnutzung in der Wissenschaft näher erläutern.

Die von meinem Vorredner aufgezeigte „prometheus“-Problematik, die Anlass dieser Tagung ist, wird mein Vortrag nicht im Einzelnen auflösen. Die VG Bild-Kunst hat für dieses Problem bislang noch keine konkrete Lösung entwickelt.[1] Die Entwicklung eines Lizenzmodells, das sich auf die Datenbank „prometheus“ beschränkt, wäre auch zu kurz gedacht. Mit Blick auf entsprechende Probleme bei anderen universitären Datenbanken strebt die VG Bild-Kunst vielmehr eine globale Lösung an, die alle Beteiligten mittragen können. Es wäre sehr zu begrüßen, wenn – wie im Hochschulbereich bisher üblich – mit der Kultusministerkonferenz eine Lösung für alle Hochschulen gefunden werden könnte. Leider hat sich die KMK bei den Verhandlungen um einen Gesamtvertrag zu Intranet-Nutzungen nach § 52a UrhG als hartnäckiger Lösungsverhinderer erwie-

[1] Anm. des Herausgebers: Seit dem 1. Januar 2007 liegt ein Vertrag zwischen der VG Bild-Kunst und „prometheus“ und damit ein spezieller Tarif vor.

sen, so dass dieser Weg zu einer Gesamtlösung von universitären Bilddatenbanken z.Zt. verstellt ist.

II. Bedeutung der Verwertungsgesellschaften

Verwertungsgesellschaften sind kollektive Rechteverwalter. Sie wurden und werden in Bereichen gegründet, in denen eine Rechtewahrnehmung durch den Werkschöpfer selbst ausscheidet. Die Gründe für ein Ausscheiden der individuellen Rechtewahrnehmung sind entweder praktischer oder rechtlicher Natur, oftmals beides.

In praktischer Hinsicht fehlt den Urhebern zumeist bereits der Zugang zu den potentiellen Nutzern; die Verwertungsgesellschaften hingegen verfügen über ein hervorragendes Kontaktnetz zu Nutzern und Nutzervereinigungen. Daneben ist der Urheber in aller Regel nicht in der Lage, die Vielzahl der denkbaren Verletzungen seines Urheberrechts individuell aufzuspüren und zu verfolgen; auch hier verfügen die Verwertungsgesellschaften schon auf Grund ihrer Größe über wesentlich effektivere Kontrollmöglichkeiten. Sie haben sich insgesamt als „schlagkräftige Organisation“[2] erwiesen, die die Rechte des Einzelnen effektiv wahrnimmt und durchsetzt.

Aus Rechtsgründen ist der Urheber auf die Tätigkeit der Verwertungsgesellschaften angewiesen, wenn das Gesetz vorsieht, dass bestimmte Ansprüche nur kollektiv wahrgenommen werden können. Das Urhebergesetz (UrhG) enthält eine Vielzahl von Schrankenregelungen, die normieren, dass eine bestimmte Nutzung zulässig ist, sofern der Nutzer ein angemessenes Entgelt leistet.[3] Einige dieser Schrankenbestimmungen[4] bestimmen nun zusätzlich, dass der Vergütungsanspruch ausschließlich von einer Verwertungsgesellschaft geltend gemacht werden kann. Der Urheber muss also Mitglied einer Verwertungsgesellschaft sein, wenn er eine Vergütung für diese Nutzungen erhalten will.

---

2 Vgl. *Schack, Haimo,* Urheber- und Urhebervertragsrecht, 3. Auflage 2005, Rn. 1156.

3 Z.B.: §§ 45a Abs. 2 S. 1, 46 Abs. 4, 49 Abs. 1 S. 2, 52 Abs. 1 S. 2, Abs. 2 S. 2, 52a Abs. 4 S. 1 UrhG.

4 Z.B.: §§ 45a Abs. 2 S. 2, 49 Abs. 1 S. 3, 52a Abs. 4 S. 2 UrhG.

Zu bemerken ist schließlich, dass die Tätigkeit eines kollektiven Rechteverwalters auch für den jeweiligen Werkverwerter erhebliche Vorteile hat. Er muss nicht eine Vielzahl von Nutzungsverträgen mit den jeweils individuell berechtigten Urhebern abschließen, sondern kann die erforderlichen Rechte von einem oder – bei Nutzungen aus den Bereichen verschiedener Verwertungsgesellschaften – wenigen Lizenzgebern gebündelt erwerben.

III. Struktur der VG Bild-Kunst

In Deutschland ist die kollektive Rechtewahrnehmung nach den verschiedenen Repertoires organisiert. Die „Gesellschaft für musikalische Aufführungs- und mechanische Vervielfältigungsrechte" (GEMA) ist beispielsweise zuständig für Komponisten, Textdichter und Musikverleger, die „Verwertungsgesellschaft WORT" (VG Wort) für Wortautoren und Verleger. Die VG Bild-Kunst vertritt die Rechte und Interessen der Urheber und ihrer Verleger bzw. Produzenten in den drei Berufsgruppen für Bildende Kunst (BG I), Fotografie, Illustration, Design (BG II) und Film (BG III).

Was die Rechtsnatur anbelangt, so sind die Verwertungsgesellschaften in Deutschland entweder als Vereine oder als Gesellschaften mit beschränkter Haftung (GmbH) organisiert. GmbH ist zum Beispiel die „Gesellschaft zur Verwertung von Leistungsschutzrechten" (GVL). Die VG Bild-Kunst ist – ebenso wie die GEMA und die VG Wort – ein rechtsfähiger Verein kraft staatlicher Verleihung, vgl. § 22 BGB. Daraus ergibt sich für die Binnenstruktur der VG Bild-Kunst eine „strikte Basisdemokratie". Dass heißt: Alle Entscheidungen werden in Gremien gefällt, in denen die Mitglieder selbst vertreten sind.

Organe der VG Bild-Kunst sind die Mitgliederversammlung, die Berufsgruppenversammlung, der Verwaltungsrat und der Vorstand. Die Mitgliederversammlung entscheidet unter anderem über die Satzung, den Verteilungsplan sowie über alle Fragen, für die keine andere Zuständigkeit gegeben ist, § 8 der Satzung. Der Verwaltungsrat besteht aus je fünf Mitgliedern der drei Berufsgruppen. Er überwacht die Geschäftsführung des Vorstandes und beschließt über die Abfassung des Wahrnehmungsvertrages, über den Abschluss von Gegenseitigkeitsverträgen mit anderen Verwertungsgesellschaften sowie über die Aufstellung von Tarifen für die Verwertung von Rechten, die die Gesellschaft wahrnimmt, § 11 der Satzung. Der Vorstand führt die Geschäfte der Gesellschaft, § 13 Satzung, er vertritt den Verein gerichtlich und außergerichtlich, § 26 Abs. 2 BGB. Er besteht aus je einem ehrenamtlich tätigen Mitglied der Berufsgruppen I, II und III sowie einem hauptamtlich geschäftsführenden Mitglied. Entsprechend der vertretenen Berufsgruppen, bestehen bei der VG Bild-Kunst drei Berufsgruppenversammlungen. Die Berufsgruppenversammlungen, § 9 der Satzung, beraten die ihren Bereich betreffenden Fragen und geben Empfehlungen an den Verwaltungsrat und/oder die Mitgliederversammlung.

IV. Rechtlicher Rahmen: UrhWG

Die kollektive Rechtewahrnehmung findet nicht im rechtsfreien Raum statt. Den rechtlichen Rahmen für die Tätigkeit der Verwertungsgesellschaften gibt das Urheberrechtswahrnehmungsgesetz (UrhWG) vom 9. September 1965[5] vor.

Die gesetzliche Kodifizierung des Rechts der Verwertungsgesellschaften in Deutschland war im Jahr 2001 das Vorbild für die von der EU-Kommission angekündigte Harmonisierung des Rechts der Verwertungsgesellschaften auf europäischer Ebene. Leider hat die Kommission dieses Vorhaben, das v.a. von den deutschen Verwertungsgesellschaften begrüßt wurde, wieder auf Eis gelegt.

Hintergrund der gesetzlichen Regelung ist, dass Verwertungsgesellschaften für den Bereich der von Ihnen wahrgenommenen Rechte üblicherweise Monopole darstellen. Da der Urheber selbst jeden anderen von der Nutzung seiner Werke ausschließen kann, vgl. §§ 11, 12 UrhG, ergibt sich aus dem Zusammenschluss mehrerer Urheber zur gemeinsamen Verwaltung der Rechte ein besonders durchsetzungsstarkes Monopol. Dieses Monopol bietet – wie bereits erörtert – sowohl den Urhebern als auch den Nutzern einige Vorteile, weshalb es vom Gesetzgeber grundsätzlich gebilligt, zum Teil – vgl. oben – sogar ausdrücklich angeordnet wird. Auf der anderen Seite bergen Monopole stets auch die Gefahr des Missbrauchs und der Störung des Marktes und bedürfen daher einer besonderen Kontrolle und Überwachung.

5 BGBl. I, S. 1294.

Gemäß § 1 Abs. 1 UrhWG dürfen Verwertungsgesellschaften nur mit behördlicher Erlaubnis tätig werden. Diese Erlaubnis wird nach § 2 Abs. 1 UrhWG auf schriftlichen Antrag von der Aufsichtsbehörde erteilt. Zuständige Aufsichtsbehörde ist gemäß § 18 Abs. 1 UrhWG das deutsche Patent- und Markenamt (DPMA) mit Sitz in München. Die Erteilung der Erlaubnis sowie ihre Verweigerung stellen einen Verwaltungsakt im Sinne des § 35 S. 1 Verwaltungsverfahrensgesetz (VwVfG) dar, so dass der Rechtsschutz gegen eine entsprechende Maßnahme des DPMA auf dem Verwaltungsrechtsweg zu suchen ist.

Die Tätigkeit des DPMA beschränkt sich jedoch nicht auf die präventive Überprüfung der Verwertungsgesellschaft vor Erteilung der Erlaubnis. Gemäß § 19 Abs. 1 UrhWG wacht das DPMA auch in der Folgezeit darüber, dass die Verwertungsgesellschaften die ihnen nach dem UrhWG obliegenden Verpflichtungen ordnungsgemäß erfüllen. Zu diesem Zweck kann das DPMA von den Verwertungsgesellschaften jederzeit Auskunft über alle die Geschäftsführung betreffenden Angelegenheiten sowie die Vorlage von Geschäftsbüchern und anderen geschäftlichen Unterlagen verlangen, § 19 Abs. 3 UrhWG. Daneben ist die Aufsichtsbehörde berechtigt, an der Mitgliederversammlung und, wenn ein Aufsichtsrat oder Beirat besteht, auch an dessen Sitzungen durch einen Beauftragten teilzunehmen, § 19 Abs. 4 UrhWG.

Die bedeutsamste gesetzliche Verpflichtung der Verwertungsgesellschaften ist der sog. „Kontrahierungszwang". Er entfaltet seine Wirkungen in zwei Richtungen. Zum einen ist die Verwertungsgesellschaft gemäß § 6 Abs. 1 UrhWG grundsätzlich verpflichtet, die zu ihrem Tätigkeitsbereich gehörenden Rechte und Ansprüche auf Verlangen der Berechtigten zu angemessenen Bedingungen wahrzunehmen. Zum anderen besteht gemäß § 11 Abs. 1 UrhWG die Verpflichtung, auf Grund der von der Verwertungsgesellschaft wahrgenommenen Rechte jedermann zu angemessenen Bedingungen Nutzungsrechte einzuräumen – sog. „Lizenzierungszwang"; insoweit erfüllen Verwertungsgesellschaften ähnliche Funktionen wie gesetzliche Schranken. Im Bereich der Bildrechte wird der Kontrahierungszwang – was die Nutzungen der Vervielfältigung und der Verbreitung anbelangt – zum Teil eingeschränkt, weil Werke der bildenden Kunst in besonderem Maße anfällig sind für schlechte Druckwiedergabe und also eine Entstellung des Werkes selbst. Die VG Bild-Kunst kann in diesem Bereich – nach Absprache mit den Urhebern – gewisse Qualitätsanforderungen an die Werknutzung stellen.

Eine weitere wichtige Pflicht ergibt sich aus § 7 S. 1 UrhWG. Danach muss jede Verwertungsgesellschaft die Einnahmen aus ihrer Tätigkeit nach festen Regeln aufteilen, die ein willkürliches Vorgehen bei der Verteilung ausschließen. Da die Verwertungsgesellschaften mannigfaltige Verpflichtungen zu erfüllen haben, sind die entsprechenden Verteilungspläne zum Teil äußerst kompliziert abgefasst. Als Beispiel einer solchen Verpflichtung möchte ich § 7 S. 2 UrhWG nennen, der die Förderung kulturell bedeutender Werke und Leistungen vorsieht. Im Bereich der bildenden Kunst geschieht diese Förderung über die Stiftung Kunstfonds, die die Fördermittel der Kulturstiftung des Bundes und der VG Bild-Kunst zur Förderung von zeitgenössischer bildender Kunst einsetzt. Die Förderung durch den Kunstfonds bedeutet für viele Preisträger den ersten Schritt zu internationalem Erfolg. Das Kulturwerk der VG Bild-Kunst fördert im Bereich von Photographie, Design und Illustration vor allen Dingen fotojournalistische Arbeiten und im Bereich des Filmes z.Zt. den Experimentalfilmpreis der VG Bild-Kunst, der alle zwei Jahre zusammen mit der Kölner Kunstfilmbiennale vergeben wird.

Hervorzuheben ist schließlich die Verpflichtung der Verwertungsgesellschaften zu Gleichbehandlung und Transparenz. Werkschöpfer und auch Werknutzer müssen in ihrer Gruppe jeweils gleich behandelt werden. Daher sind die Verwaltungskosten des Vereins auf alle Werkschöpfer gleichermaßen umzulegen. Die einzelnen Tarife sowie jede Tarifänderung sind unverzüglich offen zu legen, § 13 Abs. 2 UrhWG. Nach Abschluss eines Geschäftsjahres müssen die Gesellschaften einen klar und übersichtlich gestalteten Jahresabschluss aufstellen, § 9 Abs. 1 u. 2 UrhWG.

V. Internationale Wahrnehmung von Rechten

Im Bereich der internationalen Massennutzungen sind die Verwertungsgesellschaften für Werkschöpfer und Werknutzer deshalb besonders attraktiv, weil sie in ihrem Bereich im Ergebnis das gesamte Weltrepertoire anbieten und verteidigen. Zwar ist das Urheberrecht ein nationales Recht (sog. „Territorialitätsprinzip"), so dass sich auch die Tätigkeiten der (nationalen) Verwertungsgesellschaften grundsätzlich auf das jeweilige Land beschränken. Die Verwertungsgesellschaften der einzelnen

Länder haben jedoch Gegenseitigkeitsverträge miteinander abgeschlossen, in denen sie sich gegenseitig beauftragen, das Repertoire der jeweiligen „Schwestergesellschaft" im eigenen Territorium mit zu vertreten. Durch dieses Netz von Gegenseitigkeitsverträgen kann sichergestellt werden, dass die inländischen Urheber weltweit die Vertretung und den Schutz ihrer Urheberrechte genießen. Für den Nutzer wiederum hat es den Vorteil, von einer nationalen Gesellschaft gebündelt die Rechte am gesamten internationalen Repertoire erwerben zu können.

VI. Repertoire der VG Bild-Kunst

Wie bereit gezeigt ist die VG Bild-Kunst die Verwertungsgesellschaft für die Urheber der Berufsgruppen Bildende Kunst (BG I), Fotografie, Illustration und Design (BG II) sowie Filmurheber und Filmproduzenten (BG III).

Im Bereich der Berufsgruppe I vertritt die VG Bild-Kunst insgesamt rd. 50.000 bildende Künstler und Künstlerinnen. Dabei handelt es sich um rd. 10.000 direkte (= nationale) Mitglieder und rd. 40.000 Mitglieder aus dem Weltrepertoire.

In der Berufsgruppe II vertritt die VG Bild-Kunst weniger Urheber, insgesamt sind es knapp 21.000 Fotografen, Illustratoren und Designer. Die geringere Mitgliederzahl erklärt sich daraus, dass im Bereich der Berufsgruppe II die internationale Vertretung und Verwertung nicht in dem Maße fortgeschritten ist wie im Bereich der bildenden Kunst.

Aus der Berufsgruppe III werden von der VG Bild-Kunst rd. 6.500 direkte Mitglieder vertreten. Die Dimension der internationalen Rechtewahrnehmung kann hier nicht genau beziffert werden, da im Bereich der Berufsgruppe III „filmspezifisch" mit den ausländischen Schwestergesellschaften abgerechnet wird.

Entwicklung der Mitgliederzahl bis 2004 (direkte Mitglieder):

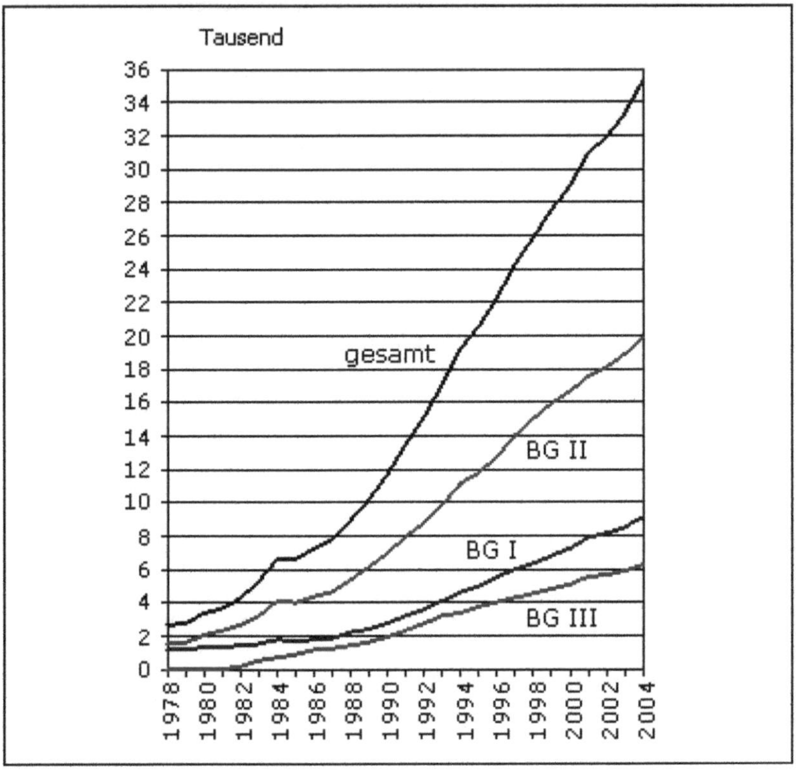

VII. Wahrnehmungsgebiete

Bei der Rechtewahrnehmung durch die VG Bild-Kunst ist zwischen den Erst- und den Zweitverwertungsrechten zu unterscheiden. Zu den wahrgenommen Erstverwertungsrechten zählen in erster Linie die Rechte der Vervielfältigung und Verbreitung, daneben das Senderecht, die Online-Nutzungsrechte und das sog. „Folgerecht". Letzteres existiert z. Zt. ausschließlich im Bereich der bildenden Kunst, wird aber mit der Umsetzung der EU-Folgerechts-Richtlinie[6] auch für Originale der Fotografie

6 RiLi 2001/84/EG vom 27. September 2001.

und der angewandten Kunst gelten. Der Folgerrechtsanspruch ist der Anspruch eines bildenden Künstlers, an den Wiederverkäufen der von ihm geschaffenen Originale durch professionelle Vermarkter (v.a. Galerien und Auktionshäuser) beteiligt zu werden, vgl. § 26 UrhG.

Die Erstverwertungsrechte (auch: primäre Nutzungsrechte) werden von der VG Bild-Kunst ausschließlich für die Berufsgruppe der bildenden Künstler (BG I), nicht aber für die Berufsgruppen II und III wahrgenommen. Dies wird vor folgendem Hintergrund verständlich: Verwertungsgesellschaften werden – wie bereits gezeigt – in Bereichen tätig, in denen der Einzelne seine Urheberrechte selbst nicht sachgerecht verwerten und kontrollieren kann. Im Bereich der bildenden Kunst ist die primäre Einkommensquelle der Künstler der Verkauf der Originale. Wenn von diesen Originalen Postkarten gedruckt werden oder sie in einer Zeitung abgedruckt werden, dann kann der einzelne Künstler dies nicht mehr kontrollieren. Daher ist es in diesem Bereich sinnvoll, die entsprechenden Rechte kollektiv wahrzunehmen. Für den Bereich der Photographie gilt dies nicht. Der Photograph lebt davon, dass er die Rechte selbst einräumen und mit jedem Nutzer selbst verhandeln kann. Für ihn ist das vergleichsweise schwerfällige Modell einer Verwertungsgesellschaft in der Regel hinderlich. Er benötigt die kollektive Rechteverwaltung lediglich zur sachgerechten und effektiven Wahrnehmung seiner Zweitverwertungsrechte.

Bei den Zweitverwertungsrechten geht es vor allem um Vergütungsansprüche aufgrund der gesetzlichen Schrankenbestimmungen. Dazu zählen – um die wichtigsten zu nennen – die Bibliothekstantieme, die Privatkopievergütung, die Pressespiegelvergütung, die Lesezirkelvergütung und die Kabelweiterleitungsvergütung. Die Zweitverwertungsrechte nimmt die VG Bild-Kunst für sämtliche der von ihr vertretenen Berufsgruppen wahr, für die Berufsgruppen II und III ausschließlich.

VIII. Wahrnehmung der Erstverwertungsrechte

Die VG Bild-Kunst vergibt grundsätzlich nur einfache – und keine exklusiven – Nutzungsrechte. Die Vergabe exklusiver Nutzungsrechte scheidet schon deshalb aus, weil die VG Bild-Kunst zur Gleichbehandlung verpflichtet ist, also jedem Nutzer die Rechte auf Verlangen zu gleichen Bedingungen einräumen muss.[7] Wenn also ein Verlag einen Kalender mit Bildern eines bestimmten Künstlers gestaltet und die entsprechenden Nutzungsrechte erwirbt, so können danach noch drei andere Verlage dieselben Bildmotive zu den gleichen Bedingungen lizenzieren und entsprechende Kalender vertreiben. Ob dies wirtschaftlich sinnvoll ist oder nicht, ist eine Frage, die sich der jeweilige Verlag stellen muss. Im Textbereich ist dies anders geregelt. Dort erwerben die Verlage in der Regel ausschließliche Rechte. Die Rechte an einem Artikel werden mithin nur einmal lizenziert.

Die Vergütungen für die Erteilung von Nutzungslizenzen werden von der VG Bild-Kunst nach zuvor veröffentlichten Tarifen, vgl. § 13 UrhWG, abgerechnet. Die Tarife werden mit den entsprechenden Nutzervereinigungen ausgehandelt. Für einzelne Nutzergruppen bzw. Nutzungsformen bestehen Sonderkonditionen. So existieren zum Beispiel für Verlage, Zeitungen und Zeitschriften eigene Tarife, zum Teil auch Gesamtverträge mit den Verbänden. Im Zusammenhang mit der Werknutzung durch die Museen ist auf den Museumsvertrag hinzuweisen, in dem die VG Bild-Kunst den besonderen Bedürfnissen der Museen durch Sonderkonditionen weit entgegengekommen ist. Bei den Rundfunkanstalten besteht für die Sendung der öffentlich-rechtlichen Anstalten ein Gesamtvertrag, die Nutzungen der privaten Sender werden jeweils einzeln abgerechnet.

Zur Erhebung der Abgaben für das Folgerecht hat die VG Bild-Kunst zusammen mit dem Arbeitskreis Deutscher Kunsthandelsverbände auf Grundlage eines Rahmenvertrages die „Ausgleichsvereinigung Kunst" (AV Kunst) gebildet. Kunstvermarkter können der Ausgleichsvereinigung beitreten und haben sodann die Möglichkeit, die Abgaben, die sich aus dem Folgerecht einerseits sowie aus dem Künstlersozialversicherungsgesetz andererseits ergeben, gebündelt abzuführen. Dies geschieht, indem sie vom Jahresumsatz, der mit nach 1900 geschaffenen Werken der bildenden Kunst erzielt wurde, eine Pauschale an die AV Kunst abführen.[8] Diese Pauschale muss also auch für die Verkaufserlöse von solchen Werken gezahlt werden, deren Verkauf keine Folgerechtsansprüche auslöst – sei es weil das Werk wegen Ablauf der Schutzfrist keinen urhe-

7 S.o. IV zu § 11 UrhWG.

8 Für Galerien im Jahr 2004: 1,7 Prozent und im Jahr 2005: 1,8 Prozent; für Versteigerer im Jahr 2004 und 2005: 2,6 Prozent.

berrechtlichen Schutz mehr genießt, sei es weil der Künstler in Deutschland keinen Schutz aufgrund internationaler Abkommen hat. Eine Mitgliedschaft in der AV Kunst schafft dem Vermarkter deutliche administrative Erleichterung und ist dadurch auch wirtschaftlich attraktiv. Die AV Kunst berechnet und bezahlt aus dem Aufkommen der Umlage die jeweiligen Anteile, die an die Künstlersozialversicherung einerseits und an die VG Bild-Kunst andererseits abzuführen sind.

IX. Wahrnehmung der Zweitverwertungsrechte

Hinsichtlich der Wahrnehmung von Zweitverwertungsrechten werden in der Regel Gesamtverträge mit den Nutzervereinigungen geschlossen. Beispiele sind die Gesamtverträge mit der Kultusministerkonferenz für die Bibliothekstantieme sowie für den Kopienversand auf Bestellung.

Im Bereich der zulässigen Privatkopie nach § 53 UrhG wird die gesetzlich vorgesehene Vergütung über eine sog. „Geräte- und Betreiberabgabe" durch die „Zentralstelle für private Überspielungsrechte" (ZPÜ) eingezogen. Die ZPÜ ist die älteste (gegründet: 1963) und aus wirtschaftlicher Sicht bedeutendste Form der Zusammenarbeit der deutschen Verwertungsgesellschaften. Sie hat die Aufgabe, die Vergütungsansprüche gegenüber den Geräteherstellern und -importeuren sowie gegenüber den Leermedienherstellern und -importeuren geltend zu machen und das Vergütungsaufkommen an ihre Gesellschafter zu verteilen.

Hinsichtlich der Intranets für Unterricht und Forschung (= § 52a-Nutzungen) hat die VG Bild-Kunst – wie eingangs angedeutet – mit der Kultusministerkonferenz vor eineinhalb Jahren einen Vertrag ausgehandelt, den jedoch die VG Wort für den Textbereich nicht mitunterschreiben kann, weil die Verlage ihr Veto eingelegt haben – sie wollen die entsprechenden Nutzungen direkt lizenzieren Der Kultusministerkonferenz ist es bis heute nicht gelungen, den Vertrag auszufertigen. Wenn es also bislang für Hochschulen noch kein Modell gibt, um Nutzungen – wie zum Beispiel auch „prometheus" – zu legalisieren, so liegt dies mithin an der Verzögerung durch die Kultusministerkonferenz. Die VG Bild-Kunst und die weiteren Deutschen Verwertungsgesellschaften sind seit gut einem Jahr startbereit, haben insbesondere entsprechende Meldemasken vorbereitet.

X. Besonderheiten: Rechtewahrnehmung im Internet

Einige Besonderheiten sind bei der Rechteverwaltung im Internet zu beachten. Wie bereits erörtert ist das Urheberrecht grundsätzlich ein nationales Recht. Online-Nutzer benötigen jedoch in der Regel nicht nur das nationale, sondern auch das internationale Repertoire, weil jede Nutzung im Internet weltweit zugänglich ist. Zur Vereinfachung der Rechteverwertung haben die Verwertungsgesellschaften sich im Bereich des Internets nicht durch ein Netz von Gegenseitigkeitsverträgen verbunden, sondern eine sog. „Pool-Lösung" gewählt. Die wichtigsten europäischen Verwertungsgesellschaften für bildende Kunst haben die gemeinsame Organisation „OnLineArt" (OLA) gegründet, welche zum 1. Januar 2004 ihre Arbeit aufgenommen hat. Mit OLA ist es möglich, den Besonderheiten der Rechtenutzung im Internet Rechnung zu tragen. Die einzelnen Gesellschaften übertragen der gemeinsamen Gesellschaft OLA die ausschließlichen Rechte zur Lizenzierung im Internet; und OLA wiederum beauftragt die jeweiligen Gesellschaften, diese Rechte – in ihrem Bereich – für OLA und damit für alle Mitgliedsgesellschaften zu lizenzieren. Für die Werknutzer ändert sich durch die Pool-Lösung somit nichts. Sie wenden sich nach wie vor an die örtlich zuständige Verwertungsgesellschaft und können dort eine einheitliche Internetlizenz zu einem einheitlichen Tarif erwerben. Der große Vorteil für die beteiligten Verwertungsgesellschaften und ihre Mitglieder ist, dass über den Server der gemeinsamen Dachgesellschaft der Abgleich von Informationen über Nutzungen und erteilte Genehmigungen deutlich vereinfacht ist und damit die Medienkontrolle in allen beteiligten Ländern deutlich verbessert wird.

XI. Bildnutzung in der Wissenschaft

Da das Thema „Bildnutzung in der Wissenschaft" im Zentrum dieses Symposiums steht, möchte ich den Vortrag mit einigen urheberrechtlichen Hinweisen bzw. Leitsätzen hierzu abschließen.

Wenn Nutzer im Internet geschützte Werke aufspüren, dann dürfen diese zu Forschungszwecken im Rahmen der Privatkopieregelung des § 53 Abs. 2 S. 1 Nr. 1 UrhG herunter geladen werden, es sei denn die Werke sind durch technische Schutzmaßnahmen gegen Download gesichert. Dies gilt allerdings nur für die eigene „interne" Nutzung auf dem eigenen PC (oder Schreibtisch); sollen diese Downloads weitergegeben oder wiederum veröffentlicht werden, wären hierfür ganz normal die entsprechenden Rechte einzuholen.

Wenn dagegen jemand ein urheberrechtlich geschütztes Werk zu Forschungs- und Bildungszwecken ins Intranet (geschlossener Kreis von Zugangsberechtigten) stellen möchte, so ist dies gemäß der Schrankenregelung in § 52a Abs. 1 Nr. 2, Abs. 4 UrhG nur zulässig, wenn dafür eine entsprechende Vergütung entrichtet wird. § 52a UrhG ist durch das Gesetz zur Regelung des Urheberrechts in der Informationsgesellschaft vom 10. 9. 2003[9] im Rahmen der Umsetzung der Richtlinie 2001/29/EG zur Informationsgesellschaft neu in das deutsche Urhebergesetz eingefügt worden. Der deutsche Gesetzgeber hat damit von der Möglichkeit nach Art. 5 Abs. 3 a) der Richtlinie Gebrauch gemacht und in einem eng begrenzten Umfang den berechtigten Interessen von Unterricht und Wissenschaft Rechnung getragen.[10]

Das Einstellen der Werke auf eine offen zugängliche Internet-Homepage berührt gem. § 19a UrhG das Recht der öffentlichen Zugänglichmachung. Hierfür ist eine Lizenz des Urhebers oder seines Vertreters (z.B. Verlag, Verwertungsgesellschaft) zwingend erforderlich. Eine Schrankenregelung für Wissenschaft und Forschung besteht insoweit nicht.

Insgesamt ist festzustellen, dass bei jeder Vervielfältigung, öffentlichen Zugänglichmachung oder Veränderung eines Werkes die Rechtslage einzeln geklärt werden muss. Jeder Nutzer muss vor jeder Nutzung prüfen, ob er die entsprechenden Nutzungsrechte erworben hat. Jede Form der Nutzung eines Werkes bedarf einer Regelung. Dabei kann die Regelung jedoch auch darin bestehen, dass die Nutzung unter eine Schrankenbestimmung fällt und nicht zusätzlich zu vergüten ist (z.B. § 53 Abs. 1 UrhG – sog. Privatkopie).

Vorsicht ist geboten, will man sich auf das Zitatrecht nach § 51 UrhG berufen: der urheberrechtliche Zitatbegriff ist sehr viel enger, als der des allgemeinen Sprachgebrauchs. Ein urheberrechtlich relevantes Zitat (mit der Folge, dass die Nutzung ohne Genehmigung erfolgen kann) liegt nur dann vor, wenn das zitierte Werk als Beleg für eine eigene wissenschaftli-

---

9 BGBl. I, S. 1774.

10 *Dreier, Thomas,* in: Dreier, Thomas/Schulze, Gernot, Urheberrechtsgesetz-Kommentar, München 2004, § 52a Rn. 1.

che Erkenntnis dient. Entsprechend fordert die Rechtsprechung einen engen inhaltlichen Zusammenhang zwischen wissenschaftlichem Text und abgebildetem Werk. Illustrative Nutzungen (z.B. „... begann Picassos „Blaue Periode", vgl. Abb. 1") sind genehmigungspflichtig.

XII. Übersichten

Primärrechte (Bildende Kunst):

Welche Rechte?	Vervielfältigung und Verbreitung, Internet	Senderecht	Folgerecht
Wann entstehen Ansprüche aus diesem Recht?	Abdruck und Verbreitung von Werken der bildenden Kunst in Büchern, Zeitungen, Zeitschriften, Kalendern, auf Postern und Postkarten etc.; Verbreitung im Internet	Ausstrahlung von Werken im Fernsehen	Weiterveräußerung von Werken der bildenden Kunst
Rechtsgrundlage	§§ 16, 17, 19a UrhG	§ 20 UrhG	§ 26 UrhG
Aufkommen 2005	3.589.000 €	609.100 €	3.032.600 €
Wer muss zahlen?	Verlag oder Seitenbetreiber	Sendeanstalten, evtl. auch Filmproduzenten	Kunsthandel und Kunstversteigerer bzw. Kunstveräußerer
Ausnahmen	Aktuelle Berichterstattung, wissenschaftliche Zitate, Kunst im öffentlichen Raum	Aktuelle Berichterstattung, z.B. Nachrichtensendungen über Ausstellungsveröffentlichungen	Erstverkäufe und Verkäufe zwischen Privatleuten

Zweitverwertungsrechte (Bildende Kunst, Fotografie, Design und Illustration):

Welche Rechte?	Bibliotheks-tantieme	Privatkopie-vergütung	Pressespiegel-vergütung	Lesezirkel-vergütung	Kabelweiterlei-tungsvergütung
Wann entstehen Ansprüche aus diesem Recht?	Ausleihe von Büchern in Büchereien und Bibliotheken	Kopieren urheber-rechtlich geschützter Abbildungen	Abbildungen in Pressespiegeln und Presseübersichten	Abbildungen in Zeitschriften, die in Lesezirkeln ge-führt werden	Zeitgleiche Wei-tersendung von Fernsehsen-dungen in Kabelnetzen
Rechtsgrundlage	§ 27 UrhG	§§ 53, 54 UrhG	§ 49 UrhG	§ 27 UrhG	§ 20 b UrhG
Aufkommen 2005	734.100 €	Privatkopieren: 12.270.500 € Schul- und Hoch-schulkopieren: 314.500 €	150.200 €	264.600 €	442.400 €
Wer muss zahlen?	Bundesländer, Kommunen, Großbetriebe	Privatkopieren: Käufer der Foto-kopiergeräte, CD+DVD-Brenner, Großbetreiber (z. B. Copy-Shops) Schul- und Hoch-schulkopieren: Bundesländer, Schulträger	Herausgeber von Pressespiegeln (auch Ministerien, Ver-bände, Parteien, Firmen)	Lesezirkelunter-nehmen	Betreiber der Kabelnetze

Zweitverwertungsrechte (Film):

Welche Rechte?	Kabelweiterleitungsvergütung	Videovermietvergütung	Privatkopievergütung
Wann entstehen Ansprüche aus diesem Recht?	Zeitgleiche Weiterleitung von Fernsehsendungen in Kabelnetzen	Vermietung von Filmwerken auf Video, DVD etc.	Private Aufzeichnung von Filmwerken über Videorekorder oder DVD
Rechtsgrundlage	§ 20b UrhG	§ 27 UrhG	§§ 53, 54 UrhG
Aufkommen 2005	4.332.100 €	399.400 €	11.737.900 €
Wer muss zahlen?	Betreiber der Kabelnetze	Videotheken	Geräte- und Leermedienhersteller und -importeure

Diskussionsberichte

Dipl.-Jur. Kai Kochmann

I. Zum Vortrag von Herrn Dr. Simon

Heise fragte, wie die Betreiber der Bilddatenbank „prometheus" sicherstellten, dass ausschließlich Forschung und Lehre das Portal nutzen. Er habe in den Bildern der Datenbank keine Referenz oder Ähnliches gefunden. Seiner Ansicht nach fördere die Datenbank in dieser Form die Verletzung von Urheberrechten. *Simon* wies darauf hin, dass die Nutzer der Datenbank „prometheus" Nutzungsbedingungen unterschreiben müssten, in denen sie versicherten, das Portal ausschließlich für Zwecke der Forschung und Lehre zu nutzen. Daneben betonte er, dass der Umfang der urheberrechtlich (noch) geschützten Bilder lediglich einen Anteil von 1 bis 2% der gesamten Bilddatenbank (zirka 280.000 Bilder) ausmache.[1]

Loebbecke stellte die Frage, ob sie die „prometheus"-Datenbank noch nutzen könne bzw. dürfe, wenn sie für ihre Lehre Geld bekäme. *Simon* antwortete hierauf, die Nutzung der Bilder sei – wie im Vortrag ausführlich dargestellt – selbst bei nicht-kommerzieller Lehre nach aktueller Rechtslage nicht zulässig; bei einer kommerziellen Lehre müsse dieses Verbot mithin erst recht gelten.

Peifer merkte an, die Diskussion zwischen *Heise* und *Simon* zeige, wie wichtig eine interdisziplinäre Tagung mit Historikern und Rechtswissenschaftlern sei. Die Auffassung von *Heise* münde in dem Begriff der juristischen Störerhaftung auch für Nutzerhandlungen, die bei der Weiterverwendung der Inhalte vorgenommen würden. Ein solch weitgehendes Konzept der Störerhaftung sei allerdings fraglich. Die Datenbank „prometheus" fördere eine Nutzung, die nach allgemeiner Meinung für die kunsthistorische Forschung und Lehre sinnvoll und notwendig sei. Richtig sei jedoch

1 Anm. des Herausgebers: Diese Wertung berücksichtigt allerdings nicht, dass vielfach zwar nicht mehr die fotografierten Bilder selbst, wohl aber die Lichtbilder des Museumsfotografen urheberrechtlichen Schutz genießen (§ 72 UrhG). Die im Diskussionsbeitrag angegebene niedrige Quote setzt daher voraus, dass die Herausgeber der Bilddatenbank die betreffenden Lichtbilder selbst angefertigt haben.

auch der Hinweis, dass einige der angebotenen Nutzungen nach derzeitiger Gesetzeslage eine Urheberrechtsverletzung darstellen. Die Tagung solle herausfinden, ob das Urheberrecht an diesem Punkt ein unangemessenes Zugangs- und Erkenntnishinderungsinstrument sei. Wenn dies zuträfe, müsse das Urheberrecht modifiziert werden. Ein Rechtssystem, das an Überzeugungskraft bei den Nutzern verliere, werde nicht mehr beachtet, ein Zustand, der üblicherweise mit dem Begriff „Anarchie" bezeichnet werde. Als Beispiel für eine solche bedenkliche Entwicklung deutete *Peifer* auf die ähnlich gelagerte Napster-Problematik hin.

In einem weiteren Punkt griff *Peifer* den Begriff des „digital rights management" auf. Die Idee des „digital rights management" sei es, über einen Lizenzschlüssel sicherzustellen, dass die jeweiligen Werke nur zu berechtigten Schranken- bzw. Lizenzzwecken genutzt würden. Allerdings seien Juristen und vor allem auch Techniker derzeit noch äußerst skeptisch, ob dieses Instrument tatsächlich auch in der Lage sei, konkrete Zwecksetzungen des Nutzers angemessen zu steuern.

II. Zum Vortrag von Frau Dr. Schierholz

Hartmut Simon erkundigte sich nach dem jährlichen Gesamtumsatz der VG Bild-Kunst, sowie danach, welcher Anteil des Gesamtumsatzes den Werkschöpfern zukomme. *Schierholz* betonte zunächst, dass die VG Bild-Kunst nicht auf wirtschaftlicher Basis arbeite, sondern ein Verein von Urhebern sei, der das Ziel verfolge, möglichst viel Geld einzunehmen, um es an die Urheber zu verteilen. Im Jahr 2004 habe der Umsatz gut 30 Mrd. Euro betragen. Davon würden eine Verwaltungskostenquote von zirka 7% sowie Sozial- und Kulturwerksabzüge abgezogen. Der Verteilungsplan sehe vor, dass die Werkschöpfer mindestens 80% der Einnahmen erhalten.

Harmut Simon erklärte, er sei als Leiter des Medienzentrums der Universität Siegen auf ähnliche Probleme gestoßen wie nun das Projekt „prometheus". Er betonte nochmals den im Vortrag von *Simon* genannten Aspekt, dass die VG Bild-Kunst nur für 1 bis 2% der Bilder des Archivs Lizenzgelder fordern könne; der weit überwiegende Anteil sei gemeinfrei.[2]

---

2 Anm. des Herausgebers: Diese Wertung berücksichtigt allerdings nicht, dass vielfach zwar nicht mehr die fotografierten Bilder selbst, wohl aber die Licht-

Vor diesem Hintergrund verstehe er nicht, wenn „prometheus“ von einigen Seiten als „schlüpfrig“ bezeichnet werde. Des Weiteren sei zu beachten, dass die Tätigkeit der Hochschule im Ergebnis den Verwertungsgesellschaften sowie der Allgemeinheit zu Gute komme. Eine wesentliche Aufgabe des Kunsthistorischen Instituts bestehe darin, Studenten auszubilden. Bei diesen Studenten handele es sich um die zukünftigen Kunden (Werkschöpfer) der Verwertungsgesellschaften. Auch werde in den Kursen der Hochschule vielfach mit Medien gearbeitet, die dann von den Studenten gekauft würden; die Hochschulen machten insoweit Werbung für die Produkte der Verwertungsgesellschaften. *Hartmut Simon* fragte *Schierholz*, ob vor diesem Hintergrund nicht ganz schnell eine Regelung gefunden werden müsse. *Schierholz* bejahte diese Frage: Es müsse in kurzer Zeit eine Regelung gefunden werden, um für die Hochschulen Rechtssicherheit herzustellen. Sie stimmte mit *Hartmut Simon* auch darin überein, dass die Hochschulen einen wichtigen Beitrag für das Gemeinwohl leisteten. Dem aufgeworfenen Werbeargument könne sie jedoch nicht zustimmen. Sie wies darauf hin, dass renommierte Künstler – wie z.B. Magritte – offensichtlich keinen Wert darauf legten, dass die Hochschulen für sie Werbung machten. Insgesamt beobachte sie eine problematische Entwicklung, die den gesamten Wissenschaftsbereich betreffe: In den letzten Jahren seien hohe Fördergelder zur technischen Erschließung digitaler Modelle ausgekehrt worden, etwaige Lizenzierungspflichten hinsichtlich der Inhalte habe man jedoch nicht bedacht. Es müsse sich auf höherer Ebene noch die Erkenntnis durchsetzen, dass auch für die Gestaltung der Inhalte ausreichend Gelder benötigt würden. Erst dann funktioniere auch das Anreizmodell, das *Loebbecke* in ihrem Vortrag angesprochen habe. Nach Ansicht von *Schierholz* dürfe die Unterfinanzierung der digitalen Datenbanken nicht „auf dem Rücken“ der Werkschöpfer ausgetragen werden; nach dem Grundsatz des Gesetzes seien diese nicht verpflichtet, ihre Werke in Online-Archiven auszustellen.

Watteler fragte, ob die Institutionen, die ihr Bildmaterial für die Datenbank „prometheus“ zur Verfügung stellen, die einzelnen Bilder mit Hilfe digitaler Signaturen oder Ähnlichem schützen. *Simon* antwortete, bislang werde nicht mit digitalen Signaturen gearbeitet. *Schierholz* ergänzte, dass ein solches Vorgehen auch zwecklos wäre. Der Nutzer müsse das jeweili-

---

bilder des Museumsfotografen urheberrechtlichen Schutz genießen (§ 72 UrhG).

ge Bild lediglich ausdrucken und wieder einscannen, dann sei die Signatur beseitigt. Es gebe kein digitales Wasserzeichen, das diese Prozedur überlebe.

Peifer wies darauf hin, dass § 52a UrhG nach derzeitiger Rechtslage zum Ende 2006 auslaufen werde,[3] ein Gesamtvertrag mit der Kultusministerkonferenz jedoch noch nicht geschlossen sei. Er fragte *Schierholz*, ob es bei der VG Bild-Kunst für den Fall, dass der Gesamtvertrag mit der Kultusministerkonferenz nicht zustande komme, ein Notfallprogramm gebe. Er erkundigte sich, ob es dann möglich sei, dass die Universitäten die Rechte für urheberrechtssensible Intranets zu einem Haustarif von der VG Bild-Kunst erwerben könnten. *Schierholz* antwortete, selbstverständlich sei es möglich, die Klauseln des mit der Kultusministerkonferenz bereits inhaltlich ausgehandelten „52a-Vertrages" einzeln zu lizenzieren.[4] Der Abschluss eines Gesamtvertrages mit der Kultusministerkonferenz sei dieser Lösung jedoch eindeutig vorzuziehen.

In einem zweiten Punkt nahm *Peifer* auf die Regelung des § 52 UrhG Bezug. Diese – allerdings vergütungspflichtige – Schranke betreffe die Fragen der Bild- und Textnutzung in der Vorlesung. Er fragte, ob es auch dort einen gangbaren Weg für die Universitäten gebe, Gesamtverträge zu schließen, so dass jedenfalls der kunsthistorischen Vorlesung geholfen werden könne. *Schierholz* erklärte, dass die VG Bild-Kunst die Nutzung der Werke in den Vorlesungen seit jeher kenne, jedoch – auf Grund der Interessen der Allgemeinheit einerseits und der geringen wirtschaftlichen Dimension andererseits – nichts unternommen habe. Diese Duldung habe sicherlich eine gewisse Rechtssicherheit geschaffen. Aus ihrer Sicht spreche jedoch nichts dagegen, auch diese Nutzung mittels eines Gesamtvertrages auf rechtlich gesicherte Beine zu stellen.

Der Moderator *Grohe* schloss die Diskussion: Bemerkenswert sei, dass das von ihm vertretene Fach über eine Generation habe dafür kämpfen müssen, dass zeitgenössische oder jüngere Kunst überhaupt zum Kanon gehörten, und dass jetzt die weitere Entwicklung auch noch in rechtlicher Hinsicht erschwert werde.

---

3 Anm. des Herausgebers: In der Zwischenzeit wurde die Dauer der Schrankenbestimmung bis zum 31. 12. 2008 verlängert.

4 Anm. des Herausgebers: Seit dem 1. Januar 2007 liegt ein Vertrag zwischen der VG Bild-Kunst und „prometheus" und damit ein spezieller Tarif vor.

3. Themenkomplex: Wissensmanagementsysteme in Forschung und Lehre

(Moderation: Prof. Dr. Claudia Loebbecke)

Verwertungsgesellschaften als Wissensmittler in der Informationsgesellschaft

Prof. Dr. Karl Riesenhuber, M.C.J.

I. Aufgabenstellung

Die Veranstalter haben mich gebeten, über Verwertungsgesellschaften als „Wissensmittler" in der Informationsgesellschaft zu sprechen, und meine Aufgabe dahin definiert, in grundsätzlicher Weise zu erläutern, wie die Zukunft der kollektiven Rechtewahrnehmung im Bereich der digitalen Werknutzung in der Wissenschaft aussehen kann. Dabei soll es darum gehen zu erörtern, inwieweit die „Verwertungsgesellschaften-Lösung" als mittlerer Weg zwischen proprietären und nicht-proprietären Lösungen in Betracht kommt. In dieses Thema hat bereits der Vortrag von Frau Dr. *Schierholz* eingeführt,[1] die als versierte Juristin und Mitarbeiterin der Verwertungsgesellschaft Bild-Kunst über Rechteverwaltung und Lizenzsysteme im Bereich von Bildrechten gesprochen hat. Zudem hat Herr Kollege *Peifer* bereits heute Morgen – im Hinblick auf *open access*-Konzepte – auf die urheberrechtlichen Rahmenbedingungen hingewiesen.[2]

Um die angedeutete Mittel- und Vermittlungslösung darzustellen (VII.), möchte ich im Folgenden schrittweise Funktion und Bedeutung von Verwertungsgesellschaften im System des Urheberrechts darlegen. Ausgangspunkt müssen ein paar Worte zum Schutz des Urheberrechts sein (II.). Darauf bauen dann die Möglichkeiten der Wahrnehmung von Urheberrechten auf (III.), insbesondere die kollektive Rechtewahrnehmung, wie sie in Deutschland das Urheberrechtswahrnehmungsgesetz regelt (IV.). Fügt man beide Elemente zusammen, das Urheberrecht mit seinen graduell unterschiedlichen materiellen Ausformungen einerseits und die Dimension der Rechtewahrnehmung andererseits, so ergeben sich daraus verschiedene Kombinationsmöglichkeiten und die Grundlage für ein differenziertes Urheberrechtssystem (V.). Der Schutz des Urhebers wird in

1 *Anke Schierholz*, in diesem Band, S. 87.
2 *Karl-Nikolaus Peifer*, in diesem Band, S. 39.

diesem System je nach Wahrnehmungsoption auf unterschiedliche Weise und zu unterschiedlichem Grade realisiert (VI.).

Ist damit die „Verwertungsgesellschaften-Lösung" als Mittel- und Mittlerweg vorgestellt, so können wir abschließend auf die Rolle der Verwertungsgesellschaften in der Informationsgesellschaft zurückkommen. Dazu ist zuerst allgemein darauf hinzuweisen, welche Möglichkeiten das gegenwärtige System mit den unterschiedlichen Wahrnehmungsoptionen für die digitale Werknutzung bietet (VIII.) und welche Perspektiven sich im Bereich der Wissenschaft ergeben (IX.). Zudem ist das Modell hier noch einmal zu erweitern und auf die bis dahin ausgesparte internationale Dimension (X.) und die europarechtliche Entwicklung (XI.) hinzuweisen.

II. Urheberrechtsschutz als Prämisse

1. Anerkennung eines Urheberrechts als Ausgangspunkt

Wenn die Veranstalter von „proprietären" und „nicht-proprietären" Lösungen sprechen, so geht es zuerst um die Frage, ob und inwieweit ein Urheberrechtsschutz gewährt wird oder nicht.[3] Soll ein wissenschaftlicher Beitrag, ein Foto, ein Kunstwerk urheberrechtlich geschützt sein und seinem Schöpfer ein eigentumsähnliches („proprietäres") Recht geben? Das setze ich im Folgenden voraus: Verwertungsgesellschaften nehmen Urheberrechte wahr,[4] und ohne Urheberrechtsschutz gibt es nichts, was eine Verwertungsgesellschaft wahrnehmen könnte. Herr Kollege *Kuhlen* wird ein anderes Modell vorstellen, bei dem ein solcher eigentumsähnlicher Schutz des *Urhebers* zugunsten der Freiheit der *Nutzungsinteressenten* aufgegeben oder doch wesentlich eingeschränkt sein soll.[5]

---

3 Aus Gründen der sprachlichen Konvenienz ist nachfolgend meist nur von „Urheber" die Rede, doch gilt weithin Entsprechendes für Inhaber von Leistungsschutzrechten.

4 Zur Definition der Verwertungsgesellschaften, vgl. § 1 Abs. 1 UrhWG: „Wer Nutzungsrechte, Einwilligungsrechte oder Vergütungsansprüche, die sich aus dem Urheberrechtsgesetz vom 9. September 1965 (Bundesgesetzblatt I S. 1273) ergeben, für Rechnung mehrerer Urheber oder Inhaber verwandter Schutzrechte zur gemeinsamen Auswertung wahrnimmt, bedarf dazu der Erlaubnis, gleichviel, ob die Wahrnehmung in eigenem oder fremdem Namen erfolgt."

5 *Rainer Kuhlen*, in diesem Band, S. 135.

2. Stufen des Urheberrechtsschutzes

Mit der grundsätzlichen Anerkennung eines Urheberrechtsschutzes ist freilich noch nichts über seine Ausgestaltung gesagt. Man kann verschiedene Ebenen unterscheiden.

a) Am stärksten ist der urheberrechtliche Schutz, wenn man dem Inhaber ein Ausschließlichkeitsrecht gibt. Rechtlich bedeutet das Ausschließlichkeitsrecht die Möglichkeit, andere von der Nutzung auszuschließen, ihnen also zum Beispiel zu untersagen, das Gedicht abzudrucken oder das Lied zu spielen. Dieses Ausschließlichkeitsrecht hat durchaus seinen eigenen Sinn, denn in vielen Fällen will der Urheber nicht, dass sein Werk überhaupt von Dritten genutzt wird, z.B. weil er es noch nicht für vollendet hält. Praktisch wichtiger ist die Möglichkeit, das Ausschließlichkeitsrecht wirtschaftlich zu verwerten. Das tut der Urheber, indem er Interessenten bestimmte Nutzungsrechte einräumt und dafür, soweit möglich, eine Vergütung erhält.

b) Die Ausschließlichkeitsposition des Urhebers kann man stufenweise einschränken. Auf der ersten Stufe kann man dies tun, indem man es zwar grundsätzlich anerkennt, den Urheber aber bindet, Interessenten ein Nutzungsrecht einzuräumen. In unserer Rechtsordnung würde man das durch eine Pflicht des Urhebers umsetzen, mit Interessenten einen Nutzungsvertrag zu schließen. Man nennt die Pflicht zum Vertragsabschluss auch Kontrahierungszwang. Damit dieser Kontrahierungszwang nicht vom Rechteinhaber vereitelt wird, würde man ihn durch ein Gebot ergänzen, die Nutzung zu angemessenen Bedingungen zu gestatten: Der Rechteinhaber darf sich dem Vertragsschluss nicht dadurch entziehen, dass er unzumutbare Bedingungen fordert, z.B. eine unsinnig hohe Vergütung.

c) Auf einer weiteren Stufe kann man die Rechtsposition des Urhebers dadurch abschwächen, dass man das Ausschließlichkeitsrecht zugunsten eines gegenläufigen Interesses einschränkt. Man spricht dann auch von einer „Schranke“ des Urheberrechts. Ein Beispiel für eine solche Schranke ist die bekannte Freigabe der „Privatkopie“. Diese Einschränkung des Urheberrechts kann weiter differenziert werden.

– So kann man die Schranke zum Beispiel zur Disposition des Urhebers stellen oder zwingend (und damit „durchsetzungsstark“) vorschreiben.

Je nachdem gibt man dem gegenläufigen Interesse ein geringeres oder größeres Gewicht.

Darum geht es z.B., wenn im Rahmen des „zweiten Korbs“ umstritten ist, ob man dem Urheber das Recht vorbehalten soll, die Inanspruchnahme der Privatkopie durch eine Kopiersperre auszuschließen. Der Regierungsentwurf hält jetzt daran fest, die Privatkopie bei technischen Schutzmaßnahmen nicht zwangsweise durchzusetzen.[6]

Auch bei einem für unser Thema wichtigen Bereich geht es um die Ausgestaltung der Schranken: Ein zentrales Problem der gemeinschaftsrechtlichen Richtlinie über das Urheberrecht in der Informationsgesellschaft sieht man darin, dass deren Art. 6 Abs. 4 UAbs. 4 die Schranken zugunsten der Allgemeinheit gerade für den Online-Bereich nicht „durchsetzungsstark“ ausgestaltet.[7] Die Regelung erlaubt m.a.W., dass der Urheber die Ausnutzung bestimmter Einschränkungen seines Rechts (Schranken), die aus Gründen gegenläufiger Interessen vorgesehen sind, für den Bereich der Online-Nutzung mittels technischer Schutzmaßnahmen vermeidet. Der Schrankenbereich – die Einschränkung des Urheberrechts – wird so zur Disposition des Urhebers gestellt und damit relativiert.

– Man kann dem Urheber als Ausgleich für die Beschränkung einen Vergütungsanspruch zugeben oder sie ersatzlos vorsehen. Der Urheber behält damit zwar ein vermögensrechtliches Rudiment seiner ursprünglichen Rechtsposition, hat aber auf die einzelne Nutzung keinen Einfluss.

III. Die Dimension der Rechtewahrnehmung

Bislang haben wir die Rechtsposition des Urhebers betrachtet. Die Dimension der Rechtewahrnehmung haben wir weitgehend ausgeblendet, wenn wir dabei von der schematischen Vorstellung ausgegangen sind,

---

6 Gesetzesentwurf der Bundesregierung – Entwurf eines Zweiten Gesetzes zur Regelung des Urheberrechts in der Informationsgesellschaft v. 22. 3. 2006, Begründung Allgemeiner Teil zu A II 2 (S. 39–41). Für den Wissenschaftsbereich aus Gründen des Zugangs zur Information krit. *Hilty, Reto M.*, Das Urheberrecht und der Wissenschaftler, Gewerblicher Rechtsschutz und Urheberrecht, Internationaler Teil (GRUR Int.) 2006, S. 179–190.

7 *Hilty* (Fn. 6), GRUR Int. 2006, S. 179, 186.

der Urheber würde mit einzelnen Nutzern Verträge schließen. Das tun Urheber zwar für manche Rechte durchaus selbst, für viele indes nicht. Stattdessen bedienen sie sich der Verwertungsgesellschaften.

1. Individuelle Rechtewahrnehmung durch den Rechteinhaber

Wenn Urheber ihre Rechte verwerten, indem sie selbst individuell Verträge mit Nutzern schließen, sprechen wir von der individuellen Rechtewahrnehmung. Der typische Fall der individuellen Wahrnehmung von Urheberrechten ist der Verlagsvertrag. Mit ihm räumt der Urheber dem Verlag das Recht ein, sein Werk zu vervielfältigen und zu verbreiten. Vervielfältigung und Verbreitung sind Ausschließlichkeitsrechte des Urhebers.

2. Kollektive Rechtewahrnehmung durch Verwertungsgesellschaften

Wenn hingegen Verwertungsgesellschaften die Rechte der ihnen angeschlossenen Urheber verwerten, sprechen wir von der kollektiven Rechtewahrnehmung. Sie erfolgt in zwei Stufen. Zuerst räumt der Urheber der Verwertungsgesellschaft Rechte ein. Und die Verwertungsgesellschaft räumt dann den Nutzungsinteressenten die Rechte ein. Der typische Fall der kollektiven Rechtewahrnehmung ist die Wahrnehmung des Aufführungsrechts an Musikwerken durch die GEMA.

IV. Die kollektive Rechtewahrnehmung nach dem Urheberrechtswahrnehmungsgesetz

1. Gründe für die kollektive Rechtewahrnehmung

Der Beispielsfall des Aufführungsrechts in der Musik macht zugleich deutlich, welche Gründe zur Bildung von Verwertungsgesellschaften geführt haben. Verwertungsgesellschaften entstanden, sobald das Aufführungsrecht in der Musik (ohne weitere Vorbehalte) als ausschließliches Recht des Urhebers anerkannt war. Das Aufführungsrecht kann der Urheber nämlich schon aus praktischen Gründen nicht selbst wahrnehmen.

Der Komponist kann nicht einmal in seinem Heimatort prüfen, ob sein Musikstück in der örtlichen Gaststätte aufgeführt wird, geschweige denn im Nachbarort oder im gesamten Bundesgebiet usw. Er könnte aber auch nicht allen Interessenten Nutzungsrechte einräumen: Viele Interessenten würden ihn gar nicht finden, und zudem verfügt der Komponist normalerweise nicht über den erforderlichen Apparat für die massenweise Lizenzierung. Nicht zuletzt fehlt ihm schließlich die erforderliche Marktstärke, um seine Interessen gegenüber großen Nutzern angemessen durchzusetzen.

Aus diesen Gründen haben die Urheber Verwertungsgesellschaften gebildet. Sie werden deshalb auch als Selbsthilfeorganisationen der Rechteinhaber bezeichnet. Dies ist auch ihr Hauptzweck: die Tätigkeit für die Rechteinhaber. Indes kommt ihre Tätigkeit auch den Nutzern zugute. Ihnen bleibt die mühevolle Suche der einzelnen Rechteinhaber erspart. Von einer Verwertungsgesellschaft können sie die Rechte an zahlreichen Werken kostengünstig erhalten.

2. Die rechtliche Regelung

Diese Überlegungen zu den Gründen der kollektiven Rechtewahrnehmung zeigen, dass es für beide Seiten, Urheber und Nutzer, Vorteile hat, wenn es nur wenige oder sogar nur eine Verwertungsgesellschaft gibt. Manche sehen Verwertungsgesellschaften sogar als einen Fall des so genannten „natürlichen Monopols" an. Für die Urheber ist eine solche Konzentration von Nutzen, weil sie eine kostengünstige Verwaltung ermöglicht. Für die Nutzer hat die Konzentration den Vorteil, dass sie einen Ansprechpartner haben. Sie können alle benötigten Rechte, wie man heute sagt, bei einem *one stop shop* erwerben.

Die Monopolstellung (oder auch eine marktstarke Stellung) hat indes auch Gefahren, weil damit die Kontrolle des Marktes und des Wettbewerbs fehlt (oder doch eingeschränkt ist). Die Verwertungsgesellschaften könnten zum Nachteil der Rechteinhaber und der Nutzer ineffizient arbeiten, den Rechteinhabern ungerechtfertigt ungünstige Wahrnehmungsbedingungen anbieten und den Nutzern ungerechtfertigt ungünstige Nutzungsbedingungen (Monopolrendite). Daher wird die fehlende Marktkontrolle durch eine besondere staatliche Kontrolle ersetzt. Sie besteht bei uns auf nationaler Ebene und auf Europäischer Ebene.

Ich beschränke mich zunächst darauf, die nationale Regelung des Urheberrechtswahrnehmungsgesetzes darzustellen (zum Gemeinschaftsrecht noch unten, X. 2 und XI.). Das Urheberrechtswahrnehmungsgesetz installiert zuerst eine Staatsaufsicht über die Verwertungsgesellschaften, die vom Deutschen Patent- und Markenamt (DPMA) ausgeübt wird. Die Aufsicht teilt sich in eine Gründungsaufsicht und eine Tätigkeitsaufsicht. Die Gründungsaufsicht bedeutet, dass man eine Erlaubnis des DPMA braucht, wenn man eine Verwertungsgesellschaft gründen will (§§ 1–4 UrhWG). Diese Erlaubnis ist an bestimmte Zuverlässigkeitsanforderungen gebunden. Im Rahmen der Tätigkeitsaufsicht überwacht das DPMA, dass die Verwertungsgesellschaft ihre Pflichten nach dem Urheberrechtswahrnehmungsgesetz erfüllt (§§ 18, 19 UrhWG).

Die Pflichten nach dem Urheberrechtswahrnehmungsgesetz betreffen zuerst das Verhältnis der Verwertungsgesellschaft zu den Rechteinhabern. Sie muss deren Rechte auf Verlangen wahrnehmen (Kontrahierungszwang), und zwar zu angemessenen Bedingungen (§ 6 UrhWG). Das ist wichtig, weil die Rechteinhaber, wie wir gesehen haben (oben, IV. 1), in bestimmten Fällen auf die Rechtewahrnehmung durch die Verwertungsgesellschaften angewiesen sind. Die Verwertungsgesellschaften müssen zudem ihre Einnahmen nach einem Verteilungsplan verteilen, der ein willkürliches Vorgehen ausschließt (§ 7 UrhWG). Da die Verwertungsgesellschaften selbst nach wertenden Gesichtspunkten über die Verteilung bestimmen und nicht der Staat, ist hier eine Mindestkontrolle installiert.

Aber auch gegenüber den Nutzungsinteressenten und Nutzern haben Verwertungsgesellschaften Pflichten. Diesen müssen sie auf Verlangen Auskunft geben, ob sie die Nutzungsrechte an einem bestimmten Werk wahrnehmen (§ 10 UrhWG). Sie sind jedermann gegenüber verpflichtet, an den von ihnen wahrgenommenen Rechten zu angemessenen Bedingungen Nutzungsrechte einzuräumen (§ 11 Abs. 1 UrhWG). Sie müssen mit Nutzervereinigungen Gesamtverträge zu angemessenen Bedingungen schließen (§ 12 UrhWG) und Tarife über die geforderten Vergütungen aufstellen und veröffentlichen (§ 13 UrhWG).

V. Kombinationsmöglichkeiten von Urheberrechtsschutz und Rechtewahrnehmung

1. Urheberrechtsschutz und Rechtewahrnehmung

Die beiden Komponenten des Urheberrechtschutzes einerseits und der Wahrnehmung andererseits ergeben nun verschiedene Kombinationsmöglichkeiten, die ein differenziertes, unterschiedlichen Interessen Rechnung tragendes System des Urheberrechts ermöglichen.

	individuelle Wahrnehmung	kollektive Wahrnehmung
Ausschließlichkeitsrecht (ohne Einschränkung)	z.B. Veröffentlichungsrecht (§ 12 UrhG); Rückrufrecht wegen gewandelter Überzeugung (§ 42 UrhG)	– (Verwertungsgesellschaften unterliegen einem allgemeinen Kontrahierungszwang, § 11 UrhWG, von dem nur aus besonderen Gründen Ausnahmen in Betracht kommen, z.B. Verletzung des Persönlichkeitsrechts des Urhebers, Sittenwidrigkeit, notorischer Vertragsbruch)
Ausschließlichkeitsrecht mit Kontrahierungszwang	z.B. Zwangslizenz zur Herstellung von Tonträgern (§ 42a UrhG)	z.B. Aufführungsrecht (§ 19 UrhG) an Musikwerken (GEMA), Vervielfältigung (§ 16 UrhG) von Werken der bildenden Kunst (VG Bild-Kunst) (Kontrahierungszwang aus § 11 UrhWG!)

	individuelle Wahrnehmung	kollektive Wahrnehmung
Beschränkung des Urheberrechts auf einen Vergütungsanspruch	z. B. Folgerechtsvergütung (§ 26 Abs. 1 UrhG; Auskunftsansprüche der Abs. 3 und 4 aber nur kollektiv, Abs. 5)	z. B. öffentliche Zugänglichmachung für Unterricht und Forschung (§ 52a UrhG)
freie Nutzung	z. B. freie Benutzung („als Vorlage"; § 24 UrhG); Vervielfältigung und Verbreitung von Reden über Tagesfragen, die auf öffentlichen Versammlungen gehalten wurden, in Druckschriften/auf Datenträgern (§ 48 UrhG); Zitierfreiheit (§ 51 UrhG)	

Die Kombinationsmöglichkeiten ergeben eine fein differenzierte Stufenfolge, die vom individuell wahrgenommenen Ausschließlichkeitsrecht ohne Kontrahierungszwang, also dem uneingeschränkten Monopol, bis hin zur freien Nutzung geht.

Die Einschaltung von Verwertungsgesellschaften ermöglicht dabei vor allem zwei zusätzliche Differenzierungen, die bei der individuellen Wahrnehmung nicht gegeben sind. Der Kontrahierungszwang, dem die Verwertungsgesellschaften gegenüber den Nutzern unterliegen (soeben IV. 2), bedeutet einen Zugang für jedermann. Und die Konzentration auf eine oder wenige Verwertungsgesellschaften (soeben, IV. 2) macht den Zugang zudem unschwer möglich.

2. Die Erweiterung der Differenzierung durch die Privatautonomie und das Persönlichkeitsrecht

In der Übersicht bereits angelegt ist, dass das Urheberpersönlichkeitsrecht in Deutschland (und vielen anderen Rechtsordnungen) die Differenzierung auch auf individueller Ebene fortschreibt. Denn zum Urheberpersönlichkeitsrecht rechnen wir die Befugnis zu entscheiden, ob ein Werk überhaupt veröffentlicht wird (negative Publikationsfreiheit: kein Publikationszwang).

Weitere Dispositions- und Differenzierungsmöglichkeiten ergeben sich daraus, dass der Rechteinhaber selbst entscheiden kann, ob und (in gewissem Umfang auch:) inwieweit er an der kollektiven Rechtewahrnehmung teilnimmt.

Da Verwertungsgesellschaften allerdings üblicherweise nur dort tätig werden, wo aus praktischen oder rechtlichen Gründen eine individuelle Wahrnehmung nicht in Betracht kommt, ist diese Dispositionsmöglichkeit freilich eher theoretischer Natur. So kann der Komponist das Aufführungsrecht aus praktischen Gründen nicht selbst wahrnehmen, er ist auf die Verwertungsgesellschaft angewiesen. Betraut er nicht eine Verwertungsgesellschaft mit der Wahrnehmung, so läuft sein Recht praktisch leer. In anderen Fällen hat der Gesetzgeber vorgeschrieben, dass bestimmte Rechte nur von einer Verwertungsgesellschaft wahrgenommen werden können, so z.B. das Kabelweitersendungsrecht (§ 20b UrhG). Der Verzicht auf die kollektive Wahrnehmung kommt einem Verzicht auf das Recht gleich.

Diese Differenzierungsmöglichkeiten werden weiter dadurch ergänzt, dass der Gesetzgeber die Wahrnehmungsbefugnis der Verwertungsgesellschaft unabhängig von der Rechteübertragung fingieren (§ 13b Abs. 3 UrhWG: „gilt") oder vermuten (§ 13b Abs. 2 UrhWG) kann. Das schränkt zwar die Privatautonomie des Rechteinhabers ein, erleichtert aber Nutzungsinteressenten und Verwertungsgesellschaften die Verhandlungen.

Soweit der Urheber seine Rechte individuell wahrnimmt, kann er zudem weithin darüber bestimmen, in welchem Umfang und zu welchen Konditionen er das tut. Das ermöglicht dem Urheber nicht nur, die Verwertung einzuschränken, sondern auch, sie freizustellen.[8] Er kann insbesondere

---

8 *Schack, Haimo,* Urheber- und Urhebervertragsrecht, 3. Aufl., Tübingen 2005, Rn. 310–312, 545a–545d; *Plaß, Gunda,* Open Contents im deutschen Urheberrecht, Gewerblicher Rechtsschutz und Urheberrecht, Internationaler Teil (GRUR Int.) 2002, S. 670–682; *Jaeger, Till/Metzger, Axel,* Open Content-Lizenzen nach deutschem Recht, Multimedia und Recht (MMR) 2003, S. 431–438; *Strobel, Tobias,* So content with Open Content – Zufriedenheit dank Open-Content Lizenz?, Multimedia und Recht (MMR) 2003, S. 778–782. De lege ferenda fordern *Pflüger, Thomas/Ertmann, Dietmar,* E-Publishing und Open Access – Konsequenzen für das Urheberrecht im Hochschulbereich, Zeitschrift für Urheber- und Medienrecht (ZUM) 2004, S. 436–443, eine Bindung von angestellten Wissenschaftlern, ihre Forschungsergebnisse der Universität zur Veröffentlichung anzudienen; kritisch *Hansen, Gerd,* Zugang zu wissenschaftlicher Information – alternative urheberrechtliche Ansätze, Gewerblicher Rechtsschutz und Urheberrecht, Internationaler Teil (GRUR Int.) 2005, S. 378–388; zum gegenwärtigen

weitgehend auch altruistische oder ideelle Motive verfolgen und Nutzungsrechte jedermann (ohne Vergütung) einräumen. Z.B. kann er sein Manuskript ins Internet einstellen und zum Nachdruck freigeben.[9]

VI. Rechtewahrnehmung und Schutz des Urhebers

Unabhängig von der Form der Wahrnehmung bedarf der Urheber freilich des Schutzes. Das Bild wäre nicht vollständig, wenn man die mit der individuellen und der kollektiven Wahrnehmung verbundenen Schutzmechanismen nicht darstellte. Sie sind auch für unsere weiteren Überlegungen von Bedeutung.

1. Das Urhebervertragsrecht als Schutzrecht

Die individuelle Rechtewahrnehmung erfolgt durch Vertrag mit dem einzelnen Nutzer (oben, III. 1). Verschiedene Mechanismen des Urhebervertragsrechts sollen sicherstellen, dass der Urheber sich nicht vorschnell und ohne angemessene Gegenleistung seiner Rechte begibt. Zum Beispiel kann der Urheber Nutzungsrechte für unbekannte Nutzungsarten nicht einräumen; man will ihm die Möglichkeit erhalten, über neue Nutzungsarten gegen gesondertes Entgelt gesondert zu verfügen (§ 31 Abs. 4 UrhG; s. jetzt §§ 31a, 32c RegE UrhG 2006). Weiterhin legt man pauschale Nutzungsrechtsübertragungen eng aus, nämlich dahin, dass der Nutzer nur diejenigen Rechte bekommt, die er nach dem Vertragszweck benötigt (§ 31 Abs. 5 UrhG). Auch dahinter steht der Gedanke, dass der Urheber über die anderen, ihm verbleibenden Rechte gesondert verfügen können soll. Weiterhin schuldet der Nutzer nach §§ 32f. UrhG dem Urheber für die Nutzung grundsätzlich eine angemessene Vergütung; der Urheber kann diese einklagen. Zu leicht lässt sich der Urheber die Nutzungsrechte billig abkaufen, weil deren wirtschaftlicher Wert noch nicht erkennbar ist oder er ihn aus geschäftlicher Unerfahrenheit nicht kennt.

Stand BGH, Gewerblicher Rechtsschutz und Urheberrecht (GRUR) 1991, S. 523 = BGHZ 112, S. 243 – Grabungsmaterialien.

9 Soweit er die Vervielfältigung oder öffentliche Zugänglichmachung freistellt, kann der Urheber folgerichtig auch keine gesetzliche Vergütung für Nutzungen in diesen Schrankenbereichen (über die Verwertungsgesellschaften) verlangen.

Allerdings soll die Regelung über die sogenannte weitere Beteiligung des Urhebers (§ 32a UrhG) jetzt um einen Satz ergänzt werden: „Der Urheber kann aber unentgeltlich ein einfaches Nutzungsrecht für jedermann einräumen." (§ 32a Abs. 3 S. 3, § 32c Abs. 3 S. 2 RegE). Damit soll „einer befürchteten Rechtsunsicherheit für ‚open source'-Programme und anderen ‚open content'" begegnet werden.[10]

2. Die Verwertungsgesellschaften als Schutzgaranten

Die kollektive Rechtewahrnehmung durch Verwertungsgesellschaften ist zuerst selbst ein Schutzmechanismus. Sie versetzt nicht nur die Urheber in die Lage, Rechte wahrzunehmen, wo dies individuell nicht praktikabel oder zulässig wäre. Sie verschafft ihnen auch gegenüber der Marktgegenseite das erforderliche Gewicht, um eine angemessene Vergütung sicherzustellen. Insoweit besteht eine gewisse Parallele zur kollektiven Organisation von Arbeitnehmern in Gewerkschaften.

Darüber hinaus enthalten die Regelwerke der Verwertungsgesellschaften aber teilweise auch selbst Mechanismen, die dem Schutz der Rechteinhaber dienen oder doch eine Schutzwirkung für sie entfalten können.

Ein Beispiel dafür ist eine Regelung im Verteilungsplan der VG Bild-Kunst, nach der die Künstler der Verwertungsgesellschaft u.a. Ansprüche aus der Nutzung von Werken und Lichtbildern in Form der Vervielfältigung und Verbreitung (§§ 16, 17 UrhG) zur Wahrnehmung überträgt: Der Berechtigte kann verlangen, dass ihm die Rechte im Einzelfall zurückübertragen werden.[11] Die Rückübertragung kann indes nur der *Berechtigte* von der VG Bild-Kunst verlangen. Daher war eine „Freistellungserklärung", die Künstler einem Verlag für die Erstellung eines Sammelbandes mit der Bezeichnung „Kunstklotz" gegeben hatten, wirkungslos. Der Verlag musste die Rechte von der Verwertungsgesellschaft erwerben und dafür eine Vergütung zahlen.[12] Mit der Rückrufregelung werden die Urheber vor einem vorschnellen Verzicht geschützt, der sonst

---

10 Gesetzesentwurf der Bundesregierung – Entwurf eines Zweiten Gesetzes zur Regelung des Urheberrechts in der Informationsgesellschaft v. 22. 3. 2006, Begründung zu Art. 1 Nr. 5 (§ 32a).

11 § 1 Abs. 1 lit. l, Abs. 2 Wahrnehmungsvertrag für die Berufsgruppen I und II der Verwertungsgesellschaft Bild-Kunst.

12 OLG Köln, Zeitschrift für Urheber- und Medienrecht (ZUM) 1998, S. 505.

nur allzuleicht erklärt wird, z.B. weil der Nutzer dem Urheber suggeriert, es sei für eine gute Sache oder alle anderen hätten auch schon zugestimmt oder dergleichen.[13]

Primär der Effizienz der kollektiven Wahrnehmung dient es, wenn die Rechteinhaber der Verwertungsgesellschaft die Rechte an allen bestehenden und künftig entstehenden Werken übertragen. Auch diese Vorausabtretung kann eine Schutzfunktion entfalten. Durch die Bindung wird dem Urheber die Möglichkeit genommen, die betreffenden Rechte überhaupt einem Dritten zu übertragen; dazu müsste er den Wahrnehmungsvertrag kündigen.[14] Ironischerweise wird die Schutzfunktion dadurch deutlich, dass manche Nutzer Mitgliederlisten von Verwertungsgesellschaften als „schwarze Listen" führen und den Mitgliedern der Verwertungsgesellschaften keine Aufträge erteilen.[15]

VII. Verwertungsgesellschaften als Intermediäre

Damit komme ich auf den Ausgangspunkt und die Fragestellung zurück, die mir die Veranstalter aufgegeben haben. Inwieweit fungieren Verwertungsgesellschaften als „Wissensmittler". Das ist streng genommen überhaupt nicht der Fall, da sie kein „Wissen"[16] vermitteln, sondern nur dadurch zur Wissensvermittlung beitragen, dass sie die an dem „Wissen" bestehenden Rechte vermitteln. In diesem Sinne kann man sie dann allerdings durchaus als Mittler oder Intermediäre ansehen. Darüber hinaus

---

13 Vgl. *Pfennig, Gerhard*, Anmerkung zu LG Köln v. 9. 4. 1997 – 28 O 55/96, Zeitschrift für Urheber- und Medienrecht (ZUM) 1998, S. 170.

14 Zutreffend weisen *Jaeger/Metzger* (Fn. 8), MMR 2003, S. 431, 433, darauf hin, dass die Rechteeinräumung im Wahrnehmungsvertrag auch der Rechtefreigabe durch „Open Content-Lizenz" entgegenstehen kann.

15 Vgl. (für Österreich) *Walter, Michel M.*, Diskussionsentwurf zur Novellierung des Verwertungsgesellschaftengesetzes, Medien und Recht (MR) 2004, Beilage zu Heft 2, S. 18, 22.

16 Ich sehe davon ab, den Begriff des „Wissens" zu bestimmen. In meinem Zusammenhang ist das „Wissen" nur insoweit von Interesse, als es ein urheberrechtlich geschütztes Werk oder eine nach dem Urheberrechtsgesetz geschützte Leistung darstellt. Nur aus diesen ergeben sich die Rechte, deren Wahrnehmung (nach § 1 UrhWG; oben, Fn. 4) Aufgabe der Verwertungsgesellschaften ist.

kann man aber in der Einschaltung von Verwertungsgesellschaften auch eine vermittelnde Lösung sehen.

1. Mittellösung: Einschränkung des Urheberrechts

Dabei ist dem Entwicklungszusammenhang und der Primärfunktion der Verwertungsgesellschaften entsprechend zuerst noch einmal hervorzuheben, dass sie dem Schutz des Urhebers und seiner Rechte dienen. Prämisse der „Verwertungsgesellschaften-Lösung" ist daher die „proprietäre" Lösung (oben, II.). Gleichwohl ist es nicht falsch, wenn die Veranstalter mit Hilfe der Verwertungsgesellschaften einen mittleren Weg zwischen proprietären und nicht-proprietären Lösungen suchen. Wie unsere Übersicht über die Stufen des Urheberrechtsschutzes (V.) gezeigt hat, bedeutet die Verwendung von Verwertungsgesellschaften schon insoweit eine Einschränkung des Urheberrechtsschutzes, als diese einem Kontrahierungszwang unterliegen. Das Ausschließlichkeitsrecht bleibt zwar formal bestehen, nähert sich aber faktisch einem Vergütungsanspruch an.

Darüber hinaus hat der Gesetzgeber Verwertungsgesellschaften gerade dort eingeschaltet, wo das Recht des Urhebers auf einen Vergütungsanspruch reduziert ist, so etwa bei der Privatkopie (§ 53 UrhG). Hier hat der Gesetzgeber das eigentlich (nach § 16 UrhG) dem Urheber vorbehaltene Vervielfältigungsrecht selbst eingeschränkt und dem Urheber als Rudiment nur einen Vergütungsanspruch belassen. Dieser Vergütungsanspruch wird wieder durch Verwertungsgesellschaften wahrgenommen.

Mit diesen Einschränkungen rückt die gesetzliche Regelung von der streng proprietären Lösung ab, um dem Urheberrecht gegenläufigen Interessen Rechnung zu tragen. Die Zuweisung des Rechts zum „Eigentum" des Urhebers wird eingeschränkt. Der Zugriff des Nutzers, der bei einer streng proprietären Lösung versperrt werden könnte, wird erleichtert.

2. Vermittlungslösung: Erleichterung des Rechteerwerbs

Die Einschaltung von Verwertungsgesellschaften bedeutet aber auch für die Nutzer, deren Interesse darin liegt, die erforderlichen Rechte auf einfache Art und Weise zu erwerben, einen mittleren Weg zwischen der streng proprietären Lösung und der freien Nutzung.

Das gilt schon dann, wenn die Verwertungsgesellschaften Ausschließlichkeitsrechte wahrnehmen, z. B. die VG Bild-Kunst das Vervielfältigungsrecht an Werken der bildenden Kunst. Will ein Nutzer beispielsweise die Fotografie von einer Skulptur vervielfältigen, so kann er die erforderlichen Rechte einfach und kostengünstig von der VG Bild-Kunst erwerben. Die Mühe, den Urheber (oder einen ihm nachgefolgten Rechteinhaber, z. B. Erben) zu ermitteln und mit diesem zu kontrahieren, bleibt dem Nutzungsinteressenten erspart. Die VG Bild-Kunst ist zudem, wie wir gesehen haben, verpflichtet, dem Nutzungsinteressenten die Rechte zu angemessenen Bedingungen einzuräumen.

Noch weiter kommt der Gesetzgeber dem Nutzungsinteressenten entgegen, wenn er dem Urheber das Ausschließlichkeitsrecht nimmt und ihm nur einen Vergütungsanspruch belässt. Dann besteht von vornherein (auch ohne Kontrahierungszwang) kein Verbietungsrecht, sondern nur eine Vergütungspflicht. Und diese ist zudem durch weitere Mechanismen prozedural erleichtert. So muss nicht der einzelne die Kopiervergütung gesondert an die GEMA oder die VG Wort entrichten, sondern wird sie in Form einer Geräteabgabe von den Herstellern usw. entrichtet (§§ 54 a ff. UrhG) und über den Preis an den Kunden weitergeleitet.

VIII. Digitale Werknutzung und Rechtewahrnehmung

Ein besonderes Anliegen der Veranstalter ist „die Zukunft der kollektive Rechteverwertung im Bereich der digitalen Werknutzung".[17] Mit der „digitalen Werknutzung" ist, wie ich annehme, jede Nutzung gemeint, die mit Hilfe von der digitalen Technik erfolgt, also sowohl über Daten bzw. Datenbanken auf Datenträgern als auch über Internet-Datenbanken oder Kopien, die mittels Internet oder elektronischer Übermittlung zugänglich gemacht wird.

---

17 S. hierzu auch *Melichar, Ferdinand*, Verwertungsgesellschaften in der Informationsgesellschaft, in: Delp, Ludwig (Hg.), Das Buch in der Informationsgesellschaft, Wiesbaden 2006, S. 219–235.

1. Individuelle Wahrnehmung

Dazu ist zunächst noch einmal darauf hinzuweisen, dass die hier zugrunde gelegte „proprietäre" Lösung (oben, II.) in ihrer Ausgestaltung durch das deutsche Urheberrechtsgesetz weiten Gestaltungsspielraum lässt, auch neuen Nutzungswünschen Rechnung zu tragen. Das gilt insbesondere für diejenigen, die aus ideellen (oder ideologischen) Gründen keine materiellen Interessen verfolgen wollen, sondern z.B. nur wissenschaftliches Renommé erstreben. Es steht ihnen in einem weiten Rahmen frei, kostenlos Nutzungsrechte einzuräumen.[18]

Zu Recht bestehen dafür freilich auch Grenzen. Denn auch hier drohen die Gefahr einer Überrumpelung und die Gefahr, dass sich der Urheber unversehens oder unbedacht materieller Werte begibt bzw. in größerem Umfang begibt, als beabsichtigt. Tatsächlich ist aus der Praxis zu hören, dass diejenigen, die kostenlose Lizenzen vergeben, oft nicht wissen oder richtig abschätzen, was sie tun, und hernach Schwierigkeiten haben, das wieder rückgängig zu machen.

2. Kollektive Wahrnehmung

Wie steht es nun um die Zukunft der kollektiven Rechteverwertung? Eine sich abzeichnende Entwicklung ist die so genannte Digitale Rechtewahrnehmung (*digital rights management*).[19] Manche sehen darin eine Entwicklung, die von der kollektiven Wahrnehmung zurückführt zur individuellen. Einschränkend muss man allerdings darauf hinweisen, dass die technische Entwicklung derzeit offenbar noch nicht so weit ist, dass jeder Autor, bildende Künstler oder Komponist (oder ein Intermediär, z.B. ein Verlag) jede Vervielfältigung selbst lizenzieren könnte (wenn er denn wollte).[20] Auch wenn die technischen Möglichkeiten gegeben wären, entfiele aber mit der Möglichkeit einer individuellen Rechtewahrnehmung nur *eine* Begründung für die kollektive Wahrnehmung. Andere Begründungen bleiben, insbesondere der Aspekt des Urheberschutzes:

---

18 Nachweise in Fn. 8.

19 S. nur Gesetzesentwurf der Bundesregierung – Entwurf eines Zweiten Gesetzes zur Regelung des Urheberrechts in der Informationsgesellschaft v. 22. 3. 2006, Begründung A II.

20 *Melichar* (Fn. 17), S. 221 f.

Entfällt die kollektive Wahrnehmung, so müssen die Mechanismen des Urhebervertragsrechts zu seinem Schutz aktiviert werden.

Ob die individuelle Rechtewahrnehmung die Nutzung von Werken in der Wissenschaft erleichtern wird, kann man freilich bezweifeln. Soweit sie sich tatsächlich durchsetzen sollte, wird sie wohl nicht dazu führen, dass die einzelnen Urheber ihre Rechte selbst wahrnehmen. Diese Aufgabe dürften eher Verlage übernehmen, die sich ein neues Geschäftsfeld erschließen. In jedem Fall liegen die Rechte damit aber nicht mehr – wie bei der Verwertungsgesellschaft – in einer Hand, und entsprechend mühevoller wird die Lizenzierung. Für die Urheber wird sich zudem die Frage stellen, wie sie ihre Interessen gegenüber den Verlagen wahrnehmen können, wenn die Ausgleichsmechanismen der Verwertungsgesellschaften (interne Willensbildung nach demokratischen Grundsätzen) nicht mehr zur Verfügung stehen.

In vielen Bereichen wird es ungeachtet technischer Neuerungen bei der kollektiven Wahrnehmung bleiben. Sie stellt auch an die Verwertungsgesellschaften neue Aufgaben. Diese müssen sich auf neue Nutzungsmöglichkeiten und neue Nutzungsinteressen einstellen, z.B. in Forschung und Lehre. Das tun Verwertungsgesellschaften üblicherweise auch, aus gutem Grunde. Als Treuhänder der Rechteinhaber sind sie nicht an der Verhinderung von Nutzungen, sondern an der Lizenzierung und Vergütung interessiert. Als Beispiel kann die von verschiedenen Verwertungsgesellschaften gegründete *Clearingstelle Multimedia* dienen.[21] Als ein Zusammenschluss von Verwertungsgesellschaften verschiedener Bereiche – Musik, Wort, Bild – hat die Clearingstelle den Zweck, die Verhandlungen zwischen Herstellern bzw. Verwertern von Multimediaprodukten und Rechteinhabern zu fördern und zu erleichtern. Mit ihr haben die Verwertungsgesellschaften auf die Bedürfnisse der Nutzer reagiert, die mit Multimedia-Produkten ein neues Geschäftsfeld erschließen wollen.

21 CMMV Clearingstelle Multimedia für Verwertungsgesellschaften von Urheber- und Leistungsschutzrechten GmbH, Satzung abgedruckt bei Hillig, Hans-Peter (Hg.), Urheber- und Verlagsrecht – Textausgabe, 10. Aufl., München 2003, Nr. 24g.

IX. Werknutzung durch die Wissenschaft und Nutzung von wissenschaftlichen Werken

Im Zusammenhang mit der anhaltenden Urheberrechtsreform werden gerade für den Bereich der Wissenschaft, um den es den Veranstaltern geht, zwei Themen kontrovers erörtert. Es geht zum einen um Nutzung von Werken (jeglicher Art) *durch die Wissenschaft* und zum zweiten um die Nutzung von Werken *der Wissenschaft*, insbesondere der öffentlich finanzierten Wissenschaft. An dieser Stelle ist nur auf die Möglichkeiten hinzuweisen, die sich hier durch die Einschaltung von Verwertungsgesellschaften bieten.[22]

1. Werknutzung durch die Wissenschaft

Die digitale Werknutzung durch die Wissenschaft ist besonders in § 52a UrhG geregelt. Danach ist es – vereinfacht gesprochen – zulässig, kleine Teile eines veröffentlichten Werks einem abgegrenzten Kreis von Personen zu Zwecken des Unterrichts oder der Forschung öffentlich zugänglich zu machen, soweit dies erforderlich ist. Die Regelung ist umstritten. Geht sie manchen nicht weit genug, so wird sie von anderen als Verletzung des verfassungsrechtlich garantierten Eigentums und des Drei-Stufen-Tests[23] kritisiert.[24]

---

22 Zu dem Streit in der Sache, s. noch das nachfolgende Referat von *R. Kuhlen*, in diesem Band, S. 135. Zur Rolle von Verwertungsgesellschaften in diesen – und einigen weiteren – Fällen auch *Melichar* (Fn. 17), S. 227–233.

23 Der Drei-Stufen-Test ist ein Kontrollmechanismus, der eine Aushöhlung des Urheberrechts bei der Einführung von Beschränkungen verhindern soll; man kann darin eine „Schranken-Schranke" sehen; s. näher *Schack* (Fn. 8), Rn. 481. Art. 5 Abs. 5 Richtlinie 2001/29/EG des Europäischen Parlaments und des Rates vom 22. Mai 2001 zur Harmonisierung bestimmter Aspekte des Urheberrechts und der verwandten Schutzrechte in der Informationsgesellschaft (ABl. 2001 L 167/10) formuliert den Drei-Stufen-Test so:

> „(5) Die in den Absätzen 1, 2, 3 und 4 genannten Ausnahmen und Beschränkungen dürfen nur in bestimmten Sonderfällen angewandt werden, in denen die normale Verwertung des Werks oder des sonstigen Schutzgegenstands nicht beeinträchtigt wird und die berechtigten Interessen des Rechtsinhabers nicht ungebührlich verletzt werden."

24 S. nur *Schack, Haimo*, Dürfen öffentliche Einrichtungen elektronische Archive anlegen?, Archiv für Presserecht (AfP) 2003, S. 1–8; *Gounalakis, Georgios*, Digitale Lehrbücher im Computernetzwerk von Schulen und Hochschulen und das

Die Regelung läuft Ende 2008 aus (§ 137k UrhG). Der Regierungsentwurf sieht jetzt einen neuen § 52b UrhG vor. Die Neuregelung soll öffentlich zugänglichen Bibliotheken, Museen oder Archiven, die keinen unmittelbar wirtschaftlichen oder Erwerbszweck verfolgen, ermöglichen, veröffentlichte Werke in ihren Räumen an dafür eingerichteten elektronischen Leseplätzen zugänglich zu machen.

In beiden Fällen (§ 52a und § 52b) hat der Gesetzgeber das Recht des Urhebers, sein Werk öffentlich zugänglich zu machen, als Ausschließlichkeitsrecht eingeschränkt. Er hat dem Urheber seine Rechtsposition aber vermögensmäßig erhalten und vorgeschrieben, dass für die öffentliche Zugänglichmachung eine angemessene Vergütung zu zahlen ist. Dabei entspricht es praktischen Bedürfnissen, den Interessen von Nutzern und Urhebern, dass der Vergütungsanspruch nur von einer Verwertungsgesellschaft geltend gemacht werden kann.

2. Nutzung von wissenschaftlichen Werken

Umstritten bleibt vorerst die Nutzung von Werken der Wissenschaft.[25] Knappe Haushaltsmittel und hohe Preise für Verlagserzeugnisse haben die Diskussion erhitzt, inwieweit die Ergebnisse wissenschaftlicher Forschung nicht allgemein zugänglich sein sollten. Dafür wird besonders für den Fall geworben, dass es sich um Ergebnisse öffentlich finanzierter Forschung handelt. Man empfindet, dass die öffentliche Hand und damit der Steuerzahler für dasselbe zweimal (oder dreimal) zur Kasse gebeten werde, wenn sie zuerst die Forschung und ihre Publikation fördert und anschließend noch den Erwerb der Forschungsergebnisse (Kauf von Büchern durch öffentliche Bibliotheken).

Urheberrecht, Juristenzeitung (JZ) 2003, S. 1099–1101; *v. Bernuth, Wolf*, Streitpunkt – der Regelungsgehalt des § 52a UrhG, Zeitschrift für Urheber- und Medienrecht (ZUM) 2003, S. 438–444; *Ensthaler, Jürgen*, Bundestag beschließt Herausnahme wissenschaftlicher Werke aus dem Urheberrechtsgesetz, Kommunikation und Recht (K & R) 2003, S. 209–211.

25 S. nur *Hansen* (Fn. 8), GRUR Int. 2005, S. 378, 383–387; *Hilty* (Fn. 6), GRUR Int. 2006, S. 179–190; *Pflüger/Ertmann* (Fn. 8), ZUM 2004, S. 436–443. Einen einführenden Überblick über das Meinungsbild zum Für und Wider geben die Beiträge von *Asschenfeldt, Christiane/Honekamp, Roland* (Pro) und *Russ, Christian* (Contra), Freier Zugriff auf wissenschaftliche Beiträge?, Zeitschrift für Rechtspolitik (ZRP) 2004, S. 247.

Aus dem Panorama der Kombinationsmöglichkeiten (oben, V.) werden auch hier unterschiedliche Vorschläge gemacht.[26] Zum Beispiel ist vorgeschlagen worden, der an der Universität tätige Forscher solle seinem Arbeitgeber ein Nutzungsrecht anbieten, bevor er seine Forschungsergebnisse selbst publiziert (Andienungspflicht und Zwangslizenz).[27] Ein anderes Modell knüpft an die soeben (1) erörterte Regelung des § 52a UrhG an:[28] Die Ergebnisse öffentlich finanzierter Lehre und Forschung sollten, soweit sie in Periodika erschienen sind, sechs Monate nach der Erstveröffentlichung der Allgemeinheit zugänglich gemacht werden, soweit dies zur Verfolgung nicht-kommerzieller Zwecke gerechtfertigt ist. Auch hier wird ein von den Verwertungsgesellschaften wahrzunehmender Anspruch auf eine angemessene Vergütung vorgeschlagen.

Für die Zwecke dieses Beitrags ist lediglich auf die Bedeutung kollektiver Rechtewahrnehmung in diesem Bereich hinzuweisen. Soweit man nicht daran denkt, dem Wissenschaftler jegliches Urheberrecht an seinen Forschungsergebnissen zu entziehen,[29] bietet sich eine Schrankenlösung verbunden mit einer kollektiven Wahrnehmung in hohem Maße an. Verwertungsgesellschaften bieten den Nutzern die Möglichkeit, über die angemessene Vergütung mit *einem* Partner zu verhandeln.[30] Einen weiteren Vorteil kann man darin finden, dass die Binnenverteilung unter den Rechteinhabern, die vielleicht nach Art des betroffenen Rechts, nach der Berufsgruppe und der Branche differenziert erfolgen soll, den Verwertungsgesellschaften als Vertretung der Rechteinhaber überlassen ist.

---

26 Urheberrechtliches „Brainstorming“ bei *Hansen* (Fn. 8), GRUR Int. 2005, S. 378, 383–387.

27 *Pflüger/Ertmann* (Fn. 8), ZUM 2004, S. 436–443.

28 *Hansen* (Fn. 8), GRUR 2005, S. 378, 383–386.

29 Dem stünden bei uns verfassungsrechtliche Bedenken (Art. 1, 2, 14 GG), aber auch völkerrechtliche Verpflichtungen entgegen!

30 Wenn unterschiedliche Rechte betroffen sind, wie regelmäßig bei § 52a UrhG der Fall, tritt den Nutzern eine verhältnismäßig kleine Gruppe von Verwertungsgesellschaften gegenüber.

X. Die Internationale Zusammenarbeit der Verwertungsgesellschaften

Bei der bisherigen Erörterung haben wir vereinfachend nur den nationalen Bereich in den Blick genommen. Allerdings hat die Wahrnehmung von Urheberrechten, wie gerade die Bereiche Forschung und Internet zeigen, auch eine internationale Dimension. Diese internationale Dimension kann hier nur in groben Zügen nachgezeichnet werden, zudem müssen wir uns auf Fragen der Rechtewahrnehmung beschränken und das ausländische und internationale Urheberrecht außer Betracht lassen.

1. Das Netz der Gegenseitigkeitsverträge

Allerdings ist die internationale Zusammenarbeit von Verwertungsgesellschaften keine Neuheit. Im Gegenteil haben sie frühzeitig ein Modell entwickelt, um die Rechte ihrer Mitglieder überall auf der Welt wahrzunehmen. Dieses Modell beruht auf einem Netz, das sich aus einer Vielzahl von Verträgen über die gegenseitige Vertretung ergibt, sogenannten Gegenseitigkeitsverträgen. Mit einem solchen Gegenseitigkeitsvertrag beauftragen zwei Verwertungsgesellschaften einander damit, im jeweiligen Sitzland die Rechte der anderen Verwertungsgesellschaft (mit) wahrzunehmen. SACEM, die französische Verwertungsgesellschaft für Musik, beauftragt ihre deutsche Schwestergesellschaft GEMA damit, in Deutschland das französische Repertoire wahrzunehmen, und umgekehrt nimmt sie für die GEMA in Frankreich das deutsche Repertoire wahr. Dadurch, dass (nahezu) jede Verwertungsgesellschaft mit (nahezu) jeder anderen Verwertungsgesellschaft der Welt einen solchen Gegenseitigkeitsvertrag schließt, kann jede Verwertungsgesellschaft in ihrem Land (nahezu) das „Weltrepertoire" anbieten.

Die Vorteile, die sich für beide Seiten ergeben, liegen auf der Hand. Für die Urheber ist es von Vorteil, wenn ihre Rechte auch im Ausland wahrgenommen werden. Die Zusammenarbeit der Verwertungsgesellschaften durch Gegenseitigkeitsverträge macht das auf einfache und kostengünstige Weise möglich: Der Urheber muss nur Mitglied einer einzigen Verwertungsgesellschaft werden, üblicherweise in seinem Heimatland; und er muss für jedes Land nur eine einzige Lizenzierungs- und Überwachungsstruktur finanzieren. Für die Nutzungsinteressenten sind die Vorteile spiegelbildlich, da sie am Ort ihrer Tätigkeit die benötigten

Rechte aus einer Hand erwerben können, nämlich von der nationalen Verwertungsgesellschaft.

2. Lizenzierungsmodelle im Online-Bereich

Allerdings macht der Online-Bereich die Entwicklung neuer Lizenzierungsmodelle erforderlich. Hier geht es nun nicht mehr um eine national gebundene Nutzung wie bei der mechanischen Vervielfältigung eines Bildes oder Textes oder bei der Konzertwiedergabe eines Musikstücks. Da das Internet keine nationalen Grenzen hat, benötigt derjenige, der geschützte Inhalte über das Internet anbieten möchte, die Nutzungsrechte für eine Vielzahl von Ländern. Das ist eine Herausforderung für die Wahrnehmungspraxis der Verwertungsgesellschaften, die (entsprechend den Bedürfnissen) traditionell nur nationale Lizenzen für ihr Territorium eingeräumt haben.

Nach derzeitigem Stand muss der Nutzer daher für die Online-Nutzung von den Verwertungsgesellschaften aller Länder eine entsprechende Lizenz erwerben. Eine internationale Zusammenarbeit, die die Musikverwertungsgesellschaften mit der sogenannten Santiago-Vereinbarung ermöglichen wollten, ist vorerst gescheitert, da diese Vereinbarung ausgelaufen ist. Sie sah vor, dass die Verwertungsgesellschaften einander auch mit der Wahrnehmung der Rechte für die Internet-Nutzung betrauen. Jede Verwertungsgesellschaft sollte die Rechte für alle Länder vergeben können. Dabei sollte sie die Lizenztarife der betroffenen Länder berücksichtigen. Für die Lizenzierung sollte dabei stets die Verwertungsgesellschaft zuständig sein, in deren Tätigkeitsbereich der Nutzungsinteressent seinen Sitz hat (Klausel über den wirtschaftlichen Mittelpunkt, *commercial residence clause*).

Die Verwertungsgesellschaften haben die Santiago-Vereinbarung nicht mehr verlängert, nachdem die EG-Kommission angekündigt hat, die Klausel über den wirtschaftlichen Mittelpunkt zu beanstanden. Hintergrund für die Beanstandung der Kommission ist, dass sie auf dem Markt für Online-Lizenzen einen Wettbewerb zwischen den Verwertungsgesellschaften etablieren möchte: Die Nutzungsinteressenten sollen frei wählen können, von welcher Verwertungsgesellschaft sie die Rechte erwerben, und die Verwertungsgesellschaften sollen sich in dieser Konkurrenz mit günstigeren Konditionen unterbieten. Die Verwertungsgesellschaften wollen dies vermeiden. Zum einen könnte eine solche Konkurrenz nur zu Lasten der Rechteinhaber gehen und deren angemessene Vergütung in Frage stellen. Zum anderen ist eine effektive Überwachung von Internet-Nutzungen nur in Zusammenarbeit mit den Anbietern vor Ort möglich, so dass man auch bei der Internet-Nutzung lokale (nationale) Strukturen benötigt.

XI. Die Europäische Entwicklung

Damit ist bereits die Europäische Entwicklung angesprochen. Sie ist noch weitgehend offen. Ein eigentliches Wahrnehmungsrecht gibt es auf Europäischer Ebene noch nicht. Da die Verwertungsgesellschaften indes als nationale Monopole marktbeherrschende Unternehmen im Binnenmarkt sind und zudem über internationale Vereinigungen (z.B. CISAC) und über Gegenseitigkeitsverträge international zusammenarbeiten, unterliegen sie der Kartellaufsicht der Kommission (Art. 81f. EG). Zudem hat die Kommission im vergangenen Jahr eine Empfehlung zum Wahrnehmungsrecht ausgesprochen. In beiden Bereichen steht bislang freilich der Musikmarkt im Vordergrund.

1. Die Online-Musikdienste-Empfehlung

Für so genannte Online-Musikdienste hat die Kommission am 18. Oktober 2005 eine Empfehlung vorgelegt, mit der sie den Mitgliedstaaten und den Verwertungsgesellschaften Rahmenbedingungen für die grenzüberschreitende Wahrnehmungstätigkeit vorschlägt.[31] Hintergrund für die Empfehlung ist, dass die Kommission besorgt, die bestehenden Strukturen der kollektiven Rechtewahrnehmung führten nicht zu einer effizienten und kostengünstigen Rechtewahrnehmung und Lizenzierung. Um dem zu begegnen, schlägt die Kommission in der Empfehlung

31 Empfehlung der Kommission vom 18. Oktober 2005 für die länderübergreifende kollektive Wahrnehmung von Urheberrechten und verwandten Schutzrechten, die für legale Online-Musikdienste benötigt werden (2005/737/EG), ABl. 2005 L 276/54. Einführung dazu bei *Majer, Ludwig*, Handlungsoptionen der EU-Politik im Bereich der Verwertungsgesellschaften, in: Riesenhuber, Karl (Hg.), Wahrnehmungsrecht in Polen, Deutschland und Europa, Berlin 2006, S. 147–170.

vor, den Rechteinhabern die freie Wahl der Verwertungsgesellschaft zu überlassen. Weiterhin sollen sie selbst bestimmen, in welchem Umfang die „Online-Rechte“ der Verwertungsgesellschaft übertragen werden und für welches geografische Gebiet. Aus den Gegenseitigkeitsverträgen sollen die „Online-Rechte“ herausgenommen werden, da jede einzelne Verwertungsgesellschaft die ihr übertragenen „Online-Rechte“ an Nutzungsinteressenten auf der ganzen Welt vergeben kann.

2. Marktordnung im Online-Bereich

Diese Empfehlung bedarf noch näherer Erörterung.[32] Was zunächst die Wahlfreiheit angeht, so bringt sie nichts Neues: sie besteht schon bislang, und zwar aufgrund der Vorgaben des Europäischen Kartellrechts (Art. 82 EG). Der weitere Vorschlag, die „Online-Rechte“ nach individuellem sachlichen und geografischen Zuschnitt zu übertragen, erscheint kontraproduktiv. Mit den Erfordernissen der kollektiven Wahrnehmung, die Standardisierung und Pauschalierung erfordert, ist er nicht gut vereinbar. Die geografische Beschränkung passt mit den Erfordernissen der Online-Nutzung nicht zusammen. Im Interesse der Nutzer kann die mit diesen Vorschlägen eröffnete Zersplitterung der Rechtewahrnehmung nicht wohl sein: Wenn ein Rechteinhaber z.B. die Online-Rechte für Frankreich der SACEM und für Deutschland der GEMA überträgt, muss der Nutzungsinteressent von beiden Verwertungsgesellschaften Lizenzen erwerben (und womöglich noch vom Rechteinhaber selbst für andere Gebiete). Das wäre sogar gegenüber der derzeitigen Situation eine Verschlechterung, da es für den Nutzungsinteressenten ungleich schwerer wäre zu ermitteln, wer die Rechte hat.

Damit bleibt die Marktordnung der Verwertungsgesellschaften im Online-Bereich in der Entwicklung. Hier sollte man beiden Marktseiten, den Rechteinhabern vertreten durch die Verwertungsgesellschaften und den Nutzern zutrauen, tragfähige Modelle zu entwickeln. Eine vorschnelle Regulierung kann, wie die Online-Musikdienste-Empfehlung zeigt, fehl-

32 Eingehend bereits *Drexl, Josef*, Auf dem Weg zu einer neuen europäischen Marktordnung der kollektiven Wahrnehmung von Online-Rechten der Musik?, in: Riesenhuber, Karl (Hg.), Wahrnehmungsrecht in Polen, Deutschland und Europa, Berlin 2006, S. 193–242.

schlagen, wenn sie die Erfahrungen und Bedürfnisse der Praxis vernachlässigt.

XII. Schluss

Verwertungsgesellschaften erfüllen vielfältige Aufgaben und Funktionen. Ihre Tätigkeit dient zuerst dem Schutz der Urheber, für die sie eine effektive, am wirtschaftlichen Wert orientierte angemessene Wahrnehmung der Rechte gewährleisten. Den Nutzern kommt diese kollektive Wahrnehmungstätigkeit zugute, da sie einen einfachen und kostengünstigen Zugang zu den Rechten erhalten. Verwertungsgesellschaften haben damit auch eine *Vermittlungsfunktion*, man kann sie als Wissensmittler bezeichnen. Mit Rücksicht auf die Einschränkungen, die für den Urheber mit der kollektiven Rechtewahrnehmung verbunden sind, und die Erleichterungen, die sie spiegelbildlich für den Nutzungsinteressenten und Nutzer bedeutet, kann man die „Verwertungsgesellschaften-Lösung" als Mittelweg zwischen streng proprietären und nicht-proprietären Lösungen ansehen.

Die Tätigkeit von Verwertungsgesellschaften bleibt auch im „digitalen Zeitalter" von anhaltender Bedeutung. Ungeachtet der technischen Möglichkeiten bleiben die Rechteinhaber in vielen Bereichen auf die von den Verwertungsgesellschaften ausgeübte Schutzfunktion angewiesen. Und gerade angesichts neuer Nutzungsbedürfnisse kommt die Kanalisierung der Rechtewahrnehmung auf eine oder wenige Kollektive den Nutzern entgegen.

Mit *Ferdinand Melichar* kann man das Fazit auf den Punkt bringen:

„Es ist also sicher nicht übertrieben, wenn man sagt, dass Verwertungsgesellschaften – gäbe es sie nicht schon – im IT-Zeitalter erfunden werden müssten."[33]

[33] *Melichar* (Fn. 17), S. 234f.

Eine Kopernikanische Wende im Publikationssystem zur Sicherung von Zugangsfreiheit für Bildung und Wissenschaft vonnöten – eine Kritik der Schranken (insbesondere § 52a) beim Urheberrechtsgesetz

Prof. Dr. Rainer Kuhlen

Zusammenfassung

Am Beispiel des § 52a UrhG, der so genannten Wissenschaftsschranke, werden Verkrustungen im gegenwärtigen Regulierungssystem für den Umgang mit Wissen und Information aufgezeigt, die, zusammen mit anderen vorgesehenen Schrankenbestimmungen, kurz- und mittelfristig fatale Folgen für Bildung und Wissenschaft haben werden. Darüber sind sich Wissenschaftler und Wissenschaftsorganisationen einig, ohne dass die Politik, schon gar nicht die Informationswirtschaft, sich darum zu kümmern scheint. Die kritischen Punkte von § 52a UrhG werden besprochen, wie: Umfang der zur Nutzung erlaubten Werke, Ausmaß der öffentlichen Zugänglichmachung, die Abgrenzung der durch die Schrankenbestimmung „Begünstigten", die schlimmen Folgen für *E-Learning* und andere im Interesse der Publikationsindustrie vorgenommen Einschränkungen. Die Begründung für die Einschränkungen für die an sich positive Schranke wird aus dem Dogma des Urheberrechts, dem Dreistufentest, abgeleitet. Um dem zu entgehen, wird ein alternativer Dreistufentest vorgeschlagen, der dem öffentlichen Interesse an einer freizügigen Nutzung von publiziertem Wissen als Bedingung für das Erschaffen neuen Wissens Rechnung trägt. Im Ausgang von der These, dass innerhalb der geltenden Urheberrechtssystematik kaum Lösungen entsprechend den Bedürfnissen von Bildung und Wissenschaft zu erwarten sind, werden Szenarien für eine Kopernikanische Wende im Publikationssystem auf der Grundlage des *Open-Access*-Prinzips durchgespielt. Hiervon sind möglicherweise auch Veränderungen bei den Autorenrechten durch Abtreten eines Teils ihrer Publikationsautonomie an ihre Institutionen betroffen. Das wird konkreter an Beispielen aus der US-amerikanischen Gesetzgebung, auch außerhalb des Urheberrechts, besprochen. Nicht zuletzt dadurch können sich neue Konfliktkonstellationen zwischen den Akteuren des Publikationssystems ergeben, z.B. zwischen wissenschaftlichen Gesellschaften und den wissenschaftsproduzierenden Institutionen. In der Gewissheit, dass dauerhaft keine (Rechts-)Politik und keine (Wirtschafts-)Politik gegen die Bedürfnisse von Bildung und Wissenschaft gemacht werden können, werden die gegenwärtigen Regulierungsanstrengungen zwar als mehr als ärgerlich für Bildung und Wissenschaft empfunden, aber letztlich können sie doch nur als Rückzugsgefechte, eingeschätzt werden, die neue, elektronischen Umgebungen angemessene freizügige Formen des Umgangs mit Wissen und Information langfristig nicht verhindern können.

I. Ein Versuch, es gut mit der Wissenschaft zu meinen

Das Gegenteil von gut ist nicht schlecht, sondern gut gemeint. Dieser (leicht abgewandelte) Tucholsky-Aphorismus trifft wohl auf den § 52a des Urheberrechtsgesetzes zu, wie er 2003 im Rahmen der ersten Anpassung des deutschen Rechts an die Vorgaben der EU-Copyright-Richtlinie[1] von 2001 im Jahr 2003 Gesetz wurde. Man mag dem für das Urheberrecht federführenden Bundesjustizministerium nicht den Willen absprechen, versucht zu haben, eine für Bildung und Wissenschaft einigermaßen akzeptable Schranke im Urheberrechtsgesetz einzubringen. Das legt der Vergleich der ursprünglichen Fassung mit der dann verabschiedeten Version nahe. Zitieren wir beide zu Anfang:

Der Text der Wissenschafts- und Bildungsschranke, wie sie derzeit gültig ist, lautet wie folgt:

UrhG § 52a Öffentliche Zugänglichmachung für Unterricht und Forschung

(1) Zulässig ist,

1. veröffentlichte kleine Teile eines Werkes, Werke geringen Umfangs sowie einzelne Beiträge aus Zeitungen oder Zeitschriften zur Veranschaulichung im Unterricht an Schulen, Hochschulen, nichtgewerblichen Einrichtungen der Aus- und Weiterbildung sowie an Einrichtungen der Berufsbildung ausschließlich für den bestimmt abgegrenzten Kreis von Unterrichtsteilnehmern oder

---

1 Richtlinie 2001/29/EG des Europäischen Parlaments und des Rates vom 22. Mai 2001 zur Harmonisierung bestimmter Aspekte des Urheberrechts und der verwandten Schutzrechte in der Informationsgesellschaft EG-Amtsblatt Nr. L 167 vom 22. 6. 2001, S. 10–19.

2. veröffentlichte Teile eines Werkes, Werke geringen Umfangs sowie einzelne Beiträge aus Zeitungen oder Zeitschriften ausschließlich für einen bestimmt abgegrenzten Kreis von Personen für deren eigene wissenschaftliche Forschung öffentlich zugänglich zu machen, soweit dies zu dem jeweiligen Zweck geboten und zur Verfolgung nicht kommerzieller Zwecke gerechtfertigt ist.

(2) Die öffentliche Zugänglichmachung eines für den Unterrichtsgebrauch an Schulen bestimmten Werkes ist stets nur mit Einwilligung des Berechtigten zulässig. Die öffentliche Zugänglichmachung eines Filmwerkes ist vor Ablauf von zwei Jahren nach Beginn der üblichen regulären Auswertung in Filmtheatern im Geltungsbereich dieses Gesetzes stets nur mit Einwilligung des Berechtigten zulässig.

(3) Zulässig sind in den Fällen des Absatzes 1 auch die zur öffentlichen Zugänglichmachung erforderlichen Vervielfältigungen.

(4) Für die öffentliche Zugänglichmachung nach Absatz 1 ist eine angemessene Vergütung zu zahlen. Der Anspruch kann nur durch eine Verwertungsgesellschaft geltend gemacht werden.

Nun zum Vergleich Abs. 1 und 2 in der Version an, die das BMJ 2002 in seinem ersten Entwurf ursprünglich vorgesehen hatte.

(1) Zulässig ist, veröffentlichte Werke

1. zur Veranschaulichung im Unterricht ausschließlich für den bestimmt abgegrenzten Kreis von Unterrichtsteilnehmern oder

2. ausschließlich für einen bestimmt abgegrenzten Kreis von Personen für deren eigene wissenschaftliche Forschung öffentlich zugänglich zu machen, soweit die Zugänglichmachung zu dem jeweiligen Zweck geboten und zur Verfolgung nicht kommerzieller Zwecke gerechtfertigt ist.

(2) Zulässig sind in den Fällen des Absatzes 1 auch die mit der öffentlichen Zugänglichmachung im Zusammenhang stehenden Vervielfältigungen, soweit die Vervielfältigungen zu dem jeweiligen Zweck geboten sind.

Dieser Wandel lässt erahnen, wie intensiv die Auseinandersetzung um diese Schranke war. Er zeigt zudem deutlich, dass ausgehandelte „Kompromisse“ fast zwangsläufig zu Lasten von Bildung und Wissenschaft gehen. Das kommerzielle Interesse an der Verwertung von Wissen und Information, gerade auch aus dem in Bereichen Bildung und Wissenschaft produziertem, setzt sich durch und erzwingt Einschränkungen von einer vom Gesetzgeber an sich für sinnvoll gehaltenen Schranke. Dabei könnte sogar diese Schwundstufe einer Wissenschaftsschranke noch gefährdet sein. Die Einschränkungsforderungen der Informationswirtschaft gingen und gehen auch heute noch in Richtung einer Nullversion. Das heißt, dass sogar der gänzlicher Wegfall dieser Schranke nicht im Bereich des Unmöglichen ist, auch wenn man nicht glauben kann, dass der Gesetzgeber dieser Radikalforderung nachgeben könnte – keine Politik kann auf Dauer den berechtigten Interessen von Bildung und Wissenschaft sozusagen den Krieg erklären. In der Zwischenzeit (befristet jetzt bis Ende 2008) werden Bildung und Wissenschaft in Deutschland durch ein nicht zeitgemäßes Urheberrecht Fesseln angelegt, die diese Bereiche auch im internationalen Wettbewerb behindern und in ihrer Leistungsfähigkeit drastisch einschränken.[2]

Die dominierende Verknappungsstrategie wird auch an einigen anderen Schrankenbestimmungen in der aktuellen zweiten Anpassung des Urheberrechts deutlich, die vielleicht ebenfalls gut gemeint waren, aber faktisch eher einen Rückschritt gegenüber der jetzt noch geltenden Praxis sind, erst recht auch im internationalen Vergleich. Gemeint sind vor allem die §§ 52b und 53a, durch die einerseits die Wiedergabe von elektronischen Werken aus den Beständen der Bibliotheken und ähnlichen Einrichtungen und andererseits der Kopienversand von elektronischen Dokumenten durch Bibliotheken bzw. Bibliotheksdienstleistungen geregelt werden sollen. Die Einschränkungen dieser beiden Schranken sind jetzt so weitgehend – und natürlich wird auch hier, z.B. vom Börsenverein des Deutschen Buchhandels, sogar der gänzliche Wegfall dieser beiden Schranken gefordert[3] –, dass man sich nur der Allianz der Wissen-

2 Vgl. *Sieber, Ulrich*: Memorandum zur Berücksichtigung der Interessen des Bildungsbereichs bei der Reform des Urheberrechts (aktualisiert: *Sieber, Ulrich*: Memorandum zur Berücksichtigung der Interessen des Bildungsbereichs bei der Reform des Urheberrechts, erstellt im Auftrag und mit Unterstützung des Vereins Schulen ans Netz e. V. – Fassung vom 11. 8. 2004, www.schulen-ans-netz.de/presse/archiv/dokus/memorandum_urheberrecht.pdf), in: Sieber, Ulrich/Hoeren, Thomas (Hrsg.): Urheberrecht für Bildung und Wissenschaft – Anforderungen an das Zweite Gesetz zur Regelung des Urheberrechts in der Informationsgesellschaft, HRK Hochschulrektorenkonferenz, Beiträge zur Hochschulpolitik 2/2005, Bonn März 2005, S. 47–87, 49 (auch elektronisch verfügbar: http://www.urheberrecht.org/topic/Korb-2/st/refentw/HRK-Urheberrecht-2005.pdf); *Jaszi, Peter*: Public interest exceptions in copyright: a comparative and international perspective (vermutlich 2005) – http://correctingcourse.columbia.edu/paper_jaszi.pdf.

3 Börsenverein des Deutschen Buchhandels: Fragen und Antworten zum „Zweiten Korb“. Anmerkungen und Vorschläge des Börsenvereins des Deutschen Buchhandels zu wichtigen Regelungspunkten im Entwurf eines Zweiten Gesetzes zur Regelung des Urheberrechts in der Informationsgesellschaft, Version 13. 9. 2006.

schaftsorganisationen (Deutsche Forschungsgemeinschaft, Fraunhofer Gesellschaft, Helmholtz-Gemeinschaft Deutscher Forschungszentren, Hochschulrektorenkonferenz, Leibniz-Gemeinschaft, Max-Planck-Gesellschaft, Wissenschaftsrat) anschließen kann, die im Juni 2006 in einer gemeinsamen Presseerklärung[4] zu folgender Einschätzung der aktuellen Urheberrechtsnovellierung gekommen sind:

> „Zu befürchten ist, dass die Kooperation von Wissenschaftlern über die Datennetze erheblich erschwert, die wissenschaftliche Erforschung insbesondere audiovisueller Dokumente massiv behindert und die schon in der letzten Zeit dramatisch gestiegenen Kosten für die Bereitstellung und Nutzung digitaler Informationsmaterialien für Bildung und Wissenschaft weiterhin erheblich steigen werden."

Wir können hier keine vollständige Analyse der Konsequenzen der Urheberrechtsgesetzgebung für Bildung und Wissenschaft leisten[5] und beschränken uns auf einige kritische Aspekte von § 52a. Dazu gehen wir den folgenden Gang: Abschnitt 2 beschreibt unter dem Titel „Verkrustungen" einige Hintergründe der für Bildung und Wissenschaft negativen Konsequenzen der aktuellen Urheberrechtsanpassungen. Abschnitt 3 analysiert einige der besonders problematischen Punkte aus § 52a UrhG, und in Abschnitt 4 deuten wir an, dass in dieser Auseinandersetzung zwischen privaten und öffentlichen Interessen der Wissenschaft gar nichts anderes übrig bleibt, als die Initiative selber zu Gunsten eines freien Zugangs auf publiziertes Wissen zu ergreifen. Zu befürchten ist dabei, dass in diesem „Krieg" die traditionelle, zum Wissenschaftssystem gehörende Informationswirtschaft selber auf der Strecke bleiben wird, wenn sie bei den in der Urheberrechtsgesetzgebung jetzt durchgesetzten Verknappungsstrategien bleibt. Gegen Bildung und Wissenschaft kann, noch einmal, auf Dauer keine Politik und auch keine Wirtschaft gemacht werden.

---

4 http://www.wissenschaftsrat.de/presse/allianz_28–06–06.pdf search=%22Wissenschaftsrat%20Kritik%20am%20Urheberrecht%22.

5 Vgl. dazu die demnächst im Campus-Verlag erscheinende Darstellung des Verfassers mit dem Arbeitstitel „Informationsökonomische und informationsökologische Perspektiven auf Wissensregulierung". Der vorliegende Artikel greift auf einige Abschnitte dieses Buches zurück.

II. Verkrustungen

Verkrustungen sind seit gut 10 Jahren weltweit vor allem bei den gesetzlichen Regelungen bezüglich des Urheberrechts entstanden, die fatale Konsequenzen für Bildung und Wissenschaft haben. Das, was als Schutz gut gemeint und unter bestimmten historischen und technologischen Bedingungen vielleicht unvermeidbar und vielleicht sogar sinnvoll war, hat sich unter dem übergroßen Druck der kommerziellen Besitznahme von Wissen und Information als schlecht und kontraproduktiv für Entwicklung herausgestellt. Das unter diesem Druck staatlich verordnete Urheberrecht, im Verein mit dem „Fortschritt" bei der Anwendung technischer Schutzmaßnahmen, erweist sich, so die einleitende These, a) als wissenschaftlichen Fortschritt und qualitativ hochwertige Ausbildung behindernd und damit b) als ökonomisch innovationsverhindernd.

Dass Bildung und Wissenschaft durch die jüngsten und vermutlich sich im kommerziellen Interesse noch verschärfenden Regulierungen der Urhebergesetze behindert und nicht, wie es eigentlich der Zweck der Urheberrechte sein sollte, Wissenschaft, Kunst und Bildung und damit auch eine aufgeklärte Öffentlichkeit befördert werden, darüber sind sich weltweit so gut wie alle, die mit der Wissenschafts- und Bildungsorganisation zu tun haben, einig. Dazu nur zwei Zitate aus dem Vereinigten Königreich:

> Die *British Academy* hat Mitte September 2006 einen Bericht veröffentlicht, der sich kritisch mit dem britischen, aber auch allgemein den europäischen Copyright-Regelungen auseinandersetzt. Die Akademie, in ihrer Pressemitteilung dazu, „expresses fears that the copyright system may in important respects be impeding, rather than stimulating, the production of new ideas and new scholarship in the humanities and social sciences.[6] Dabei beruft sich die Akademie auch auf eine frühere Stellungnahme der *Royal Society* mit dem Titel „Keeping science open: the effects of intellectual property policy on the conduct of science". Dort heißt es am Ende des Summary:[7]

6 http://www.britac.ac.uk/news/release.asp?Newsid=219.

7 The Royal Society: Keeping science open: the effects of intellectual property policy on the conduct of science. 2003 – http://www.royalsoc.ac.uk/display pagedoc.asp?id=11403.

„Advances of technology and commercial forces have led to new IP legislation and case law that unreasonably and unnecesssarily restrict freedom to access and to use information. This restriction to the commons in the main IP areas of patents, copyright and database right has changed the balance of rights and hampers scientific endeavour. In the interest of society, that balance must be rectified."

In Übereinstimmung mit den weltweiten Regulierungen für *Intellectual Property Rights*[8] haben die europäische Regulierungsinstanz[9] und die beiden letzten deutschen Regierungen bzw. Bundestage bei der Ausgestaltung der Urheberrechtsgesetze die Bedürfnisse von Bildung und Wissenschaft an einem freizügigen Umgang mit Wissen und Information gegenüber den kommerziellen Interessen der kurzfristigen Verwertung von Wissen und Information hintenan gestellt. Dies steht in krassem Gegensatz zu ihren politischen Zielverlautbarungen, die die Bedeutung einer inventionsstarken Wissenschaft und eines hohen Ausbildungsstandards für Gegenwart und Zukunft der gesamten Gesellschaft immer wieder betont haben.

Besonders krass wird das bei der aktuellen deutschen Bundesregierung deutlich. In dem dieser Regierung zu Grunde liegenden Koalitionsvertrag zwischen CDU und SPD heißt es: „Wir wollen ein bildungs- und wissenschaftsfreundliches Urheberrecht". Genau das fordert auch die oben erwähnte Allianz der Wissenschaftsorganisationen, im Einvernehmen mit dem Aktionsbündnis „Urheberrecht für Bildung und Wissenschaft",[10] und kritisiert, dass mit der 2003 zuerst vollzogenen Anpassung des deutschen Urheberrechts und der anstehenden zweiten Anpassung an die Vorgaben der EU-Richtlinie von 2001[11] genau das Gegenteil erreicht wird. Wer

8 Gemeint sind vor allem der TRIPS-Vertrag der WTO von 1996 (Agreement on Trade-Related Aspects of Intellectual Property Rights – http://www.wto.org/english/docs_e/legal_e/27–trips.doc) und die UN/WIPO-Verträge von 1996, in erster Linie der WIPO Copyright Treaty (WCT) – http://www.wipo.int/treaties/en/ip/wct/trtdocs_wo033.html.

9 Vgl. Richtlinie 2001/29/EG (Fn. 1).

10 http://www.urheberrechtsbuendnis.de/; die Ziele des Aktionsbündnis sind programmatisch formuliert in der Göttinger Erklärung vom 5. Juli 2004, die umfassend von Wissenschaftlern, Wissenschaftlerinnen, wissenschaftlichen Gesellschaften und den großen Wissenschaftsorganisationen unterzeichnet worden ist.

11 Richtlinie 2001/29/EG (Fn. 1).

sonst als Bildung und Wissenschaft kann entscheiden, was ein bildungs- und wissenschaftsfreundliches Urheberrecht ist?

Wir haben von Verkrustungen gesprochen. Man kann es auch politisch folgenreicher formulieren: Gesellschaften, die mehr Sorgfalt darauf verwenden, sich um Absicherung der Verwertungsrechte an bestehendem publizierten Wissen zu kümmern als um die Beförderung neuen Wissens durch Wissenschaft und durch hochwertige Ausbildung, sind in ökonomischer und gesellschaftlicher Sicht in einer Abwärtsbewegung.

Woran liegt es, dass die Politik offenbar zu ganz anderen Einschätzungen über das kommt, was für den Umgang mit Wissen und Information in Bildung und Wissenschaft erforderlich ist, als Bildung und Wissenschaft selber? Es ist sicher zu einfach, nur von Politikversagen zu sprechen.

Das Problem ist offensichtlich ein dem Urheberrecht immanentes: Wie können Balancen zwischen Produzenten, Verwertern und Nutzern von immateriellen Gütern im Urheberrecht erreicht werden – und Balancen werden als Ziel so gut wie aller Urheberrechtsregulierungen angesehen[12] –, wenn die Rechte der Nutzer nur als Schranken angesehen werden? „Schranken" sind im Urheberrecht als „Einschränkungen" bzw. „Ausnahmen" zu verstehen.[13] Sie schränken die an sich exklusiven, also umfassenden Rechte der Urheber bzw. der Rechteinhaber aus übergeordneten Interessen ein.

Grundsätzlich wird in der Rechtswissenschaft und -praxis die Diskussion darüber geführt, ob Schranken so eng wie möglich angelegt werden müssen oder als immanenter Bestandteil der Urhebersystematik so weit wie möglich bestimmt werden sollen. Die enge Auslegung von Schrankenbestimmung wird international in der Regel mit dem Dreistufentest begründet,[14] in Deutschland zusätzlich meistens mit Bezug auf Art. 14 GG,

---

12 Grundlegend – und auch verbindlich für die deutsche Gesetzgebung – hier die Formulierung aus der Präambel des *WIPO Copyright Treaty (WCT)* von 1996: „Recognizing the need to maintain a balance between the rights of authors and the larger public interest, particularly education, research and access to information, as reflected in the Berne Convention" http://www.wipo.int/treaties/en/ip/wct/trtdocs_wo033.html preamble.

13 *Findeisen, Frank*: Die Auslegung urheberrechtlicher Schrankenbestimmungen, Baden-Baden 2005.

14 So in der EU-Richtlinie von 2001 (Fn. 1): „Ausnahmen und Beschränkungen dürfen nur in bestimmten Sonderfällen angewandt werden, in denen die nor-

wonach Eigentum zu schützen ist und dass nur in ganz speziellen Fällen dieser Schutz des Eigentums eingeschränkt werden darf (nach Prinzipien, die ebenfalls in Art. 14 GG formuliert sind). Die Formulierungen in den meisten Urheberrechtsregulierungen und ihren Begründungen/Erläuterungen legen eindeutig nahe, dass eine enge Auslegung (auch bezüglich der Verwertungsrechte) intendiert ist.

Diese enge Auslegung von Schrankenbestimmungen setzt, oft genug durch Androhung von Verfassungsbeschwerden,[15] der Politik offenbar selber enge Grenzen und führt zu Regelungen, die sie selber möglicherweise nicht will. Wir wollen dies im Folgenden an der so genannten Bildungs- und Wissenschaftsschranke zeigen, die, wie erwähnt, im Rahmen des Ersten Korbs 2003 als § 52a Bestandteil des deutschen Urheberrechtsgesetzes geworden ist.

III. § 52a UrhG – Wissenschafts- und Bildungsschranke

Mit der Einrichtung einer neuen Schranke zu Gunsten von Bildung und Wissenschaft setzte Deutschland als eines der ersten Länder in Europa die von Art. 5 Abs. 3 Buchstabe a der europäischen Richtlinie[16] gegebene Möglichkeit um, auch in elektronischen Umgebungen urheberrechtlich geschützte Informationsobjekte (Werke) ohne besondere Erlaubnis der Rechteinhaber für Zwecke von Unterricht und Forschung öffentlich zugänglich zu machen. Von der Zielsetzung her zeigt die Einrichtung dieser Schranke, dass die damalige (wie auch die heutige) Bundesregierung und die Mehrheit des Parlaments sich selbstverständlich der Bedeutung eines freizügigen Umgangs mit Wissen und Information in der Informa-

---

male Verwertung des Werks oder des sonstigen Schutzgegenstands nicht beeinträchtigt wird und die berechtigten Interessen des Rechtsinhabers nicht ungebührlich verletzt werden." (Art. 5 Abs. 5 in Satz 1); zum Dreistufentest vgl. *Senftleben, Martin*: Copyright, limitations and the three-step test. An analysis of the three-step test in international and EC copyright law, Den Haag 2004.

15 Drohungen mit Verfassungsbeschwerden gehören zur Lobbypraxis vor allem des Börsenvereins des Deutschen Buchhandels, vor allem wenn es um die Abwehr von Schrankenbestimmungen geht, die eine freizügige Nutzung von Wissen und Information begünstigen könnten.

16 Richtlinie 2001/29/EG (Fn. 1).

tionsgesellschaft, vor allem für Bildung und Wissenschaft, durchaus bewusst waren. Wir zitieren hier nur das Strategische Positionspapier des Bundesministeriums für Bildung und Forschung zur Zukunft der wissenschaftlichen Information mit dem Titel „Information vernetzen – Wissen aktivieren" mit dem zentralen Ziel:

> „Den Zugang zur weltweiten wissenschaftlichen Information für jedermann zu jeder Zeit und von jedem Ort zu fairen Bedingungen sicherstellen."[17]

Das Urheberrecht regelt natürlich nicht in erster Linie die Nutzungsrechte, auch nicht die von Bildung und Wissenschaft, sondern formuliert Schutzrechte für die Eigentumsgarantie aus Art. 14 Abs. 1 GG. Diese gilt nach herrschender Meinung auch für die Produktion und die Verwertung geistiger Güter (intellektueller Werke). Der Politik ist aber ebenso selbstverständlich bewusst, dass das Urheberrecht

> „nicht nur das geistige Eigentum als Selbstzweck schützen, sondern auch den kulturellen und wissenschaftlichen Fortschritt sichern [soll]. Zu den schützenswerten Interessen der Allgemeinheit gehören insbesondere auch ein funktionsfähiges Forschungs- und Bildungswesen ... Das Urheberrecht muss daher Regelungen für die Nutzung geschützter Werke und Leistungen an Bildungs- und Forschungseinrichtungen vorsehen und die Regelungen so ausgestalten, dass sie die wirklichen Bedürfnisse der Wissenschaftler, der Lehrenden und der Lernenden wiederspiegeln, im Alltag handhabbar sind und für alle Akteure Rechtssicherheit bieten".[18]

In Deutschland darf und kann man sich für die schützenswerten Interessen der Allgemeinheit (als Eingrenzung des Eigentumsanspruchs) generell auf Art. 14 Abs. 2 GG stützen, der auf die „Sozialpflichtigkeit des Eigentums" abhebt. Zu den schützenswerten Interessen gehören aber zweifellos und sicherlich grundlegend die in Art. 5 GG formulierten Rechte auf Informations- und Pressefreiheit (Abs. 1) und die durch Abs. 3 garantierte Wissenschaftsfreiheit. Für diese ist das Recht, sich aus „allge-

---

17 http://www.bmbf.de/pub/information_vernetzen-wissen_aktivieren.pdf – so dann auch fast wörtlich in: Göttinger Erklärung zum Urheberrecht für Bildung und Wissenschaft 5. Juli 2004 – http://www.urheberrechtsbuendnis.de/.

18 *Sieber* (Fn. 2), S. 50f.

mein zugänglichen Quellen ungehindert zu unterrichten" unverzichtbar. Gleiches gilt für alle Anwendungen im Bildungsbereich.

Entsprechend hat der Gesetzgeber in den Erläuterungen (Nummer 14 zu § 52a) klar gemacht, dass Bildung und Wissenschaft „eine schrankengestützte Nutzung moderner Kommunikationsformen nicht grundsätzlich und umfassend in allen Fällen verwehrt sein kann, in denen das neu geregelte Recht der öffentlichen Zugänglichmachung als eine Form öffentlicher Wiedergabe berührt ist".

Dass es seit 2003 diese Schranke in Form von § 52a UrhG gibt, wurde zu Recht von vielen als innovativ und zukunftsorientiert gefeiert, aber auch von einigen (damals noch nicht durch ein Aktionsbündnis koordinierten) Wissenschaftsorganisationen als unzureichend kritisiert.[19] Aber ebenso wurde von vielen diese Schranke als gravierende Bedrohung des Rechts auf Eigentum kritisiert, und es wurde (bis heute) die ersatzlose Streichung von § 52a gefordert. In einer beispiellosen Kampagne – *Sietmann/Krempl*[20] sprachen von „Schlammschlachten" – unter dem Motto „Verlage und Wissenschaft für ein faires Urheberrecht" wurde § 52a als Mittel der „Enteignung von Autoren und Verlagen" bezeichnet. In verschiedenen überregionalen Tageszeitungen wurden Anzeigen geschaltet mit Slogans wie „Universitäten und Schulen müssen sparen. Darum dürfen sie in Zukunft Bücher und Zeitschriften klauen." – „Stellen Sie sich vor, Sie schreiben ein Buch und der Staat nimmt es Ihnen einfach weg" – „Der geplante § 52a des Urheberrechtsgesetzes gefährdet die Zukunft von Wissenschaft, Forschung und Verlagen in Deutschland". Bei einer Informationsveranstaltung des Börsenvereins des Deutschen Buchhandels zum damaligen Entwurf von § 52a – E vom 13. 3. 2003 sah der VdS-Bildungsmedien e.V., Verband der Bildungswirtschaft einen „Eingriff in das Eigentumsrecht der Verlage und Urheber" und prognostizierte einen „wahrscheinlich völligen Zusammenbruch der Verlagsszene im Schul- und Wissenschaftsbereich".

---

19 *Lutterbeck, Bernd/Gehring, Robert A.*: Kritik aus der Sicht eines Hochschullehrers und Wissenschaftlers, den Gesetzentwurf der Bundesregierung zum UrhG und die Schrankenbestimmung für „Unterricht und Forschung" betreffend – Januar 2003 – http://www.privatkopie.net/files/LutterbeckGehring_260103.pdf.

20 *Sietmann, Richard/Krempl, Stefan*: Zaghaft nach Digitalien. Das neue Urheberrecht auf Probe. c't 9/2003, S. 18: Urheberrecht – http://www.heise.de/ct/03/09/018/.

Die kontroverse Diskussion kann als Beleg für die These gelten, dass innerhalb der jetzigen Systematik des Urheberrechts gute Kompromisse zur Auflösung der Interessengegensätze kaum möglich sind. Das zeigt konkret der Text von § 52a, auf den sich der Bundestag mit seiner damaligen Rot-Grünen-Mehrheit letztlich verständigt hatte, nachdem der damals mehrheitlich CDU-, FDP- bestimmte Bundesrat nicht zuletzt an diesem Paragrafen Kritik geübt hatte. Eine wirkliche Einigung (ein guter Kompromiss) kam nicht zustande. Verabschiedet werden konnte § 52a nur, weil man sich auf eine Befristung des § 52a in der jetzigen Form bis Ende 2006 geeinigt hatte. Diese Frist wurde inzwischen vom Bundestag Mitte 2006 auf Ende 2008 verlängert. Nach wie vor ist damit die Bildungs- und Wissenschaftsschranke nicht dauerhaft im deutschen Urheberrecht gesichert.

1. Von den Werken zu den kleinen Teilen von Werken

Am deutlichsten ist die Veränderung in § 52a an der Extension der Erlaubnis, Informationsobjekte öffentlich zugänglich zu machen, zu sehen. Im ursprünglichen Entwurf war nur von „Werken" die Rede. Jetzt sollen nur „kleine Teile eines Werkes, Werke geringen Umfangs sowie einzelne Beiträge aus Zeitungen oder Zeitschriften" zugänglich gemacht werden dürfen. Ganze Monografien, Sammelwerke oder gar Datenbanken oder ganze Zeitschriftenjahrgänge dürfen nicht in ein Netzwerk eingespeist werden, sondern eben nur einzelne Beiträge aus Zeitungen oder Zeitschriften, kleine Teile aus Monografien bzw. kleinere Werke wie Broschüren oder auch Bilder und Fotos. Auch damit ist keine Generalerlaubnis erteilt. Vielmehr gilt diese nur für einen konkret abgegrenzten Nutzerkreis.

Ob die Erlaubnis gilt, wenn ein elektronisches Werk von den Rechteinhabern mit technischen Schutzmaßnahmen (DRM) versehen worden ist und auf dem Markt zur Nutzung angeboten wird, ist nicht ganz klar. Aus dem hohen Schutz, den der Gesetzgeber den technischen Maßnahmen einräumt, kann man schließen,[21] dass die Erlaubnis nicht gilt. Allerdings

21 So *Beger, Gabriele*: Hält § 52a UrhG dem urheberrechtlichen Dreistufentest stand?, in: R. Hammwöhner/M. Rittberger/W. Semar (Hrsg.): Wissen in Aktion. Der Primat der Pragmatik als Motto der Konstanzer Informationswissenschaft, Festschrift für Rainer Kuhlen, Konstanz 2004, S. 131–140.

wird in § 95b UrhG, der die Durchsetzung von Schrankenbestimmungen auch bei Anwendung von technischen Maßnahmen regelt, § 52a ausdrücklich erwähnt. Dass die dort vorgesehene Regelung, die den Rechteinhaber verpflichtet, den durch Schranken Begünstigten Mittel zur Verfügung zu stellen, um die entsprechende Werke trotz technischer Maßnahmen zu nutzen, unzureichend ist, dürfte allerdings auch klar sein. Zum einen muss in jedem einzelnen Fall die Erlaubnis dafür eingeholt werden, mit der Bitte, die entsprechende Software zur Aussetzung der technischen Maßnahmen zur Verfügung gestellt zu bekommen – eine Selbsthilfe zur Umgehung der technischen Maßnahmen ist vom Gesetzgeber ausdrücklich untersagt –, zum andern bleibt im Falle der Verweigerung nur der Klageweg. Bei diesem bekommt man vielleicht Recht, aber bei der zu erwartenden Zeitverzögerung ist z.B. der jeweilige Kurs, bei dem das Material für eine spezielle Unterrichtseinheit gebraucht wird, längst vorbei.

Weiterhin ist selbst diese Durchsetzung einer Schrankenbestimmung keineswegs unbeschränkt gültig. Abs. 3 von § 95b sagt deutlich, dass die in Abs. 1 aufgeführten Schrankenerlaubnisse nicht gelten, „soweit Werke und sonstige Schutzgegenstände der Öffentlichkeit auf Grund einer vertraglichen Vereinbarung in einer Weise zugänglich gemacht werden, dass sie Mitgliedern der Öffentlichkeit von Orten und zu Zeiten ihrer Wahl zugänglich sind.“ Dass zeigt erneut überdeutlich, dass den Interessen des Marktes gegenüber den Nutzungsinteressen von Bildung und Wissenschaft Priorität gegeben wird. Das Urheberrecht ist in weiten Teilen ein Handelsrecht geworden. Wie anders soll man das interpretieren, dass dem elektronischen Handel mit Materialien, die in der Regel von der Wissenschaft selber, finanziert mit öffentlichen Mitteln, produziert worden sind, Priorität eingeräumt wird?

2. Wie öffentlich soll die öffentliche Zugänglichmachung sein?

Im deutschen Urheberrecht gab es bis zur Verabschiedung der ersten Anpassung des Urheberrechts an die Vorgaben der EU-Richtlinie im Jahr 2003 keine spezielle Schranke für Unterricht und Forschung. Anwendung fand bis dahin der § 52 UrhG unter dem Titel der öffentlichen Wiedergabe. In Abs. 1 Satz 1 dieses Paragrafen war festgelegt, dass „die öffentliche Wiedergabe eines veröffentlichten Werkes [zulässig ist], wenn die Wiedergabe keinem Erwerbszweck des Veranstalters dient, die Teilnehmer ohne Entgelt zugelassen werden und im Falle des Vortrags oder der Aufführung des Werkes keiner der ausübenden Künstler (§ 73) eine besondere Vergütung erhält". Eine „angemessene Vergütung" sei dafür zu zahlen. Einige Bezugsgruppen waren von der Vergütungspflichtigkeit ausgenommen, darunter auch „Schulveranstaltungen, sofern sie nach ihrer sozialen oder erzieherischen Zweckbestimmung nur einem bestimmt abgegrenzten Kreis von Personen zugänglich sind".

Der Bedarf nach einer speziellen Schranke ist nicht zuletzt durch die von der EU-Richtlinie vorgesehene Einführung eines neuen exklusiven Rechts, nämlich der „öffentlichen Zugänglichmachung" (§ 19a UrhG) als eine spezielle Form der „öffentlichen Wiedergabe" (§ 15 UrhG) entstanden.[22] Dieses neue Urheber-/Verwerter-Recht wurde in die EU-Richtlinie aufgenommen, um den Besonderheiten der leichten Zugänglichkeit in elektronischen Räumen Rechnung zu tragen. Allerdings – und das war in der Urhebersystematik zu erwarten – geschah das nicht, um die Urheber-/Verwerter-Ansprüche angesichts der Nutzungspotenziale der neuen Informations- und Kommunikationsmedien neu zu definieren und einzuschränken, sondern anders, nämlich, um den überkommenen Urheber-/Verwerter-Ansprüchen, die in ganz anderen medialen Umgebungen entstanden sind, weiterhin so weit wie möglich zu entsprechen.

Das, was in dem Sprachungetüm nun „öffentliche Zugänglichmachung" heißt, sichert den Rechteinhabern das Recht zu, ihr „Werk drahtgebunden oder drahtlos der Öffentlichkeit in einer Weise zugänglich zu ma-

22 Zur Klärung des bislang im deutschen UrhG nicht vorgesehenen Begriffs der „öffentlichen Zugänglichmachung" und anderer zentraler Begriffe im Umfeld von § 52a UrhG vgl. die Dissertation von *Suttorp, Anke*: Die öffentliche Zugänglichmachung für Unterricht und Forschung (§ 52a UrhG), Münster 2005. In § 15 Abs. 2 war ursprünglich vorgesehen, Öffentlichkeit bzw. öffentliche Wiedergabe noch durch das Attribut „gleichzeitig" zu spezifizieren. Nach einiger Kritik daran (vgl. Deutscher Kulturrat: Stellungnahme des Deutschen Kulturrates zum Referentenentwurf für ein „Gesetz zur Regelung des Urheberrechts in der Informationsgesellschaft" 19. 4. 2002 – http://www.kulturrat.de/detail.php?detail=199&rubrik=22) wurde dies wieder fallengelassen (vgl. die Einzelerörterung zu § 15 im Gesetzentwurf der Bundesregierung vom 6. 11. 2002 – im Gesetz von 2003 wurde dies entsprechend nicht mehr aufgenommen).

chen, dass es Mitgliedern der Öffentlichkeit von Orten und zu Zeiten ihrer Wahl zugänglich ist.“ Dieses Recht bedeutet im Sinne des Verknappungsansatzes für die Rechteinhaber, entscheiden zu dürfen, ob ihr Werk überhaupt öffentlich werden soll, und wenn ja, in welcher Form.

Gegen fachspezifische Festlegungen ist nichts einzuwenden. Fachsprache ist nicht Alltagssprache. Problematisch wird es, wenn die (terminologischen) Festlegungen durch den Gesetzgeber für diejenigen kaum noch nachvollziehbar sind, die von den Regelungen betroffen sind – in unserem Fall von Lehrern und Wissenschaftlern. Eigenwillige Terminologie hat auf die Betroffenen die gleiche negative Wirkung, wie zu komplex geratene Regelungen.[23] Geht beides zusammen, so kann man nur *Sieber* zustimmen, der feststellt, dass durch die Formulierungen in § 52a „die Normadressaten kaum erkennen können, welche Nutzungen zulässig sind“.[24]

„Öffentlich zugänglich“ meint im normalen Sprachgebrauch sicherlich „zugänglich für jedermann, ohne weitere Bedingung“. „Öffentlich“ ist für den Gesetzgeber hingegen alles, was nicht durch das „Merkmal der Verbundenheit durch persönliche Beziehungen“[25] gedeckt ist. Damit steht, sicherlich auch zu Recht, „öffentlich“ im Gegensatz zu „privat“. Das bedeutet dann, dass auch Partikularöffentlichkeiten als Öffentlichkeit angesprochen werden und damit etwas als öffentlich erklärt wird, was gerade nicht öffentlich ist, sondern „offen nur für eine genau definierte Teilmenge von Öffentlichkeit“, also für das, was der Gesetzgeber „bestimmt abgegrenzt“ nennt.

Schwierig wird das Verständnis des Gesetzes vor allem dadurch, dass mit zwei Verständnissen von „öffentlich“ gearbeitet wird. Einmal wird, wie ausgeführt, „öffentlich“ als Kennzeichnung der Zugänglichmachung für

---

23 *Sietmann/Krempl* (Fn. 20) sprechen von einem „umstrittenen, juristische Haarspaltereien geradezu heraufbeschwörenden Paragraphenwerk“.

24 *Sieber* (Fn. 2), S. 51.

25 Einzelerläuterungen zu Nummern 2, 5 und 6 zum Entwurf eines Gesetzes zur Regelung des Urheberrechts in der Informationsgesellschaft von 2002. § 15 UrhG, Abs. 3 definiert genau: „Die Wiedergabe ist öffentlich, wenn sie für eine Mehrzahl von Mitgliedern der Öffentlichkeit bestimmt ist. Zur Öffentlichkeit gehört jeder, der nicht mit demjenigen, der das Werk verwertet, oder mit den anderen Personen, denen das Werk in unkörperlicher Form wahrnehmbar oder zugänglich gemacht wird, durch persönliche Beziehungen verbunden ist.“

einen bestimmt abgegrenzten Kreis verwendet. Das ist die kontraintuitive Verwendung, denn das würde die Alltagssprache gerade nicht als öffentlich bezeichnen. Auf der anderen Seite kann man davon ausgehen[26], dass der Unterricht im klassischen Klassenverband der Schule (oder im anmeldepflichtigen Seminar an der Hochschule) als nicht-öffentlich anzusehen ist und daher öffentlich zugänglich gemacht werden kann. Hingegen sind Hochschulvorlesungen und vermutlich auch Schulveranstaltungen außerhalb der geschlossenen Klasse, wie sie in der gesamten Oberstufe üblich sind, als „öffentlich" anzusehen, da – als Kriterium für öffentlich – das Merkmal der persönlichen Verbundenheit fehlt. Der Dozent kann sicherlich nicht die Teilnehmer seiner Vorlesung kennen, erst recht wird er es nicht können, wenn seine Vorlesung, wie es immer mehr üblich wird, über Videokonferenz Teilnehmern an anderen Hochschulen zugänglich gemacht wird. Das ist dann öffentlich, und dann darf urheberrechtsgeschütztes Material nicht öffentlich zugänglich gemacht werden.

Wie auch immer – entsprechend dem Exklusivitätscharakter dieses neuen Rechts musste der Gesetzgeber auch die Schranke von § 52 (öffentliche Wiedergabe) ändern. Jetzt heißt es dort in Abs. 3, dass „öffentliche Zugänglichmachungen ... nur mit Einwilligung des Berechtigten zulässig" sind. Dies für sich belassen, hätte eine in der Tat unerträgliche Situation für Bildung und Wissenschaft geschaffen, denn für eine jede Nutzung elektronischen Materials im „Unterricht" und für Zwecke der „Forschung" hätte die Einwilligung der Rechteinhaber eingeholt werden müssen.

Daher musste, nach der Systematik der exklusiven Rechte, die nur durch Schranken eingeschränkt werden können, an dieser Stelle ein neuer § 52a eingeführt werden. Die hinter der Einführung stehende Überlegung lässt auch deutlich erkennen, dass ein vollständiger Wegfall von § 52a, wie er nach wie vor gefordert wird und wie er nach wie vor wegen der Befristung nicht ausgeschlossen ist, nicht möglich ist, es sei denn, man stellt das gesamte neue Recht der öffentlichen Zugänglichmachung in seiner Exklusivität in Frage.[27]

26 *Sieber* (Fn. 2), S. 75 f.

27 In der weiterhin intensiven Diskussion um Erhalt oder Wegfall von § 52a wird verschiedentlich durchaus erwogen (*Suttorp* [Fn. 22]), ob angesichts der stark einschränkenden Formulierungen in § 52a Bildung und Wissenschaft nicht

Ob mit § 52a UrhG allerdings wirklich ein genuines Bildungs- und Wissenschaftsprivileg geschaffen wurde, ist fraglich. Die Möglichkeit, urheberrechtlich geschützte Materialien zur Veranschaulichung im Unterricht und für wissenschaftliche Forschung in Form einer öffentlichen Wiedergabe nutzen zu dürfen, ohne dafür die jeweiligen Rechteinhaber um Erlaubnis bitten zu müssen (aber mit der Einschränkung, dafür eine Vergütung zu zahlen und das Material nicht für kommerzielle Zwecke zu nutzen), ist an sich natürlich eine Selbstverständlichkeit.

Indem ein an sich selbstverständliches Wissenschafts- und Bildungsprivileg nur über eine Schranke zum exklusiven Recht der öffentlichen Zugänglichmachung formuliert wird, hat sich der Gesetzgeber verordnet, einen Kompromiss zu finden zwischen dem in der Tat unaufgebbaren Anspruch der Wissenschaft, Wissenschaft öffentlich zu betreiben, und dem Anspruch der Informationswirtschaft, auch diesen Teil des Wissens unter Kontrolle zu bekommen bzw. zu behalten. Letzteres hat so gut wie zwangsläufig zur Konsequenz, dass der umfassende und medial möglich gewordene Öffentlichkeitsanspruch eingeschränkt, d.h. der Zugriff verknappt und dieses gesetzgeberisch legitimiert wird.

Die Vermutung, dass es den Urheberrechtsjuristen bei § 52a gar nicht primär um die Einführung eines Bildungs- und Wissenschaftsprivilegs im Urheberrecht ging, sondern um die Milderung der möglichen Schäden, die durch das neue exklusive Urheber-/Verwerter-Recht der öffentlichen Zugänglichmachung entstehen könnten, ist nicht von der Hand zu weisen. In den Einzelerläuterungen zur Vorlage des Ersten Korbs[28] wurde zwar angeführt, dass, in Übereinstimmung mit Art. 5 Abs. 3 Buchstabe a der EU-Richtlinie von 2001, mit § 52a den „berechtigten Interessen aus den Bereichen Unterricht und Wissenschaft Rechnung getragen“

besser damit gestellt wären, wenn tatsächlich dieser Paragraf ersatzlos wegfallen würde, so dass der Referenzparagraf für Bildung und Wissenschaft weiter der § 52 wäre, der mit seiner offenen Formulierung im zitierten ersten Satz einen weiten Spielraum für die nicht-kommerziellen Anwendungen in Bildung und Wissenschaft eröffnet. Allerdings müsste, dann, wie erwähnt, § 19a, der die exklusiven Rechte der öffentlichen Zugänglichmachung festlegt, geändert werden. Ohne diese Änderung wäre der Wegfall von § 52a für Bildung und Wissenschaft tatsächlich ein Desaster.

28 Gesetzentwurf der Bundesregierung – Entwurf eines Gesetzes zur Regelung des Urheberrechts in der Informationsgesellschaft. Deutscher Bundestag Drucksache 15/38 vom 6. 11. 2002.

werden sollte. Aber in Parenthese wurde eingefügt: „in ganz eng definiertem Umfang". Das bestätigt die These, dass das deutsche Urheberrecht Schranken zwar als Teil des Systems natürlich anerkennt, aber dabei dem Prinzip einer engen Schrankenauslegung folgt.

Daher schlägt hier zwangsläufig der Dreistufentest zu: „Nicht zuletzt im Hinblick auf den Drei-Stufen-Test kann die öffentliche Zugänglichmachung zugleich jeweils nur für einen bestimmt abgegrenzten Kreis von Personen eröffnet werden". [29] Das zu formulieren, ist leichter, als es zu operationalisieren. Entsprechend hat sich der Gesetzgeber schwer getan, dieses „bestimmt abgegrenzt", wie von der EU-Richtlinie gefordert, handhabbar und verständlich zu machen. Versuchen wir, einige der damit verbundenen Probleme offen zulegen.

3. Wie bestimmt soll „bestimmt abgrenzbar" „im Unterricht" sein?

Mit Blick auf den Unterricht könnte „bestimmt abgegrenzt" bedeuten, dass urheberrechtlich geschützte Materialien dann „öffentlich" gemacht und damit genutzt werden dürfen, wenn garantiert werden kann, dass nur für einen Kurs angemeldete und zugelassene Personen davon Einsicht nehmen können. Ganz klar ist das aber nicht, denn der Gesetzestext sagt nichts von Anmeldung oder Zulassung. Solange nicht durch entsprechende Gerichtsurteile geklärt ist, was denn wirklich gemeint ist, kann man auch davon ausgehen, dass auch in Vorlesungen, die in der Regel ja nicht anmelde- und zulassungspflichtig sind, die „Öffentlichmachung" erlaubt ist, denn zweifellos sind die Personen, die an der Vorlesung teilnehmen, im Sinne der Erläuterungen „Unterrichtsteilnehmer", die damit in jedem aktuellen Fall einer Vorlesungseinheit „bestimmt abgegrenzt" sind. Nur wer anwesend ist, ist ein solcher Teilnehmer.[30]

Unproblematisch ist auch das allerdings nicht, da es von der Interpretation abhängt, wie die Formulierung „im Unterricht" zu verstehen ist. Darüber gibt es inzwischen eine längere Diskussion, letztlich geht es um eine an scholastische Debatten erinnernde Unterscheidung zwischen den

29 Erläuterungen zu Nr. 14 von § 52a.

30 Selbst der Börsenverein in der mit Bibliotheksverbänden vereinbarten Charta (Fn. 3) will Vorlesungen in den Kreis der „bestimmt abgegrenzten" Veranstaltungen mit einbeziehen.

Präpositionen „im“ und „für“. Die enge Auslegung, dass tatsächlich nur der Prozess **in** einer aktuellen Unterrichtseinheit gemeint sei, kann kaum anders als groteske Situationen produzieren. Bei der öffentlichen Zugänglichmachung kann ja nicht das Zeigen von urheberrechtlich geschützten Materialien durch den Kursleiter gemeint sein. Das wäre durch das Zitatrecht gedeckt, sondern die Nutzung durch die Unterrichtsteilnehmer im Unterricht selber. Das würde bedeuten, dass im Unterricht solche Materialien ausgeteilt oder auch elektronisch zugänglich gemacht werden dürfen, dass mit ihnen gearbeitet werden darf, dass aber nach Ende der Unterrichtseinheit die Materialien wieder eingesammelt bzw. der elektronische Zugriff geblockt werden müsse. Dass das gemeint sein kann, vermag man nicht recht glauben, aber es ist wohl tatsächlich so:

Sieber[31] führt einige (Verkrustungs-)Beispiele für die grotesken Konsequenzen der Regelungen für den Unterricht an Schulen (gilt aber genauso für Hochschulen) an: Erlaubt ist es für einen Lehrer, Unterrichtsmaterialien auch von urheberrechtsgeschützten Objekten zu sammeln. Wenn er diese aber nicht direkt in eine konkrete Unterrichtseinheit einbringen kann oder will, sondern erst einmal dieses Material sammeln will, dann muss er die elektronisch verfügbaren Objekte ausdrucken; denn Ausdrucke auf Papier dürfen gesammelt werden. Wenn er nun eine Teilmenge seiner Sammlung seinen Schülern für die konkrete Unterrichtseinheit über den schuleigenen Server zugänglich machen will, dann muss er diese aktuell zu nutzenden Objekten einscannen. Das ist erlaubt, eine elektronische Vorratsspeicherung nicht: „In den bisherigen Kommentierungen, wissenschaftlichen Beiträgen und Äußerungen des Gesetzgebers zu § 52a UrhG wird ... betont, dass ein Einstellen von Inhalten in Datennetze „auf Vorrat“ die Grenzen des § 52a UrhG überschreite ... und dass § 52a UrhG nicht als weitere Schranke neben § 53 Abs. 3 UrhG für selbständige Vervielfältigungen für Unterrichtszwecke (insbesondere zur Archivierung) missverstanden werden dürfte ... Dies spricht somit klar gegen die Zulässigkeit einer Einspeicherung ohne Bezug zu einem konkreten Unterrichtsprojekt“.[32]

Der gesunde Menschenverstand würde allerdings ausgehen, dass mit „im Unterricht“ nicht „während des Unterrichts“ sondern doch wohl „für den Unterricht“ gemeint ist. Das würde bedeuten, dass das Material z.B.

31 *Sieber* (Fn. 2), S. 47–87.
32 *Sieber* (Fn. 2), S. 55.

in elektronischen Semesterapparaten gespeichert ist, so dass die Unterrichtsteilnehmer dieses zur Vor- und Nachbereitung der jeweiligen Kurseinheiten einsehen und vermutlich auch für ihren eigenen Gebrauch kopieren bzw. ausdrucken dürfen. Letzteres wäre durch § 53 UrhR gedeckt. Auch bei dieser offeneren Interpretation bliebe unklar, ob die Materialien auch einige Semester später, wenn eine Prüfung ansteht, noch eingesehen werden dürfen oder ob der Zugriff auf die elektronischen Semesterapparate mit Beendigung des Kurses dann abgeblockt werden muss.

Aber diese weitere Interpretation ist offensichtlich nicht vom Gesetzgeber intendiert. Schon die deutsche Version von Art. 5 Abs. 3 Buchstabe a der EU-Richtlinie enthält die Formulierung „Nutzung ausschließlich zur Veranschaulichung im Unterricht", während – entsprechend *Sieber*[33] – andere (nicht alle) Länder durchaus offenere Formulierungen gewählt haben wie „for teaching" (England), „dans le cadre de l'enseignement" (Frankreich), „per uso didatico" (*für den Unterrichtsgebrauch* – Italien), „con fines educativos" (*zu Unterrichtszwecken* – Spanien; ebenso *zu Zwecken des Unterrichts* in Portugal), „i forbindelse med undervisning" (*in Verbindung mit Unterricht* – Dänemark). *Sieber*[34] folgert daraus:

> „Der Wortlaut der englischen Fassung sowie der anderen Fassungen der Richtlinie (mit Ausnahme der nicht eindeutigen und auch einem engeren Verständnis zugänglichen französischen und schwedischen Fassung) zeigt damit sehr deutlich, dass vom Richtliniengeber keinesfalls eine Beschränkung auf die Zugänglichmachung „im" Unterricht gewollt war, sondern vielmehr lediglich eine Beschränkung auf Unterrichtszwecke erfolgen sollte. Daher können Ort und Zeitpunkt des Unterrichts keine entscheidende Rolle spielen".

§ 52a UrhG folgt allerdings exakt der deutschen Version der EU-Richtlinie. Wie auch bei anderen Gelegenheiten hat sich das BMJ darauf berufen (und dem hat der Bundestag bei der Verabschiedung nicht widersprochen[35]), dass es sich veranlasst (oder sogar gezwungen) gesehen hat, die

33 *Sieber* (Fn. 2), S. 59.

34 *Sieber* (Fn. 2), S. 60.

35 Vermutlich haben das die Abgeordneten aber nicht im engeren Sinne des „im" verstanden. So beruft sich MdB Jerzy Montag (Bündis90/Die Grünen) im Rahmen des Zweiten Korbs am 19. 4. 2006 darauf, dass der Bundestag bzw. die damalige Regierung es „mit der ersten Urheberrechtsnovelle ... ermöglicht [hatte], dass kleine Teile eines Werks und einzelne Beiträge aus Zeitun-

Vorgaben der EU-Richtlinie umzusetzen. Dass dies so nicht unbedingt haltbar ist, zeigen die von *Sieber*[36] angeführten Beispiele. Zudem weist die Erläuterung Nr. 38 zur EU-Richtlinie einen anderen Weg auf: „Die Mitgliedstaaten sollten die Möglichkeit erhalten, Ausnahmen oder Beschränkungen für bestimmte Fälle, etwa für Unterrichtszwecke und wissenschaftliche Zwecke, ... vorzusehen." Auch das amerikanische Copyright spricht zwar in § 107, in dem die Gegenstandsbereiche für „fair use" festgelegt werden, zunächst allgemein von „teaching (including multiple copies for classroom use)", stellt dann aber bei den Faktoren, für die *fair use* in Frage kommt eindeutig fest: „for nonprofit educational purposes" (§ 107, Abs. 1 b).

4. Wie soll man sich E-Learning im Kontext von § 52a vorstellen?

Fataler sind die Folgen der „im-Unterricht"-Restriktionen und der Forderung nach „bestimmt abgegrenzt" in § 52a UrhG für die Entwicklung der ansonsten von der Politik (vor allem über BMBF-Projekte) geforderten und geförderten Anwendungen des *E-Learning*. Ein weiteres Fallbeispiel von *Sieber* macht deutlich, dass Schülerinnen und Schüler keinesfalls Hausaufgaben mit online-bereitgestellten Materialien lösen dürfen. Erlaubt ist dies nur, wenn es direkt im Unterricht geschieht. Wir erweitern dieses Beispiel durch unsere eigene Erfahrung mit kollaborativem Lernen mit dem (ebenfalls vom BMBF geförderten) K3-System.[37]

Mit K3 werden regelmäßig Kurse nach dem Prinzip des *Blended learning* durchgeführt, an denen häufig auch Studierende aus verschiedenen Universitäten (z. B. Konstanz, Berlin) teilnehmen. *Blended learning* besagt, dass Phasen des Präsenzunterrichts sich mit Phasen des Arbeitens in elektronischen Systemen abwechseln. In K3 arbeiten die Studierenden in den

---

gen für den Gebrauch in Schule und Wissenschaft zugänglich gemacht werden dürfen."

36 *Sieber* (Fn. 2), S. 47–87.

37 *Kuhlen, Rainer u. a.*: K3 – an e-Learning Forum with Elaborated Discourse Functions for Collaborative Knowledge Management. In: Proceedings E-LEarn05 – World Conference on E-Learning in Corporate, Government, Healthcare, and Higher Education, Vancouver Oktober 2005 – http://www.inf-wiss.uni-konstanz.de/People/RK/Publikationen2005/kuhlen-e-learn05_final_eingereicht280405.pdf.

elektronisch organisierten Phasen in der Regel in verteilt zusammengesetzten Gruppen und mit dem über das Internet zugänglichen K3-System.

Zur Förderung von Informationskompetenz (als Ziel des K3-Projektes vom BMBF ausdrücklich erwünscht) sind die Studierenden gehalten, ihre Beiträge im Kommunikationsforum von K3 durch weiteres Informationsmaterial, das sie über die Ressourcen der Informationsmärkte recherchiert haben, informationell abzusichern. Dieses Material wird ebenfalls in K3 eingestellt und steht allen Kursteilnehmern für den gesamten Zeitraum, in dem sie sich für den Kurs angemeldet haben, zur Verfügung. Zusammen mit den Materialien, die der Kursleiter vorab und laufend in den jeweiligen K3-Kurs einspeist, baut sich so sukzessive eine kursthemenspezifische Wissensbank auf. Werden in folgenden Semestern Kurse zu den gleichen Themen angeboten (wie das bei K3 z.B. mit einem Informationsethik-Kurs regelmäßig der Fall ist), so könnte eine weitere kursübergreifende Kumulation der speziellen Wissensbank sinnvoll sein.[38]

Wie ist das nun zu bewerten? Das Kriterium des „bestimmt abgegrenzt" ist in K3 erfüllt, da nur die angemeldeten Studierenden sich über Nutzernamen und Passwort in K3 einwählen können und dabei nur auf die Kursmaterialien Zugriff haben, für die der Kursleiter ihnen Erlaubnis gegeben hat. Nicht erlaubt sind aber bei enger Auslegung der Regelung des „im Unterricht" die gesamten virtuellen Phasen, sofern in ihnen, wie es durchgängig der Fall ist, auch auf urheberrechtlich geschütztes Material zurückgegriffen werden muss. Ebenso unzulässig wäre die Verwendung dieser Materialien zur Vorbereitung auf später zu absolvierende Prüfungen oder zur Verwendung bei einer Abschlussarbeit, die mit dem damaligen K3-Kurs in einem gewissen Zusammenhang steht.

---

38 In K3 wird bislang aus didaktischen Gründen (aber auch wegen Urheberrechtsbedenken) auf eine kursübergreifende Kumulation der Wissensbank verzichtet. Von den Studierenden wird dies aber gefordert, da sie nicht einsehen, weshalb sie noch selber nach früher schon recherchierten einschlägigen Materialien suchen sollen. Auch wurde schon von Studierenden eine weitergehende Kumulation der Informationsobjekte aller informationswissenschaftlichen K3-Kurse im Curriculum des Information Engineering gefordert, da die Qualität der von allen Studierenden des Information Engineering einsehbaren Informationsobjekte durchaus ein Kriterium für die Wahl der Kurse sein kann.

Nicht zulässig scheint auf jeden Fall die freie, auch nur universitätsweite Zugänglichkeit zu sein, denn das ist ja wohl kaum mit „bestimmt abgegrenzt" verträglich. Also muss der Schluss gezogen werden, dass Teilnehmer an Vorlesungen, die ja im Prinzip nicht nur universitäts-, sondern auch allgemein öffentlich (hier im Sinne zugänglich für jedermann) sind, von der Nutzung urheberrechtsgeschützter Materialien ausgeschlossen sind – es sei denn, die Hochschulen entschlössen sich, auch für Vorlesungen eine Anmeldepflicht einzuführen, deren Einhaltung dann über die Wiedereinführung der alten Pedelle überprüft werden müsste.

5. Weitere Schrankeneinschränkungen

Aus den bisherigen Ausführungen dürfte deutlich geworden sein, wie geradezu krampfhaft kleinlich der Gesetzgeber unter Druck der Lobby der Informationswirtschaft bemüht ist, vermutlich oder vermeintlich schädliche Folgen durch Einschränkungen von Schranken einzuschränken. So haben z.B. die Schulbuchverlage durchsetzen können, dass von der generellen Schrankenerlaubnis, kleine Teile veröffentlichter Werke „im Unterricht" öffentlich zugänglich zu machen, Schulbücher, also Werke, die für den „Unterrichtsgebrauch der Schule bestimmt" sind, auszunehmen sind. Für deren Gebrauch muss in jedem einzelnen Fall („stets") die Erlaubnis der Rechteinhaber eingeholt werden.

Ein anderes Beispiel aus § 52a, das bei *Sieber*[39] wegen seiner Relevanz für den Einsatz an Schulen diskutiert wird, ist die Verwendung von Filmen (kleinen Teilen von Filmen) im Unterricht.[40] Geregelt ist eindeutig, dass bei Spielfilmen eine Öffentlichmachung „vor Ablauf von zwei Jahren nach Beginn der üblichen Auswertung in Filmtheatern" in Deutschland nicht erlaubt ist. *Sieber* kritisiert, dass § 52a keine Regelung für das Zeigen von Filmen vorsieht, die für das Fernsehen produziert worden und nie für Vorführungen in Kinos vorgesehen sind. Entweder muss man davon ausgehen, dass man solche Filme nie zeigen darf, da ja nie die vorge-

---

39 *Sieber* (Fn. 2), S. 47–87.

40 Eine ähnliche Problematik, sowohl für Unterricht als auch für Forschung, ist durch die Einschränkungen bei der Verwendung von urheberrechtsgeschützen Bildmaterialien und der Nutzung von Bildarchiven gegeben; vgl. dazu *Simon, Holger*: „prometheus" und Justitia, Bildarchive der Kunst- und Kulturwissenschaften im Spannungsfeld des medialen Umbruchs hin zu einer digitalen Informationsgesellschaft, in diesem Band, S. 65.

sehene Schonfrist beginnt, oder man bleibt völlig im Ungewissen, welcher Zeitpunkt denn für eine solche Frist bei Fernsehspiel- oder Dokumentarfilmen anzunehmen ist. Die Folgen der ersten Annahme wären absurd, denn gerade Filme oder Nachrichtenszenen mit (aktuellem) dokumentarischem Charakter sind für den Unterricht äußerst nützlich und werden entsprechend eingesetzt. Die zweite Annahme belässt Lehrer im Zustand der völligen Rechtsunsicherheit. Je nach Temperament oder Risikobereitschaft macht man es einfach oder lässt es ganz. Solange das Gesetz so vage besteht (also mindestens bis Ende 2008), ist, analog zur notwendigen Anfrage bei Schulbuchverlagen, vermutlich die richtige Lösung bei den jeweiligen Rundfunkanstalten anzufragen, ob Einwände gegen das Zeigen im Unterricht bestehen. Hoffentlich werden zumindest die öffentlichen Rundfunkanstalten dann keine Einwände haben, vielleicht sogar in Form einer Generalerlaubnis über Verträge mit den einzelnen Ländern. *Lutterbeck/Gehring*[41] merken in einer durchaus informationsökonomischen Argumentation zu dieser „Regelung“ für die Nutzung von Filmen an:

> „Betrachten wir etwa Filmwerke, die von öffentlich-rechtlichen Fernsehanstalten geschaffen oder finanziert wurden, stellt sich die Situation folgendermaßen dar: Die Kosten für die Produktion werden im wesentlichen durch Gebühren (und z.T. auch durch Werbeeinnahmen) finanziert, die unabhängig vom je konkreten Werk, auch unabhängig von der Menge der je konkret geschaffenen Werke, an die Anstalten fließen. Die Anreizfunktion des Urheberrechts ist auf diese Weise weitgehend außer Kraft gesetzt. Aufgebracht werden die Gebühren vom überwiegenden Teil der Allgemeinheit. Aus Effizienzgründen kann daher gefordert werden, dass die so finanzierten Werke der Allgemeinheit auch ungehindert zugänglich gemacht werden. (Das ist nicht zu verwechseln mit einer kostenlosen Zugänglichmachung!) Anstelle eines Erlaubnisvorbehaltes wäre das rechtliche Instrument einer wirksamen Schrankenbestimmung (d.h. einer gesetzlich angeordneten ‚Zwangslizenz‘) vorzuziehen, ggf. in Kombination mit einer angemessenen Kompensation, die ja von der Bundesregierung ohnehin für die Nutzung von geschützten Werken für Zwecke der Bildung und Forschung favorisiert wird ... Anders stellt sich die Situation ev. bei Filmwerken mit rein privater Finanzierung dar. Aus der Perspektive der

41 *Lutterbeck/Gehring* (Fn. 19).

> Transaktionskostenökonomie wäre aber wohl auch hier eine Zwangslizenz mit Kompensation aufwendigen Lizenzverhandlungen vorzuziehen.“

Man sieht, welche Probleme man sich schafft, wenn das „Geschenk“ der Bildungsschranke so sehr an Bedingungen geknüpft wird, dass man an sich besser daran täte, dieses Geschenk erst gar nicht anzunehmen. Erwünscht wäre sicher eine Regelung, durch die grundsätzlich der Zugang auch zu an sich urheberrechtlich geschützten Materialien für jeden möglich ist, der eine Erlaubnis hat, über sein durch die Hochschule autorisiertes Passwort auf die in der Universität zur Nutzung bereitgestellten Materialien zuzugreifen. Dies sollte in der Regel ohne weitere Kosten für die an der Hochschule eingeschriebenen Personen möglich sein.

Das heißt nicht, dass diese Nutzung für die Hochschule selber gebührenfrei sein muss. Aber das ist sowieso nicht der Fall. Auch jetzt muss jede Hochschule bzw. jede Bibliothek den Kauf von Informationsobjekten oder die Lizenz für die Nutzung dieser Objekte finanzieren. Es ist nicht zu erkennen, warum die nun elektronische Zugänglichmachung von gekauften Objekten, wie sie durch die Regelungen in dem neuen § 52b vorgesehen sind, mit weiteren Kosten verbunden sein soll. Das Buch, das von der Bibliothek gekauft wurde, kann beliebig oft von beliebig vielen Personen genutzt werden, allerdings, und dies macht sicherlich einen wesentlichen Unterschied zum elektronischen Produkt aus, nicht gleichzeitig, sondern immer nur von einer Person. Zudem unterliegt das physische Produkt einem Verschleißprozess, der ggfls. zu einer Neuanschaffung führen wird.

Dass nun elektronische Produkte nicht ebenfalls beliebig oft und von beliebig vielen Personen gleichzeitig genutzt werden sollen, wird von der Interessenvertretung der Verlagswirtschaft in der Regel mit dem Hinweis auf die bisherige Anschaffungspolitik bei Lehrbüchern begründet.[42] In

---

42 Im Hintergrund steht sicherlich die weitergehende Befürchtung, dass durch eine uneingeschränkte elektronische Nutzung von Informationsobjekten die Geschäftsgrundlage für deren kommerzielle Märkte gänzlich entfallen würde. Theoretisch reichte es ja vollkommen aus, wenn in einer allgemeinen Depotbibliothek, nur ein elektronisches Exemplar vorhanden wäre (aus Archivierungsgründen vielleicht ergänzt um einige weitere „Kopien“ in anderen Zentralbibliotheken), aus dem sich alle Nutzer versorgen können. Dem hat (zumindest vorläufig) der Gesetzgeber einen Riegel vorgeschoben, als in § 52b,

der Tat ist es so, dass Hochschulbibliotheken früher vielleicht 10 oder sogar mehr Exemplare eines Lehrbuchs für ihre Lehrbuchsammlung gekauft haben, wenn zu erwarten war, dass das Buch von vielen genutzt werden wird. Entfällt das, da ein Buch, in eine elektronische Fassung gebracht, ja für die Nutzung durch viele ausreicht, wäre die Geschäftsgrundlage vor allem für Schul-/Lehrbuchverlage nicht mehr gegeben. Dies, so die weitere Argumentation, würde dann zur Folge haben, dass keine hochwertigen Lehrbücher mehr produziert würden. Der Gesetzgeber müsse also im öffentlichen Interesse (am Erhalt von hochwertigen Lehrbüchern) dafür sorgen, dass weiterhin von den Hochschulen so viel Geld für Lehrbücher ausgegeben werde, dass weiterhin Lehrbücher auf kommerzieller Basis erstellt werden. Das, so die Kritik der Verlagswirtschaft an den jetzigen Formulierungen von § 52a, sei selbst durch das Kriterium des „bestimmt abgegrenzt“ nicht mehr gegeben, da zu erwarten sei, dass Lehrbücher nicht generell, sondern in der Regel nur im Kontext einer aktuellen Lehrveranstaltung genutzt werden, die bestimmt abgrenzbar sei. Bliebe es bei § 52a wäre die Geschäftsgrundlage vor allem für Schul-/Lehrbuchverlage entfallen. Der Status quo muss gesichert bleiben, auch wenn die Technik heute ganz andere Geschäftsmodelle nahe legt.

6. Wenn nicht Bildungsschranke, dann doch Wissenschaftsschranke?

Die Präpositionsscholastik gilt für bzw. in der Forschung nicht. Aber das Kriterium des „bestimmt abgegrenzt“ gilt mit Blick auf Forschung ebenfalls. Urheberrechtlich geschützte Materialien dürfen ebenfalls nur solchen Personen öffentlich zugänglich gemacht werden, die diese für ihre Forschung gebrauchen. Dieses Kriterium ist allerdings schwieriger zu operationalisieren als bei der Anforderung für Unterrichtssituationen, da hier ja keine Meldepflicht für Forscher bestehen kann, die an bestimmten Themen arbeiten. Das Kriterium „bestimmt abgegrenzter Kreis von Personen“ kann also nicht institutionalisiert werden, z.B. durch die Festle-

---

der ja die Zugänglichmachung von elektronischen Informationsobjekten durch die Bibliotheken regelt, vorgesehen ist, dass nur die eigenen Bibliotheksbestände (und das auch nur unter besonderen Bedingungen) in elektronischer Form bereitgestellt werden dürfen.

gung auf eine Projektgruppe oder einen SFB, sondern nur durch den Nachweis des jeweils berechtigten Nutzungszwecks für die Forschung.

Damit wird aber dem Leiter z.B. einer kleinen Forschungsgruppe, der für seine Mitarbeiter Informationsobjekte zugänglich machen will, eine Kontrollleistung zugemutet, die er sicherlich nicht erbringen kann und schon gar nicht will. „Woher", so fragen *Lutterbeck/Gehring*[43] zu Recht an, „soll ein Hochschullehrer wissen, was ein Wissenschaftler ‚am anderen Ende' der Internetverbindung ‚jeweils' mit den zur Verfügung gestellten Informationen macht, ob er sie für ‚eigene wissenschaftliche' oder andere Zwecke gebraucht?".

Ähnlich gilt für die Einschränkung, dass Informationsobjekte nur dann öffentlich zugänglich gemacht werden dürfen, wenn dies für nicht-kommerzielle Zwecke der Forschung geschieht.[44] Auch hier leuchtet die Argumentation von *Lutterbeck/Gehring*[45] ein: „Der Anbieter (Hochschullehrer) wird i.d.R. nicht in der Lage sein, zu kontrollieren, zu welchem Zweck etwa ein ihm bekannter Wissenschaftler das Angebot nutzen würde. Will er also ‚auf Nummer sicher gehen' und auf keinen Fall die Grenzen der Legalität überschreiten, so bleibt ihm nur, den Zugang zu verwehren." In der Praxis wird man vermutlich so vorgehen müssen, dass die für den Zugang zu diesen Materialien vorgesehenen Personen schrift-

43 *Lutterbeck/Gehring* (Fn. 19).

44 Leider ist auch vom Gesetzgeber (im bestehenden Gesetz von 2003 und in Vorschlägen des Zweiten Korbs) nicht eindeutig geregelt, wie kommerzielle Nutzung von wissenschaftlicher Nutzung abzugrenzen ist. In § 52a wird die Berechtigung über „Verfolgung nicht kommerzieller Zwecke" definiert. Nichtkommerzielle Zwecke dürfen im Kontext von § 52a Abs. 1, 2 nur Forschungszwecke sein. In § 52b UrhG-E, der die Wiedergabe von elektronischen Werken z.B. aus den Beständen der jeweiligen Bibliothek regeln soll, heißt es, dass die Zugänglichmachung nicht bei einem „unmittelbar oder mittelbar wirtschaftlichen oder Erwerbszweck" erlaubt sein soll. Erlaubt ist die Nutzung für Forschungszwecke, aber auch zur Verfolgung privater Ziele, die aber keinesfalls auf wirtschaftliche Nutzung oder Erwerb ausgerichtet sein dürfen. Will ich mich beispielsweise über die Möglichkeiten der Solarnutzung für mein Haus informieren, so dürfte ich das nicht aus elektronischen Beständen der Universität tun, da dies ja durchaus wirtschaftliche Folgen für mich haben könnte. Allein die private Neugierde ist Grundlage der legitimen elektronischen Nutzung (die zudem auch nur aus den Räumen der Bibliothek befriedigt werden darf; vgl. Abschnitt III 5 zu den Konsequenzen von § 52b).

45 *Lutterbeck/Gehring* (Fn. 19).

lich versichern, dass sie diese tatsächlich exklusiv für ihre nicht-kommerzielle Forschung verwenden.[46] Das ist sicherlich machbar, erweitert aber den Verwaltungsaufwand und erhöht damit die Transaktionskosten im wissenschaftlichen Forschungsprozess.

Problematischer ist die Regelung der nicht-kommerziellen Nutzung allerdings mit Blick auf die anwendungsorientierte Forschung, die häufig, mit entsprechendem Nachdruck von Seiten des BMBF oder der EU-Förderinstanzen, als Verbundprojekte durchgeführt werden. Hier ist es für einen Forscher an der Hochschule, der bei einem solchen Verbundprojekt beteiligt ist, kaum möglich zu unterscheiden, ob die Verwendung von urheberrechtsgeschützten Objekten, die ihm in seiner Forschungsgruppe zugänglich gemacht worden sind, nur seiner Forschung dient oder ob die dadurch erzielten Einsichten nicht auch dem kommerziellen Verbundpartner nützen werden. Ersteres wäre erlaubt, Letzteres ein Verstoß gegen das Gesetz.

Zuletzt ist nicht klar erkennbar, warum die in § 52a Abs. 3 vorgesehene Vergütungspflicht nur für die Anwendung in der Forschung gelten soll. Dass eine direkte Vergütungspflichtigkeit für die öffentliche Zugänglichmachung im (oder für den) Unterricht entfallen soll, ist an sich natürlich zu begrüßen und wird damit begründet, dass dafür „regelmäßig Geräte und Medien verwendet werden, die ohnehin einer urheberrechtlichen Vergütung nach den §§ 54, 54a unterliegen." Die Vergütung, abzurechnen über Verwertungsgesellschaften, geschieht also über die Pauschalabgaben auf die zur Vervielfältigung geeigneten Geräte. Warum das im Bereich der Forschung anders sein soll, ist nicht ersichtlich. Hier werden in der Regel die gleichen Geräte eingesetzt wie für Zwecke des Unterrichts.

Im Übrigen gelten die in den anderen Abschnitten diskutierten Schrankeneinschränkungen für Wissenschaft weitgehend genauso. So wenig wie der Bildungsbereich durch das, was eigentlich eine Bildungsschranke sein soll, ausreichend begünstigt wird, so wenig wird Wissenschaft mit dieser Wissenschaftsschranke sinnvoll arbeiten können.

46 Solche Selbstverpflichtungserklärungen sind auch an anderen Stellen im Gesetz vorgesehen, so bezüglich des Anschaffungsverhaltens der Bibliotheken in § 52b UrhG-E.

IV. Freie Zugänglichkeit in Bildung und Wissenschaft die Regel und kommerzielle Nutzung als Gegenstand von Schrankenbestimmungen

Wir haben versucht, die Defizite der rechtlichen Regulierungen nicht zuletzt auf das unangemessene, der Gleichwertigkeit von Grundrechten, die den Umgang mit Wissen und Information betreffen, nur unzureichend Rechnung tragende Schrankenkonzept zurückzuführen. Die Wege zu einer offenen Informationsgesellschaft können nicht unter Beibehalt der geltenden Systematik des Urheberrechts angelegt werden. Wenn man einmal aber doch in der Schrankensystematik mit dem Konzept der Ausnahmeregelungen bleiben will, kann man sich das in einem Gedankenexperiment auch ganz anders vorstellen: Soll die freizügige Nutzung von Wissen das Grundprinzip der Informationsgesellschaft sein, dann hat dieses auch als Grundprinzip des Urheberrechts zu gelten. Wäre das allgemein anerkannt, so müssten, in Umkehrung des bisherigen Ansatzes, die Rechte der Urheber und der Verwerter als Ausnahmen gegenüber den Rechten der Öffentlichkeit, repräsentiert durch diejenigen, die als Nutzer neues Wissen produzieren, angesehen werden.

Der bisherige, quasi als Naturrecht angesehene Dreistufentest, der bislang vor allem angewendet wird, um die Berechtigung der Extension einer Schranke zu überprüfen, würde dann besagen, dass eine kommerzielle Verwertung intellektueller Werke a) nur in besonderen Fällen erlaubt ist, wenn b) gesichert ist, dass die originalen Werke im öffentlichen Bereich frei für jedermann zugänglich, unter Referenzierung auf die Urheberschaft, nutzbar sind. In *Kuhlen/Brüning*[47] hatten wir als dritte Stufe noch die Bedingung eingeführt, „wenn das Ausmaß der öffentlichen Verfügbarkeit in der Zuständigkeit und informationellen Autonomie der Urheber der jeweiligen Werke“ liegt.[48]

---

47 *Kuhlen, Rainer; Brüning, Jochen*: Creative Commons (CC) – für informationelle Selbstbestimmung, gegen den Trend des Urheberrechts/Copyright als Handelsrecht; oder: Chancen für einen innovativen Drei-Stufen-Test?, in: Information – Wissenschaft & Praxis (IWP/nfd) 8/2004, S. 449 – 454 – http://www.infwiss.uni-konstanz.de/People/RK/Publikationen2004/CC_fuer_IWP-rk+jb229 1004_final.pdf.

48 Ein ähnlicher Vorschlag ist in DINI 2004 (Deutsche Initiative für NetzwerkInformation e.V.: Stellungnahme zum Referentenentwurf des BMJ für ein Zweites Gesetz zur Regelung des Urheberrechts in der Informationsgesellschaft

Darüber wird im Wissenschaftsbereich derzeit eine intensive Debatte geführt,[49] nämlich inwieweit nicht nur das „ob", „wann" und „wie" einer Publikation zu den Kriterien von Wissenschaftsfreiheit gehört, sondern auch das „wo". Ist es also Sache der Öffentlichkeit, sprich der die Arbeit des Wissenschaftlers tragenden öffentlich finanzierten Einrichtung, darüber zu entscheiden, wo jener seine Arbeit öffentlich zugänglich machen soll? Kann sie, die Öffentlichkeit, dem Wissenschaftler verbindlich vorschreiben, seine Arbeit zuerst in einem öffentlichen Publikationsserver (einem „institutional repository") zugänglich zu machen, zeitgleich oder dann verzögert mit der Publikation in einem Organ der privaten Verlagswirtschaft? Soll das ebenfalls zu dem Drei-Stufen-Test gehören?

Wie auch immer – eine solche Umkehrung des bisherigen Dreistufentests ist bislang schiere Utopie. Kein etablierter Urheberrechtler würde sich getrauen, eine solche Umkehrung des Drei-Stufen-Tests auch nur in Erwägung zu ziehen geschweige denn eine solche öffentlich zur Diskussion zu stellen. Über den Nachweis hinauszugehen, dass die bestehenden und

---

[„2. Korb"]. Göttingen 12. 11. 2004 – http://www.dini.de/documents/DINI-UrhG-K2–121104.pdf) mit einem „Drei-Stufen-Test der Sozialbindung" gemacht worden. Gefordert wird, „1. dass der Zugang zur Information in der Wissenschaft, Kultur und Bildung für jedermann zu jeder Zeit an jedem Ort offen ist, 2. dass gesellschaftliche Bedürfnisse, wie die Nutzung der Werke zu Zwecken der Bildung und der Wissenschaft, nicht behindert werden dürfen durch privatwirtschaftliche Verwertungsinteressen 3. und dass die berechtigten Interessen der Allgemeinheit nicht ungebührlich verletzt werden."

49 Einschlägig die Kontroverse zwischen *Pflüger, Thomas/Ertmann, Dieter* (Publishing und Open Access: Konsequenzen für das Urheberrecht im Hochschulbereich – http://w3.ub.uni-konstanz.de/kops/volltexte/2004/1337/) und *Hansen, Gerd* (Zugang zu wissenschaftlicher Information – alternative urheberrechtliche Ansätze, GRUR Int. 2005, 378ff. – http://www.gerd-hansen.net/Hansen_GRUR_Int_2005_378ff.pdf). Erstere schlagen über einen neuen § 52c vor, öffentlich finanzierte Autoren zu verpflichten, ihren zugeordneten Institutionen die primären Veröffentlichungsrechte an ihren Arbeiten zuzugestehen. Demgegenüber schlägt *Hansen*, der im Grunde ähnliche Ziele wie *Pflüger/Ertmann* verfolgt, aber deren Vorschlag wegen vermuteter Verletzung von Wissenschaftsfreiheit nicht für verfassungskonform hält, eine Anbietungsverpflichtungen von Wissenschaftler gegenüber ihren Institutionen über einen neuen Abschnitt 3 in § 43 UrhG vor. Alternativ erwägt er, durch eine Änderung von § 38 Abs. 1 UrhG die Frist, innerhalb derer die Veröffentlichungsrechte an Artikeln in wissenschaftlichen Zeitschriften an die Autoren zurückfallen, auf ein halbes Jahres zu verkürzen (gegenüber den bisherigen 12 Monaten).

geplanten Schranken zu Gunsten von Bildung und Wissenschaft entgegen den Vertretern der Informationswirtschaft doch kompatibel mit dem bisherigen Dreistufentest seien,[50] wagt sich so gut wie niemand. Auch das ist für die aktuelle politische Diskussion hilfreich, dieser Nachweis – ebenso wie der Nachweis, dass der § 52a vergleichbar mit den entsprechenden Regelungen im US-amerikanischen *Teach Act* sei[51] – schreibt aber dennoch bestehende Unzulänglichkeiten fest, anstatt Bedingungen zu formulieren geschweige denn zu schaffen, mit denen Bildung und Wissenschaft produktiv und kreativ arbeiten können.

Welche Alternativen stellen sich? Der Begriff des Paradigmenwechsels wird sicherlich überstrapaziert. Verwenden wir den Kantischen Begriff der Kopernikanischen Wende, der in seiner metaphorischen Verwendung eine nicht minder radikale Umwälzung andeutet als der abstraktere Begriff des Paradigmas. Er macht klar, dass notwendig neue Einsichten oft nur dadurch zustande kommen, dass man zunächst einfach nur das Gegenteil von dem annimmt, was bis dahin als unumstößliche Gewissheit galt. Gemeint ist konkret der Ansatz von *Open Access* als Kopernikanische Wende der Publikationswelt.

Bleibt man immanent in dieser Metapher, so sollten die wissenschaftlichen Nutzer (die ja auch die Produzenten sind) nicht mehr nach den Interessen der Verwerter von Wissen tanzen, sondern die Verwerter nach den Bedürfnissen der Nutzer und Produzenten von Wissen. Letzteres ist unter den Bedingungen der *Stakeholder*-Interessen der internationalen Publikationskonzerne nicht denkbar.

Wird *Open Access* so im Interesse einer Kopernikanischen Wende verstanden (und anders kann es nicht sein) so versteht sich, dass die Nutzung von öffentlich gemachtem und mit öffentlichen Mitteln produziertem Wissen aus Bildung und Wissenschaft grundsätzlich für jedermann frei (auch im Sinne von „kostenlos") ist: Nicht die Nutzer zahlen für ihre Nutzung. Vielmehr sollen entweder die Produzenten von Wissen bzw. die sie tragenden Institutionen bzw. die in ihnen eingerichteten Vermittlungsinstitutionen (wie Bibliotheken) oder die Anbieter der entstehenden Informationsprodukte für die Kosten in der gesamten Publikations- und Dist-

50 Vgl. *Beger* (Fn. 21), S. 131–140; *Suttorp* (Fn. 22).

51 *Hoeren, Thomas*: Der amerikanische TEACH Act und die deutsche Schrankenregelung zur „Öffentlichen Zugänglichmachung für Unterricht und Forschung" (§ 52a UrhG) im Vergleich – Manuskript 2006.

ributionskette aufkommen. Welche Szenarien entstehen für die Akteure der Publikationswelt?

(1) Dass die Nutzer für den Zugang zu mit öffentlichen Mitteln unterstützten Forschungsergebnissen nicht zahlen sollen, kann dadurch einsichtig gemacht werden, dass der Nutzen für die Gesellschaft bei freizügiger Nutzung von Wissen und Information größer ist als bei allen Verknappungsmodellen. Je freizügiger Wissen zur Verfügung steht, umso mehr wird es genutzt und umso höher ist die Chance, dass neues Wissen produziert wird.[52]

(2) Dass die wissenschaftlichen Autoren für ihre Publikationen zahlen sollen, könnte einleuchten, da sie zur Steigerung ihrer Reputation auf Publikationen angewiesen sind und diese im Gefolge auch der Beförderung ihrer Karriere mit auch monetären Konsequenzen dienen. Realistisch ist ein solches Finanzierungsmodell allerdings kaum, denkbar allerdings schon – genauso wie es auch in Deutschland denkbar wurde und dann auch machbar wird, dass Studierende für ihre Ausbildung (als Bedingung für ihre Karriere) zahlen sollen.

(3) Da es nicht im Interesse der Gesellschaft sein kann, wenn auf Grund einer Anforderung im Sinne von (2) die Publikationsintensität nachlässt, macht es Sinn, dass die mit öffentlichen Mitteln finanzierten Institutionen hier einspringen. Sie verfahren ja auch im traditionellen Modell ähnlich, indem sie nicht ihren Nutzern und Produzenten zumuten, die für ihre Arbeit benötigte Literatur selber zu finanzieren, sondern dafür Bibliotheken und andere Vermittlungseinrichtungen mit entsprechenden Mitteln ausstatten. Das funktioniert aber seit geraumer Zeit nicht mehr. Auch wenn Verleger immer wieder die Existenz einer Publikationskrise bestreiten[53] – die dramatisch ansteigenden Kosten vor allem für Zeitschriften (Kauf oder Lizenz) macht es den Hochschulen und Forschungseinrichtungen bzw. ihren Bibliotheken unmöglich, die Versorgung ihrer Kunden mit der benötigten Literatur sicherzustellen.[54]

---

52 Die These, dass *Open-Access*-Publikationen häufiger zitiert werden bzw. dass ihr Impact-Faktor allgemeiner höher ist als bei kommerziellen Publikationen ist durch verschiedene empirische Arbeiten belegt (vgl. z.B. in http://www.agmb.de/mbi/2004_2/bereuter18-19.pdf).

53 Börsenverein des Deutschen Buchhandels (Fn. 3).

54 *Bargheer, Margo*: Open Access und Universitätsverlage: Auswege aus der Publication Crisis?, in: Hagenhoff, Svenja (Hrsg.): Internetökonomie der Medien-

(4) Dass die Anbieter von Informationsprodukten selber für die Kosten für deren Erstellung, Aufbereitung und Verteilung aufkommen sollen, scheint gegenwärtig mit den Gewinnerwartungen bzw. mit den bisherigen Geschäftsmodellen der kommerziellen Informationswirtschaft nicht verträglich zu sein. Wir können das hier nicht vertiefen,[55] wollen aber darauf hinweisen, dass die gegenwärtig im Internet erfolgreichsten und gewinnträchtigsten Unternehmen (wie Google) genauso verfahren, nämlich für die Erstellung ihrer Produkte gänzlich aufzukommen und dennoch die Nutzung gänzlich freizugeben.

Was ist also zu tun, wenn (1) erwünscht, (2) und (4) bislang nicht realistisch und (3) nicht mehr machbar ist? Weil also, wie es scheint, ein Geschäftsmodell, wie in (4) angedeutet, nicht von den Betroffenen aus der Informationswirtschaft akzeptiert wird, blieb der Wissenschaft gar nichts Anderes übrig, als selber die Initiative zu einer Wende im Publikationssystem zu ergreifen, das *Open Access* zum Prinzip macht. Und das ist in der Tat geschehen.

In Deutschland haben sich 2003 die großen deutschen Wissenschaftsorganisationen durch die Unterzeichnung der „Berlin Declaration on Open Access to Knowledge in the Sciences and Humanities" zur Förderung des *Open-Access*-Prinzips verpflichtet.[56] Neben der Wissenschaft sollen auch Kulturinstitutionen ermutigt werden, „ihre Ressourcen ebenfalls nach dem „Prinzip des offenen Zugangs" im Internet verfügbar zu machen". Im Einklang mit dem internationalen Verständnis von *Open Access*, im Ausgang von der Budapester *Open-Access* -Erklärung,[57] müssen nach der Berliner Erklärung[58] Publikationen nach dem „Prinzip des offenen Zugriffs" zwei Bedingungen erfüllen:

„1. Die Autoren und Rechteinhaber solcher Veröffentlichungen erteilen allen Benutzern das freie, unwiderrufliche und weltweite Zugangs-

---

branche, Band 1 der Reihe „Göttinger Schriften zur Internetforschung" im Universitätsverlag Göttingen 2006, 173–200 – http://webdoc.sub.gwdg.de/univerlag/2006/mediaconomy_book.pdf.

55 Vgl. aber Hagenhoff (Hrsg.) (Fn. 54), S. 235–266.

56 Deutsche Version unter http://www.zim.mpg.de/openaccess-berlin/berlindeclaration.html.

57 http://www.soros.org/openaccess/read.shtml.

58 Berlin Declaration on Open Access to Knowledge in the Sciences and Humanities – http://www.zim.mpg.de/openaccess-berlin/berlindeclaration.html.

> recht und die Erlaubnis, die Veröffentlichung für jeden verantwortlichen Zweck zu kopieren, zu benutzen, zu verteilen, zu übertragen und abzubilden unter der Bedingung der korrekten Nennung der Urheberschaft (wie bisher werden die Mechanismen der korrekten Berücksichtigung der Urheberschaft und der verantwortlichen Nutzung durch die Regeln der wissenschaftlichen Gemeinschaft zur Geltung gebracht) sowie das Recht, eine beschränkte Anzahl gedruckter Kopien für den persönlichen Gebrauch zu machen.
>
> 2. Eine vollständige Fassung der Veröffentlichung samt aller zugehörigen Begleitmaterialien wird zusammen mit einer Kopie der oben erwähnten Erlaubnis in einem geeigneten elektronischen Format auf mindestens einem online zugänglichen Archivserver mit geeigneten technischen Standards (wie die von Open Archive) hinterlegt und damit veröffentlicht. Der Archivserver muss betrieben werden von einer wissenschaftlichen Institution oder Gesellschaft, einer öffentlichen Institution oder einer anderen etablierten Organisation, die das „Prinzip des offenen Zugangs", uneingeschränkte Verbreitung, Interoperabilität und Langzeitarchivierung zu verwirklichen sucht."

Das *Open-Access*-Prinzip ist auch in die „Declaration of Principles – Building the Information Society: a global challenge in the new Millennium" des UN-Weltgipfels zur Informationsgesellschaft (WSIS I 2003) aufgenommen worden.

> „We strive to promote universal access with equal opportunities for all to scientific knowledge and the creation and dissemination of scientific and technical information, including open access initiatives for scientific publishing"[59] – ebenso in den Action Plan unter C3 „Access to information and knowledge": „Encourage initiatives to facilitate access, including free and affordable access to open access journals and books, and open archives for scientific information" (Paragraph 10, Abschnitt i). Und Paragraph 22 (C7, b) zu E-science: „Promote electronic publishing, differential pricing and open access initiatives to make scientific information affordable and accessible in all countries on an equitable basis."

59 http://www.itu.int/dms_pub/itu-s/md/03/wsis/doc/S03–WSIS-DOC-0004!!PDF-E.pdf, para. 28.

Diese Texte sind von den UN-Staaten als verbindlich angenommen. Zur Umsetzung der WSIS Beschlüsse gehört es also, dass sich die Politik für die Förderung von *Open Access* einsetzt. Aber nicht nur die Politik ist gefragt, sondern auch das Wissenschaftssystems selber, einschließlich des ihm zugeordneten Vermittlungssystems und einschließlich der Autoren mit ihren bisherigen Rechten, und ebenso, in Änderung der bisherigen durch (4) angedeuteten Geschäftsmodelle, die Informationswirtschaft. Durch *Open Access* sind die Produzenten, Anbieter und Vermittler gefordert. Die Konkurrenz und damit Vielfalt von Publikations- und Distributionsmodellen ist sicher erwünscht, solange das *Open-Access*-Prinzip selber als unverzichtbar für Bildung und Wissenschaft erhalten bleibt und die Verknappungsstrategie als Grundprinzip der kommerziellen Geschäftsmodelle aufgegeben wird.

Regulierende Maßnahmen zielen im Wesentlichen entweder auf Anreize und Selbstverpflichtungserklärungen[60] ab, die damit nicht rechtlich erzwungen werden können, oder auf rechtlich geregelte und damit erzwingbare Maßnahmen. Letztere können danach unterschieden werden, inwieweit sie das Urheberrecht direkt betreffen, und solchen, die an anderer Stelle im Recht verankert sind.

Eine ausführlichere Diskussion all dieser Maßnahmen ist im Rahmen dieses Artikels nicht möglich.[61] Auf direkte Änderungen im Urheberrecht, durch die sowohl Verwerterrechte der Informationswirtschaft als auch Autorenrechte betroffen sind, haben wir über die Kontroverse zwischen *Pflüger/Ertmann*[62] und *Hansen*[63] in einer Anmerkung[64] kurz hinge-

---

60 Ein Beispiel ist die von der Universitätsbibliothek Karlsruhe im Internet bereitgestellte „Erklärung über die institutionelle Selbstverpflichtung für die Umsetzung der *Budapest Open Access Initiative* der *Berlin Declaration on Open Access to Knowledge in the Sciences and Humanities* und der *WSIS Declaration of Principles and Plan of Action*" – http://www.ubka.uni-karlsruhe.de/gap-c/declaration_de.html.

61 Vgl. auch *Passek, Oliver*: Open oder Close Access? Wissenschaftliches Publizieren im Spannungsfeld zwischen hehren Absichten und marktpolitischen Realitäten, in: Lutterbeck, Bernd/Bärwolff, Matthias/Gehring, Robert A. (Hrsg.): Open Source Jahrbuch, Zwischen Softwareentwicklung und Gesellschaftsmodell, Verlag Lehmanns Media, Berlin 2006 (auch unter: http://www.opensourcejahrbuch.de/2006), 337–350; *Sietmann, Richard*: Über die Ketten der Wissensgesellschaft, Der Kulturkampf über den Zugang zu wissenschaftlichen Veröffentlichungen verschärft sich, c't 12/2006 – http://www.heise.de/ct/06/12/190/.

62 *Pflüger/Ertmann* (Fn. 49).

wiesen. Außerrechtliche Anreize durch Förder- und Wissenschaftsorganisationen sind z. B. durch die Berliner-Erklärung und die Empfehlungen der DFG[65] gegeben. Der sanfte Druck, solche Projektnehmer zu bevorzugen, die nach den *Open-Access*-Prinzipien publizieren, sollte Änderungen im Publikationsverhalten erzwingen.[66]

Wir wollen zum Abschluss dieser Diskussion auf ein aktuelles Beispiel aus der US-amerikanischen Informationspolitik eingehen, durch die verbindliche Regulierungen außerhalb des Urheberrechts erzwungen werden könnten.

In den USA wird derzeit (Herbst 2006) eine intensive Diskussion darüber geführt, inwieweit die großen mit öffentlichen Geldern ausgestatteten Förderinstitutionen ihre Projektmittelempfänger verpflichten können, ihre Texte auch nach *Open-Access*-Prinzipien zu veröffentlichen. Der Republikaner John Cornyn (Texas) und der Demokraten Joe Lieberman (Connecticut) haben dazu eine Gesetzesinitiative („*Federal Research Public Access Act of 2006*" – FRPAA) eingebracht,[67] durch die, wenn sie denn Gesetz werden soll, jedermann freien Zugang zu der Forschung haben soll,

---

63 *Hansen* (Fn. 49).

64 Vgl. Fn. 49.

65 Deutsche Forschungsgemeinschaft: Publikationsstrategien im Wandel? Ergebnisse einer Umfrage zum Publikations- und Rezeptionsverhalten unter besonderer Berücksichtigung von Open Access. (im Auftrag der DFG durchgeführt von der Gesellschaft für empirische Studien, Kassel, Verfasser: *Albert Over, Friedhelm Maiworm, André Schelewsky*). DFG: Bonn 2005 – http://www.dfg.de/zahlen_und_fakten/.

66 Auch *Wellcome Trust* (London), einer der größten Förderer der biomedizinischen Forschung in England, verlangt von seinen Projektnehmern, dass sie ihre zur Veröffentlichung angenommenen Manuskripte innerhalb von 6 Monaten in einem *Open Archive* öffentlich frei verfügbar machen. Zudem könnten die Entscheidungen über zukünftige Projekte bei Wellcome Trust davon beeinflusst werden, inwieweit Antragsteller in der Vergangenheit nach Open-Access-Prinzipien veröffentlicht haben (*Vogel, Gretchen/Enserink, Martin*: Information sharing; Europe steps into the open with Ppans for electronic archives. Science Magazin 29. 4. 2005, 523 f. – http://www.sciencemag.org/cgi/content/full/308/5722/623; *Sietmann* [Fn. 61]).

67 Vgl. Heise-Newsticker, Open Access: US-Gesetzesinitiative für freien Zugang zu Forschungsergebnissen. 4. 5. 2006 – http://www.heise.de/newsticker/meldung/72679; *Sietmann* (Fn. 61).

die mit Bundesmitteln gefördert worden ist. FRPAA beruht auf der folgenden politischen Zielsetzung:

> „Congress finds that (1) the Federal Government funds basic research and applied research with the expectation that new ideas and discoveries that result from the research, if shared and effectively disseminated, will advance science and improve the life and welfare of people of the United States and around the world; and (2) the Internet makes it possible for this information to be promptly available to every scientist, physician, educator and citizen at home, in school, or in a library."[68]

Sämtliche Forschungsförderinstitutionen, die über einen Förderetat von mehr als $100 Millionen/Jahr verfügen,[69] sollen ihre Zuwendungsempfänger verpflichten, den Online-Zugang zu ihren zum *Peer-Review* eingereichten Artikeln sobald wie möglich, spätestens aber 6 Monate nach einer kommerziellen Publikation in einer *Peer-Review*-Zeitschrift zu gewährleisten. Die durch das Reviewing vorgenommenen Veränderungen sollen dabei integriert und das endgültige Manuskript dann an die publizierte Fassung angepasst werden (sofern der Verleger dem zustimmt). Dazu können die Publikationsserver der Förderinstitutionen genutzt werden (wie PubMEd Central von NIH) oder auch andere „Stable Institutional Repositories", die nach den allgemeinen OA-Prinzipien organisiert sind (freier Zugang, Interoperabilität, Langzeitarchivierung). Die Förderinstitutionen sollen verpflichtet werden, eine laufende gepflegte Online-Bibliographie der Forschungsberichte bereitzustellen, deren Einträge direkt mit den Volltexten verknüpft sind.

Wie schon bei der vorausgegangenen vergleichbaren Initiative der *National Institutes of Health* (NIH) ist darüber eine äußerst kontroverse Diskussion entstanden, durch die auch angedeutet wird, dass die etablierten Wissenschaftsverbände (schon gar nicht die Verlegerverbände) nicht un-

---

68 Text von FRPAA unter: http://cornyn.senate.gov/doc_archive/05–02–2006_COE06461_xml.pdf.

69 Dazu gehören u.a.: das Umweltbundesamt EPA, die NASA, die *National Science Foundation* (NSF), *Department of Energy* und die *National Institutes of Health* (NIH). Allein durch die NIH-Förderung werden pro Jahr 65.000 Arbeiten veröffentlicht (Quelle: http://www.taxpayeraccess.org/frpaa/).

bedingt mit den Interessen der Wissenschaftler selber bzw. den wissenschaftlichen Einrichtungen konform gehen.[70]

Organisiert von der *Association of American Publishers* (AAP), die sich auch sonst stark für den Schutz intellektuellen Eigentums einsetzt, und der *Federation of American Societies for Experimental Biology* haben in beeindruckendem Umfang Dutzende von Fachverbänden (scholarly groups) und wissenschaftliche und professionelle Verleger gegen FRPAA protestiert (wie auch schon vorher gegen die NIH-Initiative).

Als Argument wird vor allem angeführt, dass das für die Qualitätssicherung unabdingbare Peer Reviewing dadurch gefährdet werde, weil durch FRPAA die Anreize der Verleger wegfallen würden, weiter in wissenschaftliche Publikationen zu investieren. Zudem sei die staatliche Regulierungsinitiative vollkommen überflüssig, da der vollständige öffentliche Zugriff durch die bestehende Publikationsformen ohnehin schon so gut und so vollständig wie nie zuvor gesichert sei.: „Americans have easy access to scientific and medical literature through public ibraries, state universities, existing private-sector online database, as well as trough their professional, academic, or business affiliations, low-cost online individual article sales, and innovative health literacy initiatives such as patientINFORM."[71] Zudem beachte der Gesetzesvorstoß nicht, dass durch die öffentliche Finanzierung der Forschung nicht alle Stufen des Publikationsprozesses gefördert würden. Vielmehr seien erhebliche Investitionen der Publikationsindustrie für Aufbereitung, Speicherung und Dist-

---

70 „There's no doubt that many scholars do object to the legislation. But a rebellion of sorts is brewing online, where scholars who are, in theory, represented by some of these groups argue that the legislation would help research, that the scholarly associations are selling out their rank and file's interests to prop up their publishing arms, and that the debate points to some underlying tensions about academic publishing in the digital age." (*The Alliance for Taxpayer Access* – http://www.insidehighered.com/news/2006/06/15/open). Ähnlich: „Peter Suber, director of Open Access Project, said that these criticisms showed that the anthropology association (and others like it) have a conflict of interest. „They pretend to be speaking in the interests of scholarship, but they are really speaking for the interests of their publishing arms." Quelle: http://inside highered.com/news/2006/06/15/open.

71 Dr. *Brian D. Crawford*, Chairman of the Professional Scholarly Publishing Division of the Association of American Publishers (AAP-PSP) und Senior Vice President with the American Chemical Society – Quelle: http://www.ecs.soton.ac.uk/ harnad/Hypermail/Amsci/5378.html.

ribution erforderlich. Wenn nun „Institutional Repositories" der Förderinstitutionen einen Gutteil der Publikation übernehmen sollten, würden nicht nur die Gewinnchancen der Verleger erheblich eingeschränkt, sondern vor allem auch neue hohe Investitionsforderungen an die öffentliche Hand entstehen. Insgesamt sei der Vorstoß verfrüht. Es lägen bislang keine aussagefähigen Impact-Studien vor, durch die Kosten und Nutzen für den Steuerzahler abgewogen werden könnten:

> „The Cornyn-Lieberman bill would create unnecessary costs for taxpayers, place an unwarranted burden on research investigators; and expropriate the value-added investments made by scientific publishers – many of them not-for-profit associations who depend on publishing income to support pursuit of their scholarly missions, including education and outreach for the next generation of U.S. scientists."[72]

Dagegen haben, neben vielen anderen, die Präsidenten der *University of Connecticut, University of Maine, University of Massachusetts Amherst, University of New Hampshire, University of Rhode Island,* und *University of Vermont* (die insgesamt über $ 700 Millionen jährlich in die Forschung investieren, zu einem großen Teil über öffentliche Fördermittel) in einem Anschreiben von 060906 an den Senator Cornyn, Mitinitiator des FRPAA-Vorhabens, ihre Unterstützung von FRPAA öffentlich bekannt gegeben. „Open access to publicly funded research facilitates the candid discussion needed to accelerate research, share knowledge, improve treatment of diseases, and increase human understanding."[73] Ähnliche Unterstützung liegt vor von weit über hundert anderen wissenschaftlichen und zivilgesellschaftlichen Einrichtungen in den USA.[74] *The Alliance for Taxpayer Access,* die sozusagen die Endproduzenten und -nutzer-Interessen vertritt, hat in 09/06 eine Briefaktion gestartet, durch die Bürgerinnen und Bürger die Politiker des Senats und Repräsentantenhauses auffordern, den freien

---

72 Ebenfalls *Crawford* – Quelle: http://listserver.sigmaxi.org/sc/wa.exe?A2=ind06&L=american-scientist-open-access-forum&F=l&P=36292.

73 Quelle: http://www.taxpayeraccess.org/media/Advisory06–0919.html.

74 Z.B. Electronic Frontier Foundation (EFF); IP Justice, Union for the Public Domain (UPD); Consumers Union („for the benefit of not only the research community but society as a whole"); BioMedCentral; University of Florida Student Senate; Open Letter from the Oberlin Group; American Association of Law Libraries; American Library Association: Medical Library Association; Public Library Association; Special Libraries Association.

Zugriff auf mit öffentlichen Mitteln geförderten Forschungsergebnisse durch Gesetze zu garantieren.

Hier kommen all die Argumente zusammen, die auch in der deutschen Diskussion eine Rolle spielen (werden). Bemerkenswert ist vor allem, dass sich hier bislang ungewöhnliche Konfliktkonstellationen ergeben haben, wie die zwischen wissenschaftlichen Verbänden einerseits, in denen sich in erster Linie die Wissenschaftler selber organisieren, und wissenschaftsproduzierenden Institutionen und den wissenschaftlichen Förderinstitutionen andererseits. In Deutschland ist dies bislang noch nicht so stark dichotomisiert, was z. B. dadurch ersichtlich ist, dass ein Großteil der Wissenschaftsverbände/-gesellschaften die Göttinger Erklärung des Aktionsbündnis „Urheberrecht für Bildung und Wissenschaft“[75] unterzeichnet haben (allerdings hat das Aktionsbündnis sich bislang noch nicht explizit auf eine *Open-Access*-Position verständigt). Ein Hinweis auf einen solchen Konflikt ist der Geschichte des § 52a zu entnehmen, in der die Gesellschaft Deutscher Chemiker, Gründungsmitglied der IuK-Initiative[76], sich von dieser zurückgezogen hat, als diese sich nicht nur für den Erhalt der Wissenschaftsschranke eingesetzt hatte, sondern mit einem Schreiben an die Bundesregierung eine weitergehende Schrankenregelung zu Gunsten von Bildung und Wissenschaft gefordert hatte.[77]

---

75 Göttinger Erklärung zum Urheberrecht für Bildung und Wissenschaft 5. Juli 2004 – http://www.urheberrechtsbuendnis.de/.

76 Die IuK (Information und Kommunikation)-Initiative wurde 1995 von der Deutschen Mathematiker-Vereinigung (DMV), der Deutschen Physikalischen Gesellschaft (DPG), der Gesellschaft für Informatik (GI) und der GDCh mit dem Ziel gegründet, die Aktivitäten dieser wissenschaftlichen Fachgesellschaften beim Aufbau elektronischer Informations- und Kommunikationsstrukturen (IuK) zu koordinieren und aufeinander abzustimmen.

77 Die IuK-Stellungnahme zu § 52a unter http://www.iuk-initiative.org/documents/urhg20030403/. Konfliktkonstellationen könnten sich auch dadurch ergeben, dass der Deutschen Hochschulverband, der über 20.000 Wissenschaftler repräsentiert, nicht die Göttinger Erklärung unterzeichnet hat, sondern sich bislang exklusiv einem anderen Aktionsbündnis angeschlossen hat, nämlich dem Aktionsbündnis Kopiervergütung (http://www.faire-kopierverguetung.de/), das sich über den Anspruch der Kopienvergütung der Sicherung der kommerziellen Verwertungsrechte der Wissenschaftler aus ihren Publikationen verpflichtet hat. Dass Wissenschaftler genauso Nutzer der Publikationen anderer Wissenschaftler sind, bleibt dabei außen vor.

Ein anderer möglicher Konstellationskonflikt, der fatale Folgen hätte und der in den USA bislang vermieden werden konnte (die verschiedenen Bibliotheksverbände haben die FRPAA-Gesetzinitiative öffentlich unterstützt[78]), könnte zwischen den Bibliotheksverbänden, in der Allianz mit dem Börsenverein, und den Wissenschaftsinteressen selber entstehen. Ein solcher hatte sich im Zusammenhang der § 52a-Diskussion angedeutet, als sich der Börsenverein des Deutschen Buchhandels und Bibliotheksverbände auf eine Charta des gemeinsamen Verständnis von § 52a verständigt hatten.[79] In dieser wurden Essentials formuliert, die letztlich die Wissenschaft gänzlich von den Informationsangeboten des Marktes abhängig machen könnten – ein Szenario, das sich heute durch den vermutlich Gesetz werdenden § 53a realisieren könnte (kaum im Interesse der Bibliotheken, aber erst recht nicht im Interesse der Wissenschaft).

Sicherlich sind spannende und im Ergebnis hoffentlich bildungs- und wissenschaftsfreundliche Auseinandersetzungen in den nächsten Jahren zu erwarten, an der sich auch die Informationswirtschaft, in Überwindung des unter (4) angedeuteten Dilemmas, konstruktiv und nicht defensive Positionen verteidigend, beteiligen sollte. Denn, so paradox dies auch zunächst klingen mag, je freizügiger der Umgang mit Wissen und Information für Bildung und Wissenschaft organisiert ist, desto höher steigen die Chancen für die Informationswirtschaft, auch in elektronischen Umgebungen mit Wissen und Information Geschäfte machen zu können, wenn auch wohl kaum über die Informationsprodukte selber. Werden diese Chancen nicht wahrgenommen, so könnten sich die Wissenschaftsverlage als die Dinosaurier in der Informationsgesellschaft erweisen, die sich den veränderten Rahmenbedingungen telemediatisierter Lebenswelten nicht haben anpassen können.

Dass, wie mehrfach erwähnt, Politik und Wirtschaft nicht dauerhaft gegen die Bedürfnisse von Bildung und Wissenschaft regulieren können, sollte jedem klar sein. Insofern sind die Defizite der jetzigen Urheberrechtsregelungen, exemplarisch gezeigt am § 52a, zwar mehr als nur är-

78 Vgl. Fn. 74.

79 Vertreter des Deutschen Bibliotheksverbandes und des Börsenvereins des Deutschen Buchhandels: Charta zum gemeinsamen Verständnis von § 52a UrhG (Frankfurt am Main, 2. Oktober 2003), veröffentlicht in: Bibliotheksdienst 37. Jg. (2003), H. 12, S. 1541–1542 – http://www.bibliotheksverband.de/dbv/rechtsgrundlagen/Charta-UrhG.pdf.

gerlich, aber letztlich doch nur obsolet werdende Rückzugsgefechte, die den Weg in eine offene Informationsgesellschaft nicht werden verhindern können.

Fazit: Es sollte sich weiter lohnen, auch im Rahmen des Urheberrechts nach Regulierungsmaßnahmen zu suchen, die den Bedürfnissen von Bildung und Wissenschaft weitgehend entgegen kommen, bzw. die rechtlichen Rahmenbedingungen von Open-Access-Publikationen auszuloten.[80] Unsere Vermutung allerdings ist, dass das in der gegenwärtigen Urheberrechtssystematik, einschließlich der Schrankenregelungen, mit der starken Präferierung der Autorenrechte und der noch stärkeren Unterstützung der Verwertungs- sprich Handelsrechte, kaum möglich sein wird. Schon allein die Einführung eines grundsätzlichen Regulierungsprinzips, wie das angelsächsische *Fair use*, das in Streitfällen und in bislang unbekannten Situationen durchaus entgegen den existierenden und Vollständigkeit beanspruchenden Schrankenregelungen Entscheidungsspielraum eröffnet, ist außerhalb der politisch realistischen Reformdebatte, genauso wie die Einführung eines dringend nötigen Wissenschafts- oder auch nur Bibliotheksprivilegs. Es sieht so aus, dass über den Umgang mit Wissen und Information nicht über das Urheberrecht entschieden werden wird.

80 *Spindler, Gerald*: Rechtliche Rahmenbedingungen von Open-Access-Publikationen, Göttinger Schriften zur Internetforschung, Universitätsverlag Göttingen 2006 – http://www.univerlag.uni-goettingen.de/OA-Leitfaden/oaleitfaden_web.pdf.

Diskussionsberichte

Dipl.-Jur. Kai Kochmann

I. Zum Vortrag von Herrn Prof. Dr. Riesenhuber, M.C.J.

Harmut Simon nahm Stellung zu den „digital rights management“-Systemen: Seiner Ansicht nach würden die Schranken des Urheberrechts hierdurch ausgehebelt. Zwar sei es gemäß § 53 UrhG grundsätzlich zulässig, dass Wissenschaftler Werke zu Forschungszwecken nutzten; wenn die Werke jedoch digital-technisch verschlossen seien, dann kämen die Forscher nicht an sie heran. Den Wissenschaftlern müsste – nach Meinung von *Hartmut Simon* – auch der entsprechende Schlüssel gegeben werden, um an die für sie bedeutsamen Forschungsobjekte heranzukommen.

Riesenhuber griff ebenfalls die Regelung des § 53 UrhG sowie den Begriff des „digital rights management“ auf. Er wies darauf hin, dass insbesondere von Seiten der Geräteindustrie, die gem. § 53 UrhG zahlungsverpflichtet ist, vorgebracht werde, angesichts der neuen technischen Möglichkeiten könnten Urheberrechtsverletzungen auch individuell verfolgt werden, so dass die Schrankenregelung der Privatkopie – einschließlich der Vergütungspflicht – nicht mehr notwendig sei. Der Gesetzgeber sei dieser Argumentation jedoch nicht gefolgt; ausweislich der Gesetzesbegründung werde der Stand der Technik noch nicht als derart fortgeschritten angesehen.

II. Zum Vortrag von Herrn Prof. Dr. Kuhlen

Im Rahmen der Diskussion offener Wissensvermittlungsmodelle wurde von *Schierholz* die Differenzierung zwischen „Inhalt“ und „Wissen“ auf der einen sowie „Information“ auf der anderen Seite angezweifelt. *Schierholz* ergänzte, aus ihrer Sicht bestehe ein großer Unterschied zwischen der ungeschützten Information, dem ungeschützten Wissen als Faktum und der konkreten Form, die es in einem Werk gefunden hat. *Kuhlen* erklärte, er beziehe Wissen auf die immateriellen Fakten, die in erster Linie als kognitive Struktur vorhanden seien. Information bzw. Informationsprodukte seien dagegen – wie die Umzäunung des Landes – die Umzäunung des Wissens. Ausschließlich die Information bzw. die Informationsprodukte seien urheberrechtlich schutzfähig. Die Frage, wem Wissen gehöre, sei dagegen unsinnig. Wissen gehöre niemanden, sondern sei frei. Ganz im Sinne *Jeffersons* habe die Natur den Menschen mit Wissen ausgestattet. Die Kerze, die ein Mensch anzünde, lösche die seiner Mitmenschen nicht.

Schierholz vertiefte diesen Punkt weiter: Wenn im Urheberrecht zwischen Inhalt und „in Form“ gegossenen Inhalt (= Information) unterschieden und nur letzteres geschützt werde, berühre der Schutz der Information die Interessen der Nutzer nicht zwingend. *Schierholz* griff das von *Kuhlen* genannte Bild auf: Die Nutzer könnten dann noch über die „Umzäunung“ schauen und sich an den Blumen erfreuen oder sie beschreiben. Sie dürften nur nicht hingehen und die Blumen auszupfen. Und gerade das sei doch der entscheidende Punkt. *Kuhlen* stimmte dem im Grundsatz zu. In der Praxis versage dieses System jedoch zunehmend, weil die Nutzer verstärkt durch technische Maßnahmen gehindert würden, überhaupt „Zugang“ zu den Blumen zu bekommen. Der Gesetzgeber habe in § 95 a UrhG systemwidrig technische Maßnahmen unter Schutz gestellt. Diese Regelung führe im Ergebnis dazu, dass eine Kontrolle der Werkschöpfungen über ihre Inhalte und nicht mehr allein über die Informationsprodukte stattfinde. Dieses Problem der heutigen Gesetzessystematik erkennt auch *Schierholz.* Man könne aber aus der Problematik, dass die „digital rights management“-Systeme etwas unter Verschluss legen, das eigentlich kein Schutzgegenstand ist, nicht schließen, dass das Prinzip des „open access“ die einzige Lösung und proprietäre Ansätze gänzlich verfehlt seien. Man dürfe einen möglichen Systemfehler des § 95 a UrhG am Ende des Urhebergesetzes nicht einfach vor die Klammer ziehen und das gesamte Urheberrechtssystem in Frage stellen. *Kuhlen* stellte klar, dass auch er proprietäre Lösungen in einigen Bereichen – zum Beispiel in der Musikbranche – als äußerst sinnvoll ansehe. Unsere Gesellschaft sei auf eine florierende Informationsbranche dringend angewiesen. Tatsächlich würden Mehrwertleistungen auf Grund der Konkurrenzbeziehungen doch eher von Unternehmen produziert als von öffentlich finanzierten Einrichtungen. In der Wissenschaft sei es jedoch unangemessen, das Primat auf die kommerzielle Verwertung zu setzen. Für diesen Bereich plädiert *Kuhlen* dafür, den sog. „Drei-Stufen-Test“ des Urheberrechts umzukehren: Die freie Nutzung solle die Regel sein und jede kommerzielle Verwertung müsse sich als Ausnahme rechtfertigen. Er wolle – so das Fazit *Kuhlens* – die kommerzielle Verwertung nicht negieren, bei Wissenschaft und Bildung müsse die Hierarchie jedoch eine andere sein.

Loebbecke fragte, ob *Kuhlen* diesen Standpunkt auch für die Tätigkeit von Naturwissenschaftlern aufrecht halte, deren Ziel das Patent sei. *Kuhlen* bejahte dies und wies darauf hin, dass im Bereich der Naturwissenschaften das von ihm propagierte System bereits seit 2 bis 3 Jahren existiere. Durch eine Änderung des Patentrechts (gemeint: § 42 Arbeitnehmererfindungsgesetz, K.K.) sei das Primat bei der Patentierung an die Hochschule gegangen. Viele Politiker stünden nun dafür ein, im Bereich des Urheberrechts eine parallele Regelung zu finden. *Kuhlen* hält diese Bestrebungen für sinnvoll: Dadurch, dass die Universität das Recht bekomme, das Werk in einem „open access"-Journal zu veröffentlichen, werde sie schließlich nicht Urheber des Artikels. Urheber bleibe der Wissenschaftler und diese reputative Anerkennung sei als Anreiz für Wissenschaft und Forschung ausreichend.

Peifer nahm zu der von Kuhlen kritisierten Gesetzessystematik des Urheberrechts ergänzend Stellung. In der Tat sei im Urheberrecht ursprünglich einiges anders angelegt gewesen, als es durch den sog. „Ersten Korb" im Jahre 2003 und den anstehenden sog. „Zweiten Korb" umgesetzt worden sei bzw. werde. Der Gesetzgeber habe zunächst seit 1994 die Ausschließlichkeitspositionen kontinuierlich ausgeweitet, ohne diese Entwicklung durch erweiterte Schrankenbestimmungen zu begleiteten. Dies erzeuge bei Juristen – jedenfalls bei Verfassungsjuristen – ein Problem: Die Positionen seien allesamt zu Eigentum verfestigt worden. Wenn nun der Gesetzgeber diesen Zustand wieder ändern wolle, so sei dies wegen Art. 14 GG rechtlich schwierig, jedenfalls teuer, vermutlich beides. Die Balance des Urheberrechts – so das Zwischenfazit *Peifers* – sei also tatsächlich aus den Fugen geraten. In rechtlicher Hinsicht sieht *Peifer* angesichts der verfassungsrechtlich verfestigten Situation keinen Ausweg, wohl aber in tatsächlicher: Wir sollten neue Vermarktungswege finden, um neue Informationsgüter zu schaffen, die dann durch Gatekeeper-, Retrieval- und Aufbereitungsfunktionen – also durch Dienstleistungen – angereichert werden müssten. *Peifer* verdeutlichte dies am Beispiel der Softwarebranche: Softwareprogrammierer hätten seinerzeit keine Angst vor der aufkommenden „open source"-Bewegung gehabt. Die Programmierer hätten erkannt, dass die Nutzer sie vor allem als Dienstleister brauchten; sie hätten den Nutzern daher die Programme frei zur Verfügung gestellt, um sie ihnen dann kostenpflichtig zu erläutern.

Soweit *Kuhlen* dafür plädierte, die Regelung des § 42 Arbeitnehmererfindungsgesetzes auf das Urheberrecht zu übertragen, wies *Peifer* darauf hin, dass zwischen dem Patent- und dem Urheberrecht ein gravierender Unterschied bestehe, der eine entsprechende Gestaltung im Urheberrecht seiner Ansicht nach ausschließe. Im Bereich des Patentrechts hänge es vom bloßen Zufall ab, wer ein noch verborgenes Naturgesetz als erster entdecke und anwendbar mache; dies könne im Prinzip jeder sein, der die ingenieurwissenschaftlichen Fähigkeiten besitzt. Dem Urheberrecht liege dagegen die Theorie des „Genie-Ideals" zu Grunde. Werke, die urheberrechtlich verformt und entäußert werden, seien – als Ausdruck der Persönlichkeit des Menschen – immer individuell und eigenartig. *Peifer* fragte, ob *Kuhlen* auch vor diesem Hintergrund von dem – philosophisch, menschenrechtlich sowie verfassungsrechtlich geschützten – Gedanken eines einzigartigen Menschen als Schöpfer eines Geistesproduktes Abschied nehmen wolle.

Kuhlen entgegnete, der Begriff des „Genie-Ideals" sei eine besondere Entwicklung unserer deutschen Gesellschaft; in anderen Regionen der Welt sei dieser Begriff nicht mit dem Urheberrecht verbunden. Auch für unsere Bildungs- und Wissenschaftsgesellschaft wolle er das heute nicht mehr akzeptieren. Die Entdeckungen und Entwicklungen in Wissenschaft und Bildung seien kollaborativ geprägt. Seit 10 bis 20 Jahren gebe es die Tendenz, dass Publikationen immer häufiger von mehreren Autoren veröffentlicht würden. Vor diesem Hintergrund sei nicht mehr nachvollziehbar, den Urheberbegriff in Bildung und Wissenschaft auf den Individualbegriff als abendländische Erfindung festzulegen. *Kuhlen* ergänzte, auch er unterstütze die von *Peifer* propagierte Ergänzung der Informationsprodukte durch neue Gatekeeper- oder Vermittlungsleistungen. Jedoch bestünde – und darauf weise auch Hilty zutreffend hin – keine entsprechende Schranke, die es den Gatekeepern, Vermittlern und Mehrwerterzeugern erlaube, den Zugang zu der Information zu bekommen, den sie bräuchten, um ihre Leistung zu erbringen. Aus diesem Grund schlage Hilty zu Recht eine neue Schranke für Vermittlungen, Gatekeeper und Mehrwertdienste vor. Die Weigerung des Gesetzgebers, eine solche Schranke umzusetzen, sei in jeder Hinsicht innovationshemmend.

Anhang

Referenten-, Autoren- und Moderatorenverzeichnis

Gersmann, Gudrun	Dr., Professorin für die Geschichte der Frühen Neuzeit an der Universität zu Köln, Leiterin der Kooperationsprojekte „Server Frühe Neuzeit“ und „historicum.net“
Grohe, Stefan	Dr., Professor für Kunstgeschichte an der Universität zu Köln
Kaiser, Michael	Dr., geschäftsführender Redakteur und Mitherausgeber des online-Journals „zeitenblicke“, Fachredakteur und Koordinator des online-Rezensions-Journals „sehepunkte“
Kochmann, Kai	Dipl.-Jur., Wissenschaftlicher Mitarbeiter am Institut für Medienrecht und Kommunikationsrecht der Universität zu Köln
Kuhlen, Rainer	Dr., Professor für Informationswissenschaft an der Universität Konstanz.
Loebbecke, Claudia	Dr., Professorin und Direktorin des Seminars für Allgemeine BWL und Medienmanagement an der Universität zu Köln
Peifer, Karl-Nikolaus	Dr., Richter am OLG, Professor und Direktor des Instituts für Medienrecht und Kommunikationsrecht an der Universität zu Köln.
Riesenhuber, Karl	Dr., Professor für Bürgerliches Recht, Deutsches und Europäisches Handels- und Wirtschaftsrecht an der Ruhr-Universität Bochum.
Schierholz, Anke	Dr., Justitiarin der Verwertungsgesellschaft Bild-Kunst
Simon, Holger	Dr., Wissenschaftlicher Mitarbeiter am Kunsthistorischen Institut der Universität zu Köln

Verzeichnis der Tagungsteilnehmer

Bauer, Silvia C.	Rechtsanwältin, Luther-Lawfirm, Köln
Baumann, Hendrik	Rechtsanwälte cms-hs
Camara, Karla	Stiftung Preußische Schlösser und Gärten, Fotothek
Dahl, Rainer	Historisches Archiv der Stadt Köln
Delbrück, Hans-Helmuth	Axer Partnerschaft
Djekic, Petar	Wissenschaftlicher Mitarbeiter, Universität zu Köln, Seminar für Medienmanagement
Dörre, Tanja	Wissenschaftliche Mitarbeiterin, Institut für Medienrecht und Kommunikationsrecht der Universität zu Köln
Focht, Josef	Dr., Institut für Musikwissenschaft Universität München, Bayerisches Musiker-Lexikon Online
Freysoldt-Erdbrügger, Anne-Monika	Wissenschaftlicher Mitarbeiterin, Institut für Rundfunkrecht an der Universität zu Köln
Goedecke, Hanna	Studentische Hilfskraft, Institut für Rundfunkrecht an der Universität zu Köln
Graucl, Holger	Rechtsanwalt, Köln
Hartberg, Alexander	Bundesagentur für Außenwirtschaft Servicestelle des Bundesministeriums für Wirtschaft und Technologie
Hartdegen, Caroline	Studentin Universität zu Köln
Hecker, Manfred	Dr., Rechtsanwalt, C. B. H. Rechtsanwälte Köln
Hein, Heidi	Dr., Herder Institut Marburg
Herrmann, Heinz-Joachim	Konferenz der Landesfilmdienste e.V., Bonn
Hillig, Hans-Peter	Rechtsanwalt, Frechen
Hofauer, Irmtraud	Institut für Rundfunkrecht an der Universität zu Köln
Hofauer, Sebastian	Studentische Hilfskraft, Institut für Medienrecht und Kommunikationsrecht der Universität zu Köln
Hofmann, Ruben	Rechtsanwälte cms-hs

Holzhauser, Brigitte	Historisches Archiv der Stadt Köln
Horstmann, Wolfram	Dr., Hochschulbibliothekszentrum
Hugrebe, Angela	Konferenz der Landesfilmdienste e. V., Bonn
Huyskens, Claudio	Wissenschaftlicher Mitarbeiter, Universität zu Köln, Seminar für Medienmanagement
Jung, Ingo	Dr., Rechtsanwalt, C. B. H. Rechtsanwälte Köln
Keppeler, Lutz	Student, Universität zu Köln
Klein, Marianne	Universität zu Köln Stabstelle 02.1
Klever, Henning	Studentische Hilfskraft, Institut für Medienrecht und Kommunikationsrecht der Universität zu Köln
Kordes, Marc	Rechtsanwalt Holger Grauel
Korwitz, Ulrich	Deutsche Zentralbibliothek für Medizin, Köln
Krings, Günter	Dr., MdB, Deutscher Bundestag
Kulke, Tilmann	Studentische Hilfskraft, Lehrstuhl Geschichte der Frühen Neuzeit, Universität zu Köln
Laux, Stephan	Dr., Universität Düsseldorf, Philosophische Fakultät
Leenen, Katrin	Dr., Börsenverein des Deutschen Buchhandels, Frankfurt a. M.
Löcher, Nadine	Studentische Hilfskraft, Institut für Rundfunkrecht an der Universität zu Köln
Maier, Jan	AVEDAS AG, Karlsruhe
Malaka, Bernward	Geschäftsführer, complexx.consulting GmbH, Leverkusen
Matuszewski, Nina	Historikerin
Mause, Christoph	complexx.consulting GmbH, Leverkusen
Meyer-Pelzer, Miriam	Studentin, Universität zu Köln
Michel, Sibylle	Stiftung Preußische Schlösser und Gärten, Fotothek
Mölich, Georg	Landschaftsverband Rheinland
Radtke, Stefan	Wissenschaftlicher Mitarbeiter, Seminar für Medienmanagement, Universität zu Köln
Sarling, Gunther	Studentische Hilfskraft, Lehrstuhl Geschichte der Frühen Neuzeit, Universität zu Köln

Schabacher, Gabriele	Dr., Kulturwissenschaftliches Forschungskolleg, Universität zu Köln
Schifferdecker, Gesche	Studentische Hilfskraft, Lehrstuhl Geschichte der Frühen Neuzeit, Universität zu Köln
Schneider, Patrick	Studentische Hilfskraft, Institut für Medienrecht und Kommunikationsrecht der Universität zu Köln
Schremmer, Michael	Dr., Verlag DeGruyter, Berlin
Schumacher, Elmar	Prof. Dr., Rechtsanwalt, Westphalen Bappert Modest Köln
Seibt, Dietrich	Prof. Dr., Universität zu Köln, Forschungsgruppe Informationssysteme und Lernprozesse
Sengpiel, Markus	Dr., Rechtsanwalt, Luther-Lawfirm, Köln
Siebert, Irmgard	Dr., Universitäts- und Landesbibliothek, Düsseldorf
Simon, Hartmut	Leiter des Medienzentrums der Universität Siegen
Slapio, Elisabeth	Ass., Geschäftsführerin IHK Köln
Stein, Dieter	Prof. Dr., Universität Düsseldorf
Theis, Kerstin	Landschaftsverband Rheinland
Tiggemann-Klein, Claudia	Historisches Archiv der Stadt Köln
van Aaken, Benedikt	Studentische Hilfskraft, Institut für Rundfunkrecht an der Universität zu Köln
Watteler, Oliver	Zentralarchiv für empirische Sozialforschung
Weidner, Marcus	Dr., Wissenschaftlicher Referent, Internet-Portal „Westfälische Geschichte“
Winters, Karl-Peter	Dr. h. c., OVS
Wöster, Dagmar	Universität zu Köln, Institut für Medienrecht und Kommunikationsrecht der Universität zu Köln
Zimmer, Beate	Universität zu Köln, Institut für Medienrecht und Kommunikationsrecht der Universität zu Köln

Bei Fragen zur Produktsicherheit wenden Sie sich bitte an:
If you have any questions regarding product safety,
please contact:

Walter de Gruyter GmbH
Genthiner Straße 13
10785 Berlin
productsafety@degruyterbrill.com